校企合作财经商贸系列精品教材

互联网＋活页式理念新形态教材

经济学基础

（第2版）

主审　邓　莉

主编　郝天军　杨卫东

镇　江

内容提要

本书主要介绍了经济学基础的相关知识，共十二个项目：项目一为经济学概述；项目二至项目七为微观经济学部分，具体内容包括供求与价格理论、消费者行为理论、生产者行为理论、市场结构理论、收入分配理论、市场失灵与微观经济政策；项目八至项目十二为宏观经济学部分，具体内容包括国民收入理论、失业与通货膨胀理论、宏观经济政策、经济周期与经济增长、开放条件下的宏观经济。

本书内容系统、案例丰富、通俗易懂、实用性强，可作为高等职业院校财经商贸专业的教学用书，也可作为相关企业人员的参考用书。

图书在版编目（CIP）数据

经济学基础 / 郝天军，杨卫东主编. -- 2版. -- 镇江：江苏大学出版社，2021.10（2023.6 重印）
ISBN 978-7-5684-1698-6

Ⅰ. ①经… Ⅱ. ①郝… ②杨… Ⅲ. ①经济学－高等学校－教材 Ⅳ. ①F0

中国版本图书馆 CIP 数据核字(2021)第 213655 号

经济学基础（第 2 版）
Jingjixue Jichu（Di-er Ban）

主　　编 / 郝天军　杨卫东
责任编辑 / 张小琴
出版发行 / 江苏大学出版社
地　　址 / 江苏省镇江市京口区学府路 301 号（邮编：212013）
电　　话 / 0511-84446464（传真）
网　　址 / http://press.ujs.edu.cn
排　　版 / 北京鑫益晖印刷有限公司
印　　刷 / 北京鑫益晖印刷有限公司
开　　本 / 787 mm×1 092 mm　1/16
印　　张 / 18.5
字　　数 / 427 千字
版　　次 / 2021 年 10 月第 2 版
印　　次 / 2023 年 6 月第 2 版第 2 次印刷　累计第 13 次印刷
书　　号 / ISBN 978-7-5684-1698-6
定　　价 / 59.80 元

如有印装质量问题请与本社营销部联系（电话：0511-84440882）

前言

PREFACE

经济学被称为社会科学皇冠上的明珠，它既是一门研究财富的学问，也是一门研究人的学问。在现代市场经济条件下，经济学理论既是社会大众从事经济活动的潜在行为准则，也是国家调节经济的基本理论依据。“十三五”时期，我国经济保持平稳健康发展，决胜全面建成小康社会取得决定性成就，经济实力、科技实力、综合国力都跃上新的大台阶。

随着科学技术与经济的快速发展，经济学的理论与实践需要不断进行总结与完善。因此，我们紧紧抓住高等职业教育人才培养目标和人才培养模式改革重点，充分吸收国家示范性建设高等职业院校工学结合课程教学改革的成果，依据我国实行的一系列经济政策，组织编写了本书，力图使本书内容与我国经济发展实践同步更新，使学生建立起经济运行原理的基本思维框架，拥有运用经济学理论解决现实经济问题的意识与能力，能够对国家主要经济政策及其产生的经济效果进行正确的分析、判断，并充分认识到新发展理念的重要现实意义。

本书主要讲述经济学的基本概念、基本理论和基本方法。在阐述经济运行原理的基础上，以身边常见的经济现象与我国经济政策为例，着重介绍了我国对经济学原理的利用与创新，既注重理论知识的学习，又注重理论与实践的结合。本书在编写过程中，突出课程德育元素、校企合作、活页式理念和“互联网+”思维。整体而言，本书具有如下特点：

育人为本，德育为先 党的二十大报告指出：“育人的根本在于立德。”本书有机融入党的二十大精神，秉承素质教育与能力教育同向同行的理念，以培养学生正确的世界观、人生观和价值观为己任，将社会主义核心价值观有机地融入知识点和案例中。例如，积极践行“立德树人”的理念，添加了“德育目标”“经济指向标”“知行合一”等模块，以实践精神和创新能力的培养为主线，帮助大学生树立经济意识、市场意识和竞争意识，潜移默化地引导与激励学生成为一名知识型和实干型相统一的人，在实现“中国梦”的伟大实践中创造自己的精彩人生。

校企合作、内容实用 本书充分考虑了教学大纲要求与企业需求，强调了内容的实用性和针对性，拉近了产业与教育、企业与学校的距离，从而真正让学生做到学以致用。书中内容深入浅出，落实“够用为度”的教学原则，对数理模型推导及理论性过强的内容适当做了弱化处理，不刻意追求过程的严密性；每个项目均以身边常见的经济现象作为引例导入，不但让学生带着问题学习，激发学生的学习兴趣，还加强了经济学与生活的联系，让学生更好地理解与应用所学知识；本书在每一个项目的最后都精心设计了项目实训，紧跟经济形势，锻炼学生的工作思维和实践技能，帮助学生更快地适应企业环境。

项目教学、闭环管控 本书在内容安排和教学方式上采用项目、任务式的新形式呈现教材内容。全书以项目为基本单元进行教学引领、以任务为板块进行教学驱动。每个项目包括项目导读、学习目标、学习任务、项目实训、思维导图和概念集锦六部分。同时，在任务下设置了“任务导入”“知识准备”“即学即练”“案例巩固”“任务考核”等模块，以求形成闭环式教学管控新模式。

体例新颖、版式美观 为了增强可读性，本书精心设计了多种小栏目，如“小贴士”“思考与讨论”“拓展阅读”“经济人物”等，同时还尽可能多地利用图片、表格、框图等形式展现知识内容，以减轻学生的学习负担，增强其学习兴趣。

互联网+、“码”上学习 本书紧跟时代步伐，融入“互联网+”思维，每个项目均配有线上课件和习题答案，还利用二维码技术配备了丰富的微课，包括讲解视频、趣味案例、相关新闻与政策等，学生拿出手机扫一扫，便可实现方便快捷的“码”上学习。此外，为了方便学校管理、教师教学和学生自学，本书特别配套了融教学管理、教学支撑于一体的综合教育平台“文旌课堂”（www.wenjingketang.com），学校可借助该平台管理校本课程，教师可借助该平台获取电子课件、管理各种教学资源、布置作业、组织考试，学生可借助该平台阅读课外资源、获取课后习题答案、提交作业、进行线上练习、参加考试等。如果学生在学习过程中有疑问，也可登录该网站寻求帮助。

此外，本书还提供了在线题库，支持“教学作业，一键发布”，教师只需通过微信或“文旌课堂”App扫描下方二维码，即可迅速选题、一键发布、智能批改，并查看学生的作业分析报告，提高教学效率、提升教学体验。学生可在线完成作业，巩固所学知识，提高学习效率。

在编写过程中，我们参考了大量的文献资料，书中未能一一列明来源。在此，我们向相关文献的作者表示诚挚的谢意。限于编写人员的水平，书中难免存在疏漏之处，恳请广大读者批评指正。

本书编委会

主　审： 邓　莉

主　编： 郝天军　杨卫东

副主编： 王红莉　李红丽　杨文丽

高慧红　张成丽　张　昱

黄春兰

目录 CONTENTS

项目一

经济学概述

项目导读

经济学家常谈论“大炮与黄油的矛盾”，其中，“大炮”代表军用品，是维护国家安全必不可少的；“黄油”代表民用品，是提高国民生活水平的必需品。一个国家为了保卫本国的安全，所需要的“大炮”是无限的；为了提高本国人民的生活水平，所需要的“黄油”也是无限的。但一个国家拥有的资源是有限的，且会用于生产各种物品，某一种物品生产得多了，用于生产其他物品的资源就会减少，即多生产“大炮”就要少生产“黄油”，多生产“黄油”也就要少生产“大炮”。这种“大炮”与“黄油”不可兼得的情况就是“大炮与黄油的矛盾”。

当今世界，经济失衡、经济冲突、通货膨胀、失业等问题，都是各国面临的“大炮与黄油的矛盾”。我们在日常生活中也面临着很多矛盾，例如，这学期是多花时间在学习上还是在实践活动上？毕业后选择工作还是深造？选择做一名老师还是业务员？上班坐公交车还是出租车？每天如何在工作、学习和娱乐上分配时间？凡此种种，均是在有限资源下的分配选择行为，体现了经济学研究的内容。简单地讲，经济学是选择的学问。

经济学既能提纲挈领地掌握国家甚至世界的经济脉动，又能解释日常看似平凡却蕴藏基本经济学道理的行为活动，帮我们做出最优的选择。因此，学好经济学至关重要。

本项目主要介绍经济学的相关概念、研究内容与研究方法，内容包括经济学、资源稀缺性、资源配置的概念，宏观经济学和微观经济学的内容与关系，实证分析法与规范分析法的区别等。

学习目标

知识目标

（1）理解经济学的概念。

（2）了解宏观经济学与微观经济学的关系。

（3）掌握经济学的基本研究方法。

能力目标

（1）能用经济学理论解释某些经济现象。

（2）能选择合适的研究方法分析经济学问题。

德育目标

（1）通过了解经济学的内涵，提高学习经济学的兴趣，培养经济思维。

（2）通过学习经济运行原理、资源配置方法等内容，深刻理解我国新经济发展理念的意义与重要性。

任务一　走进经济学

任务导入

如果有人邀请你吃午餐，他出钱，而且不附带任何条件，这对你来说一定是一件好事吗？这顿饭真的是免费的吗？在经济学家眼中，答案是否定的。你知道为什么吗？

知识准备

一、经济学的概念

关于什么是经济学，不同的经济学家有不同的答案。美国著名经济学家萨缪尔森给出了一个大多数经济学家都认同的经济学的一般定义：**“经济学研究的是一个社会如何利用稀缺资源生产有价值的商品和劳务，并将它们在不同的人中间进行分配。”**

经济人物

保罗·萨缪尔森（1915—2009），美国著名经济学家，1970 年诺贝尔经济学奖获得者。

萨缪尔森融合了新古典主义经济学，创立了新古典综合学派。他的经典著作《经济学》将西方经济学理论第一次系统地带进中国，并使这种思考方式和视野在中国落地生根。

基于以上定义，我们可以从三个方面理解经济学的概念：① 资源的稀缺性是经济学的前提，这里的稀缺性不是绝对数量的稀少，而是相对于人的欲望来说，再多的资源也是不足的；② 选择是经济学分析的对象，简单地讲，经济学是一门关于如何选择的科学；

③ 资源的有效配置是经济学分析的中心目标，即依据人们欲望的轻重缓急程度来分配有限的资源，做到合理利用。

二、经济学研究的基本问题

经济学研究的两个基本问题是如何对资源进行选择以及如何利用相对稀缺的资源最大限度地满足人们的需要，即资源配置问题和资源利用问题。

（一）欲望与资源

1. 欲望

人类的生存和发展过程就是不断地用物品和服务来满足自身需要的过程，这种需要即欲望，是一种与生俱来的天性。

马克思将人的需要分为三个层次，由低到高依次为：生存需要、享受需要和发展需要。美国心理学家马斯洛将人的需要分为五个层次，由低到高依次为：生理需要、安全需要、情感需要、尊重需要和自我实现需要。人类的欲望具有无限性，当低层次的需要得到满足后，人们便开始追求更高层次的需要。例如，饥寒交迫时想要吃饱穿暖，吃饱穿暖了又想吃得更好、穿得更好，还想获得安全、受人尊重，要求公平正义等。从某种程度来说，欲望是推动这个世界发展的动因之一。

拓展阅读

我国古代便有人认识到欲望的无限性和层次性。清代钱德苍在《解人颐》中写道：终日奔波只为饥，才方一饱便思衣。衣食两般皆俱足，又想娇容美貌妻。娶得美妻生下子，恨无田地少根基。买到田园多广阔，出入无船少马骑。槽头结了骡和马，叹无官职被人欺。县丞主簿还嫌小，又要朝中挂紫衣。若要世人心里足，除是南柯一梦西。

2. 资源

人们在进行经济活动时，所需要的各种要素或条件统称为资源。按其丰裕程度，资源可分为自由取用资源和经济资源。自由取用资源是指供给无限、取用无成本的资源，如阳光、风力等。而经济学的研究仅限于经济资源。

经济资源是指供给有限、取用需付出代价的资源，在经济学中又被称为生产要素或投入，它能够产生经济价值以提高人类当前和未来的福利。现代经济学家一般把经济资源分为四类：① 土地，不仅指土地本身，还包括地上和地下的一切自然资源，如河流、湖泊、海洋、矿藏、森林等；② 劳动，指劳动者提供的劳务，包括体力劳动和脑力劳动；③ 资本，可分为实物资本和货币资本，其中，实物资本又称“有形资本”，是指用于生产的物质资料，包括厂房、设备、存货、原料和燃料等，货币资本主要指资金；④ 企业家才能，指企业管理者对生产活动的计划、组织、领导协调和控制的能力，他们通过对资源进行整合及合理利用，实现资源配置的最优化。

3. 资源的稀缺性

相对于人们无限的欲望而言，经济资源总是不足的，这就是资源的稀缺性。可见，稀缺性是相对意义上的，贫苦的人固然缺少生活资料，但亿万富翁也会感到有的东西稀缺，比如时间。但稀缺性也是绝对存在的，它存在于所有的社会以及人类历史的各个时期。资源稀缺性的存在是经济学产生的前提。

思考与讨论

（1）可以用哪些成语来说明欲望的无限性？

（2）俗语“物以稀为贵”说明了资源的稀缺性可以用什么来衡量？

（二）资源配置

资源配置就是资源的选择与分配。

1. 选择

经济学又被称为“选择的科学”，面对无限的欲望和有限的资源，人们必须做出选择，选择的问题包括：① 生产什么（what）商品和劳务以及生产多少（how much），一般来说，这主要取决于消费者的购买需求和厂商的利润高低；② 如何（how）生产，即选择用什么资源来生产（如资本密集、劳动密集），一般来说，应选择成本最低、经济效益最高的方式；③ 为谁（for whom）生产，这主要取决于生产要素市场上的供给与需求；④ 何时（when）生产，即现在生产还是将来生产。

小贴士

资本密集是指和其他资源相比，资本投入较多。

在做出选择时，一个重要的原则就是要使从这种选择中所得到的收益与为此付出的代价达到平衡，利用有限的资源达到最优化或经济化。

机会成本

2. 机会成本

小贴士

做出选择时，放弃的选项会有很多，机会成本是其中的最高收益。

在使用资源的过程中，必然会面临一个问题，即为了满足某种欲望，不得不放弃另一种欲望的满足，或者为了生产某种产品，不得不放弃其他产品的生产。**而人们将资源用于某种用途而放弃的在其他用途中所能得到的最高收益，被称为这一选择的机会成本。**例如，当你接受大学教育，把时间用于听课和读书时，你就不得不放弃工作，对于绝大多数学生而言，为上大学而放弃的工作收入是他们接受高等教育的最大单项成本，即上大学的机会成本。

即学即练

某人有 10 万元资金，若将这笔资金存进银行则一年可获取利息 0.5 万元，若将其用于开商店则一年可获利 2 万元，若将其用于开饭店则一年可获利 3 万元，若将其投资期货则一年可获利 4 万元。此人最终选择投资期货，机会成本是多少？

【答】在所放弃的用途中，最好的用途是开饭店（可获利 3 万元），所以机会成本是 3 万元。

知行合一

任何经济活动都会有得有失，“得”就是收益，“失”就是机会成本。人们在现实生活中，常常会被眼前的一时利益冲昏头脑，做出不理智的决策，最终付出更大的代价。运用机会成本这个工具进行选择和决策，人们会变得更加明智，因此在平常的经济活动中，应做到理性分析，不停留于事物表面，坚持稳中求进，以更好地实现经济目标，避免得不偿失。

3. 生产可能性曲线

由于资源的多用途性和需求的多样性，现实中常常出现用一种稀缺资源生产两种或两种以上产品的情况。**生产可能性曲线便反映了既定资源所生产的不同产品之间的组合关系，它是在一定技术条件下，既定资源所能生产的最大产量组合的轨迹。**

假设某厂商在一定技术条件下，将所拥有的既定资源用于生产玻璃杯（X）和花瓶（Y），其最大产量组合如表 1-1 所示。

表 1-1 某厂商最大可能产量组合 单位：万个

产量组合	A	B	C	D	E	F
玻璃杯（X）	0	10	20	30	40	50
花瓶（Y）	15	13	12	9	6	0

构建坐标系，画出表中各数据点，再用光滑的曲线连接，即可得出对应的生产可能性曲线，如图 1-1 所示。曲线 AF 上任意一点都表示在一定技术条件下，既定资源所能生产的玻璃杯和花瓶最大产量的组合，资源实现了优化配置；曲线 AF 以外（右上方）区域的点，如点 H，为以现有的技术和资源无法达到的产量组合；曲线 AF 以内（左下方）区域的点，如点 G，为现有的技术和资源可以达到的，但是资源还有剩余或未得到有效利用的产量组合。

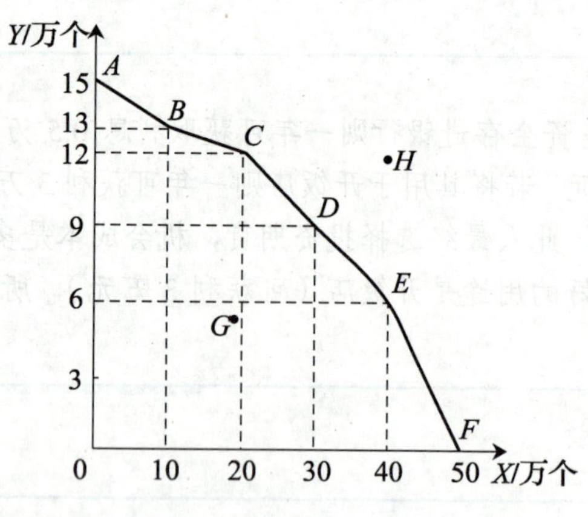

图 1-1　生产可能性曲线

小贴士

生产可能性曲线也反映了选择的机会成本，如在点 C，花瓶的产量为 12 万个，如果要多生产 3 万个花瓶，则需要放弃生产 20 万个玻璃杯。

思考与讨论

生产可能性曲线的平移代表了什么？如何使生产可能性曲线向外平移？

（三）资源利用

资源利用是指人们充分利用现有的稀缺资源创造更多的产品。在现实生活中，人们还常常面临资源稀缺与资源得不到充分利用的双重矛盾，这就是资源稀缺性引出的资源利用效率问题。例如，经济危机时期，工厂设备闲置，工人失业，社会产量达不到生产可能性曲线水平，比如图 1-1 中的点 G。资源利用涉及以下三个方面的问题：

（1）为什么资源得不到充分利用？如何解决失业问题，实现充分就业？

（2）在技术水平和资源既定的条件下，产量为何时高时低？如何实现经济长期稳定增长？

（3）货币如何影响资源配置？如何保持物价基本稳定？

（四）资源配置与利用的方式

实现资源的合理配置与利用，要依靠正确的方法，这通常被称为“经济体制问题”。经济体制是社会做出选择的方式，或者说是解决资源配置与利用的方式。从历史上看，经济体制大体可分为四种，即自然经济、市场经济、计划经济和混合经济，它们分别以不同的方式解决资源配置与利用问题。但当今世界的经济体制主要是后三种类型。

1．市场经济体制

市场经济体制是借助市场，依靠供求、竞争和价格等机制，组织社会经济运行并调节社会资源配置和收入分配的经济体制。市场经济体制的基本特征是产权明晰，经济行为决策高度分散，资源配置与利用完全由多元化的市场主体决策。因此，生产经营者的积极性被充分调动起来，经济效率较高。自由竞争固然推动了经济增长，但过度竞争也会造成资源浪费，容易出现社会贫富差距悬殊、经济波动甚至周期性经济危机等问题。

2. 计划经济体制

由于市场经济体制带来一系列问题，因此一些国家爆发了革命，建立起生产资料公有制，开始实行计划经济。计划经济体制是以计划调节作为资源配置主要工具的一种经济体制，其基本特征是生产资料归政府掌握，政府用计划来解决资源配置与利用问题，产品数量、品种、价格、消费和投资等均由中央政府以指令性计划决定，以此达到资源的合理配置与利用。计划经济的优点是能集中力量办大事，缺点是效率低下，还可能造成资源的巨大浪费。

3. 混合经济体制

混合经济体制是市场经济和政府调控相结合的一种经济体制，又称为“现代市场经济体制”。在这种经济体制下，一方面，市场机制协调着人们的经济行为，另一方面，政府也对一些经济活动进行有意识的干预。当今社会中，多数国家的经济制度在某种程度上都是混合经济制度，只是在程度上有所差异或者在所有制上有根本区别。

社会主义市场经济体制

经济指向标

坚持社会主义市场经济改革方向，核心问题是处理好政府和市场的关系。使市场在资源配置中起决定性作用、更好地发挥政府作用，是我们党在理论和实践上的又一重大推进。

党的十四大提出了我国经济体制改革的目标是建立社会主义市场经济体制，提出“要使市场在社会主义国家宏观调控下对资源配置起基础性作用”。此后，对政府和市场关系，我们党一直在根据实践拓展和认识深化寻找新的科学定位。党的十八大提出“更大程度更广范围发挥市场在资源配置中的基础性作用”。党的十八届三中全会把市场在资源配置中的“基础性作用”修改为“决定性作用”。党的十九大再次强调“使市场在资源配置中起决定性作用”。

三、微观经济学与宏观经济学

根据研究对象的不同，经济学可分为微观经济学与宏观经济学。

（一）微观经济学

1. 微观经济学的概念

微观经济学是研究单个经济单位的经济活动规律的学科，主要解决稀缺资源的合理配置问题。

在理解微观经济学的概念时，应该注意以下几点：

（1）研究对象是单个经济单位的经济活动。单个经济单位是指组成经济的最基本单位——家庭和厂商。家庭是经济中的消费者和生产要素的提供者，经济活动包括如何消费、如何提供生产要素以及以有限的收入来获取尽可能大的满足；厂商是经济中的生产者和生产要素的需求者，经济活动包括如何经营、如何以有限的资源投入来获取尽可能多的利润。

（2）解决的问题是资源配置。资源配置即前文提到的生产什么、如何生产、为谁生产与何时生产的问题。

（3）中心理论是价格理论。在市场经济中，价格起着极为重要的作用，它像一只“看不见的手”，指引甚至决定着单个经济单位的行为，如购买什么、购买多少、生产什么、何时生产等，调节着整个社会的经济活动，从而使资源的配置实现最优化。因此，微观经济学也被称为“价格理论”或“市场经济学”。

（4）研究方法是个量分析。个量是单个经济单位或变量的单项数值，例如，某商品的价格，就属于价格这个经济变量的单项数值。微观经济学研究单个经济单位的行为，与此相适应，它必须使用个量分析方法，研究单位商品的供给、需求、价格等如何决定，单个厂商的投入、产出、利润等如何决定，以及各种个量之间的相互关系。

思考与讨论

你还能说出哪些个量？

2. 微观经济学的基本假设

微观经济学理论的建立是以一定的假设条件作为前提的，其中，有三个基本假设是普遍存在的，它们分别是理性人假设、完全信息假设与市场出清假设。

1）理性人假设

理性人假设也被称为“经济人假设”，是指假设参与经济活动的所有人都是以利己为目的的理性经济人。也可以说，每一个从事经济活动的人所采取的经济行为都是力图以最小的经济代价获得最大的经济利益。

2）完全信息假设

完全信息假设是指假设市场上的每一个消费者和生产者都掌握着与自己的经济决策有关的一切信息。也可以说，单个经济单位可以免费、快速、及时、准确地获取各种市场信息。

3）市场出清假设

市场出清假设是指假设无须政府干预，市场完全有能力通过价格调节资源配置与利用，使整个社会达到充分就业的供求平衡状态。因此，微观经济学就是在假设资源永远被充分利用的情况下，集中研究资源配置问题。

尽管以上三个假设在实际社会生活中难以真正实现，但是，微观经济学的分析必须以此为前提，否则无法获得结论。

3. 微观经济学的内容

微观经济学主要包括研究商品价格如何决定的供求与价格理论，研究消费者如何购买消费品的消费者行为理论，研究厂商如何生产产品的生产者行为理论，研究厂商在不同结构的市场上的行为与市场均衡的市场结构理论，研究工资、利息、利润等是如何被决定的收入分配理论，以及市场失灵与政府干预等，如图 1-2 所示。

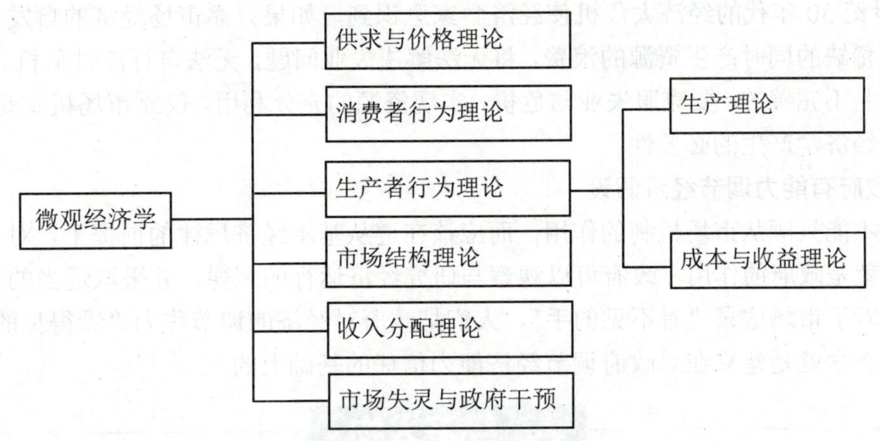

图 1-2 微观经济学的内容

（二）宏观经济学

1. 宏观经济学的概念

宏观经济学是研究整个国民经济活动规律的学科，主要通过研究经济总量的决定及其变化，来解决资源的充分利用问题。在理解宏观经济学的概念时，应该注意以下几点。

（1）研究对象是国民经济。宏观经济学要研究整个国民经济的运行方式与规律，在现代社会表现为社会经济波动、物价水平变动、国家财政收支、经济周期等。

（2）解决的问题是资源利用。宏观经济学把资源配置作为既定的前提，研究资源为什么没能得到充分利用、如何能得到充分利用以及如何增长等问题。

拓展阅读

微观经济学把资源的充分利用作为既定的前提，但 20 世纪 30 年代的经济大危机打破了这一前提。因此，资源利用就成为经济学的另一个组成部分——宏观经济学所要解决的问题。

（3）中心理论是国民收入决定理论。宏观经济学把国民收入作为最基本的总量，以国民收入的决定和变动为中心研究资源利用问题，并分析整个国民经济的运行状态。因此，宏观经济学又被称为“国民收入决定理论”。

（4）研究方法是总量分析。总量是指能反映整个经济运行情况的经济变量，它分为两类：一类是个量的总和，例如国民收入、总投资、总消费；另一类是平均量，例如价格水平。总量分析就是分析这些总量的决定、变动及相互关系，进而决定经济政策。因此，宏观经济学又被称为“总量经济学”。

2. 宏观经济学的基本假设

宏观经济学理论的建立以两个基本假设条件作为前提，分别是市场机制不完善假设及政府有能力调节经济假设。

1）市场机制不完善假设

20 世纪 30 年代的经济大危机使经济学家意识到，如果只靠市场经济的自发调节，就会在资源稀缺的同时产生资源的浪费，将无法解决失业问题，无法自行渡过危机。所以说，市场机制是不完善的，要克服失业与危机，实现资源的充分利用，仅靠市场机制是不够的。这是宏观经济学产生的必要性。

2）政府有能力调节经济假设

人们不能只顺从市场机制的作用，而应该在遵从基本经济规律的前提下，对经济进行调节，这就是政府的作用。政府可以观察与研究经济运行的规律，并采取适当的手段进行调节。相对于市场这只“看不见的手”，人们把政府对经济的调节称为“看得见的手”，整个宏观经济学就是建立在对政府调节经济能力信任的基础上的。

经济人物

约翰·梅纳德·凯恩斯（1883—1946），英国经济学家，现代经济学最有影响的经济学家之一，宏观经济学之父。他创立的宏观经济学被称为“二十世纪人类知识界的三大革命之一”。

凯恩斯主张政府应积极干预经济，他认为只有依靠政府对经济的全面干预，资本主义国家才能摆脱经济萧条和失业问题。

3．宏观经济学的内容

宏观经济学主要包括研究国民收入决定及其变动规律的国民收入决定理论，研究失业与通货膨胀的原因、关系及应对措施的失业与通货膨胀理论，研究财政与货币政策的宏观经济政策理论，研究国民收入短期波动的原因和长期增长来源的经济周期与经济增长理论，以及研究国家间经济相互影响的国际经济理论，如图 1-3 所示。

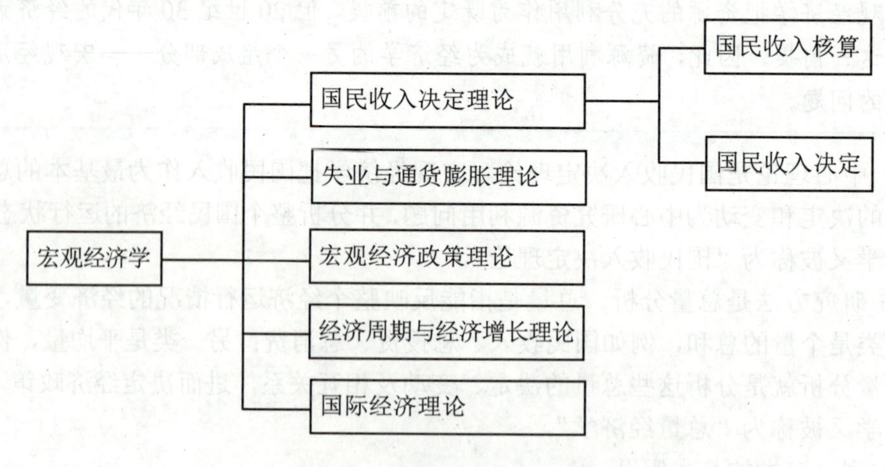

图 1-3　宏观经济学的内容

（三）微观经济学与宏观经济学的关系

从微观经济学和宏观经济学的概念及其理解可以看出，二者的研究对象、解决的问题、中心理论和分析方法都有很大的不同，但同时它们也是互相联系的，主要体现在以下三点。

（1）二者的研究目的相同。不论是微观经济学的资源配置，还是宏观经济学的资源利用，它们的目的都是为人类经济活动提供正确的指导，以实现整个社会经济福利最大化。

（2）二者的研究内容相互补充。实现社会经济福利的最大化，就是既要实现资源的最优配置，又要实现资源的充分利用，二者缺一不可。微观经济学是在假定资源已实现充分利用的前提下，分析如何达到最优配置；宏观经济学则是在假定资源已实现最优配置的前提下，分析如何达到充分利用。二者互为前提，相互补充。

（3）微观经济学是宏观经济学的基础。整体经济是单个经济的总和，因此宏观经济学的总量分析是以微观经济学的个量分析为基础的。

思考与讨论

“价格”在微观经济学和宏观经济学中的概念一样吗？你还能举出哪些类似的词？

拓展阅读

经济学十大原理

格里高利·曼昆，美国著名经济学家。他于 1998 年出版的经济学教材《经济学原理》介绍了经济学十大原理，并运用它们对微观和宏观经济学理论进行阐述，成为最负盛名的经济学教材之一。这十大原理如下：

（1）人们面临权衡取舍。

（2）为了得到某种东西而放弃的可能收益——机会成本。

（3）理性的人考虑边际量——边际。

（4）人们会对激励做出反应——激励。

（5）贸易能使每个人状况更好——比较优势。

（6）市场通常是组织经济活动的一种好方式——看不见的手。

（7）政府有时可以改善市场结果——政府干预。

（8）一国的生活水平取决于它生产物品与劳务的能力——生产率。

（9）当政府发行过多货币时物价上涨——通货膨胀。

（10）社会面临通货膨胀与失业之间的短期权衡取舍——菲利普斯曲线。

班级________ 姓名________ 学号________

任务考核

1.【单选题】资源的稀缺性是指（　　）。

A．世界上的资源最终会因为人们生产更多的物品而消耗殆尽

B．生产某种产品所需资源的绝对数量很少

C．相对于人们无限的欲望而言，资源总是不足的

D．以上答案都不正确

2.【单选题】在当今经济社会中，（　　）。

A．因为资源是稀缺的，所以不存在资源浪费

B．因为存在资源浪费，所以资源不是稀缺的

C．虽然资源是稀缺的，但也存在资源浪费

D．既不存在资源稀缺，也不存在资源浪费

3.【单选题】当资源不能满足所有人的需要时，（　　）。

A．政府必须做出决定优先满足谁的需要　　B．必须做出选择

C．价格必定上升　　D．市场可以自己调节

4.【单选题】一国生产可能性曲线以内的点表示（　　）。

A．该国在经历通货膨胀　　B．该国资源存在浪费

C．该国可利用的资源很少　　D．该国生产处于最佳状态

5.【单选题】花 10 元钱理发的机会成本是（　　）。

A．10 元钱其他最好的用途的收益

B．用来理发的时间的其他最好的用途的收益

C．10 元钱和用来理发的时间的其他最好用途的收益

D．给理发师的 10 元钱的价值

6.【多选题】资源的稀缺性是（　　）。

A．相对的　　B．绝对的　　C．可变的　　D．不变的

7.【多选题】微观经济学研究的基本问题包括（　　）。

A．生产什么及生产多少　　B．如何生产

C．为谁生产　　D．何时生产

8.【简答题】简要说明微观经济学与宏观经济学的区别与联系。

班级__________ 姓名__________ 学号__________

9.【简答题】简述生产可能性曲线与资源稀缺性及机会成本之间的关系。

10.【应用题】篮球运动员姚明在 17 岁时选择签约上海篮球队而不是读大学，在 31 岁时却又重新选择进入上海交通大学读书，他做出这些选择的原因是什么？请从机会成本的角度进行分析。

任务二 掌握经济学的研究方法

任务导入

每一个学科都有自己的研究方法，经济学也不例外。面对同一经济现象，不同的研究方法会得出不同的结论。例如，面对新冠疫情，有人会研究其对经济造成的影响，有人会研究政府应采取哪些措施，有人会研究未来的经济趋势，有人会得出某一段时间经济发展函数等。学习经济学的研究方法，即学习经济学家的思考方式，能帮助人们从多种角度看待经济现象。

知识准备

一、实证分析法与规范分析法

在面对经济现象时，经济学家区分了两种研究方法：一种是只研究经济现象是什么，称为“实证分析法”；另一种是研究经济现象好不好、该不该，称为“规范分析法”。

（一）实证分析法

实证分析法是指只对经济现象、经济行为或经济活动及其发展趋势进行分析，从而得出一些规律性的结论的分析方法。它回答“是什么”的问题，即只分析客观事物，而不对事物的好坏进行评价，且其得出的结论一般可以得到经验事实的检验。例如讨论猪肉价格时，小李说每千克猪肉价格超过 40 元了，这就是实证分析。

（二）规范分析法

规范分析法是指依据一定的价值判断，提出某些分析、处理问题的标准，研究怎样才能符合这些标准的理论和政策的分析方法。它回答“应该是什么”的问题，即分析不具有客观性的事物，并对事物的好坏进行评价，通常得出的结论无法得到经验事实的检验。例如讨论猪肉价格时，小张说政府应该控制猪肉价格了，这就是规范分析。

即学即练

“随心飞”会消失吗？

回顾 2020 年的民航业，“随心飞”是一个绕不过去的词，花几千元就能在一定规则下无限次乘坐飞机，如此优惠的力度让“随心飞”产品一票难求。

但在 2021 年，“随心飞”产品大大减少，下半年几乎销声匿迹。其中一个原因是旅客出行意愿有所提升，为促进消费而推出的“随心飞”逐渐失去了意义。2021年上半年，南航客座率最高为73.68%，2020年同期为67.51%；国航客座率为70.61%，2020年同期为67.45%；东航客座率为70.80%，同比增长4.09%。对比发现，2021年上半年客座率水平稳中有微增。对此，民航专家同时指出，“随心飞”产品脱离定价规律，不具有可持续性。

对于“随心飞”案例，利用实证分析法和规范分析法分别可以研究哪些内容？

【答】分析“随心飞”收益如何、发展趋势如何、会消失的原因是什么等，这是实证分析，结论并不会因为人们的不同看法而改变；研究“随心飞”消失好不好、该不该、是否公平等，这是规范分析，体现了人们对同一问题的不同看法。

实证分析与规范分析虽然研究重点不同，但是也难以截然分开：实证分析法是规范分析法的基础，也离不开规范分析法的指导，二者相互联系、相互补充，常常结合使用。比如，对于通货膨胀这一问题，分析通货膨胀的后果，一般属于实证分析；讨论采用何种措施反通货膨胀，则是规范分析的内容。

小贴士

用实证分析法（规范分析法）分析经济问题和经济现象，称为实证经济学（规范经济学）。

二、均衡分析法与边际分析法

根据研究对象的状态不同，经济学家区分了两种研究方法：均衡分析法与边际分析法。

（一）均衡分析法

小贴士

经济学中的均衡并非指不再变化，而是指没有变化的必要，因为这种状态是最好的情况，变化只会使情况恶化。

经济学中的均衡是指变动着的各种力量正好平衡，经济系统变动趋势为零的状态。例如，市场中买者总希望价格低一些，卖者总希望价格高一些，但经过讨价还价，最终还是会达成一致，形成均衡价格。**经济学中分析由矛盾对立走向统一均衡的现象的方法，称为均衡分析法。**均衡分析法不考虑时间因素，只考查达到均衡状态时的情况和实现均衡应具备的条件。

均衡分析法可分为局部均衡分析法和一般均衡分析法。局部均衡分析是指假定在其他条件不变的情况下，分析某一时间、某一市场的某种商品（或生产要素）的供给与需求达到均衡时的价格决定。一般均衡分析则是在各种商品和生产要素的供给、需求、价格相互影响的条件下，分析所有商品和生产要素的供给和需求同时达到均衡时，所有商品的价格如何被决定。一般均衡分析法是关于整个经济体系的价格和产量结构的一种研究方法，非常复杂，所以在经济学研究中，大多采用局部均衡分析法。

（二）边际分析法

边际的含义是因变量关于自变量的变化率，属于导数和微分的概念。简单地说，就是指自变量变化一个单位时，因变量的变化情况。**边际分析法是分析自变量变动和因变量变动关系的一种方法**。在经济学中，边际有额外、追加的意思，是指处于边缘时，再增加一个单位所发生的变化。例如，厂商多生产一件产品所带来的利润变化。

边际分析法是经济学的基本研究方法之一，被广泛地运用于经济行为和经济变量的分析过程之中，经常用到的边际量有边际效用、边际成本、边际产量、边际利润等。

三、静态分析法与动态分析法

静态分析法与动态分析法是与均衡分析法密切相关的两种研究方法。

（一）静态分析法

静态分析就是分析经济现象的均衡状态以及有关的经济变量达到均衡状态所具备的条件。静态分析法完全抽掉了时间因素和具体的变化过程，是一种静止地、孤立地考查某种经济事物的方法。例如，研究均衡价格时，舍掉时间、地点等因素，并假定影响均衡价格的其他因素，如消费者偏好、收入及相关商品的价格等静止不变，单纯分析该商品的供求达到均衡状态的产量和价格的决定。也就是说，静态分析只考查某一时点上的均衡状态。

静态分析法中最常用的方法是比较静态分析法。比较静态分析法是在均衡条件发生变化以后，对新形成的静态均衡结果与原来的静态均衡结果进行比较。比较静态分析法比较的是一个经济变量变动过程的起点和落点。

案例巩固

已知鸡蛋的供求状况，考查其供求达到均衡时的价格和需求量，是静态分析法。

由于消费者的收入增加而导致对鸡蛋的需求增加，从而产生新的均衡，均衡价格和需求量都较以前提高。把新的均衡所达到的价格和需求量与原均衡的价格和需求量进行比较，是比较静态分析法。

（二）动态分析法

动态分析是对经济变动的实际过程进行分析，包括分析有关变量在一段时间内的变动、这些变量在变动过程中相互影响和彼此制约的关系，以及它们在每一个时点上变动的速率等。动态分析法的一个重要特点是要考虑时间因素的影响，并把经济现象的变化当作一个连续的过程来看待。例如，根据前一个时期有关经济变量的变化预测当前时期某经济变量的变化，根据当前有关经济变量的变化预测下一时期某经济变量的变化等。

动态分析法考虑各种经济变量随时间延伸而变化时对整个经济体系的影响，因而难度较大。在微观经济学中，迄今占有重要地位的仍是静态分析法和比较静态分析法。在宏观经济学中，则主要采用比较静态分析法和动态分析法，特别是在经济周期和经济增长的研究中，动态分析法占有重要的地位。

四、定性分析法与定量分析法

根据研究对象是内在规律还是表面量的关系，经济学家区分了两种研究方法：定性分析法与定量分析法。

（一）定性分析法

定性分析法是说明经济现象的性质及其内在的规定性与规律性的研究方法。 例如，在其他条件不变的情况下，需求增加会使价格上升，这属于定性分析。其主要优点是简单明了，主要缺点是不够准确。

（二）定量分析法

定量分析法是分析经济现象之间数量关系的研究方法。 例如，在其他条件不变的情况下，某产品需求增加 1%，会使价格上升 2%，这属于定量分析。它更具有应用价值，但其结论只适用于特定环境，缺乏普遍意义。

相比定性分析法来说，定量分析法使经济学更能运用于实际。通过定量分析，许多经济现象可以用一定的数量表示，各种经济现象之间量的关系也可以更精确地反映经济运行的内在规律。

五、经济模型分析法

研究经济现象，需要从错综复杂的现象中抽出最重要、最本质的东西来研究其中的经济规律，因此经济学家常用经济模型来使复杂的理论变得清楚明了。

经济模型分析法是指把经济理论用变量的函数关系来表示的研究方法。 它的表达形式有三种：文字、数学函数和几何图形。文字表达比较浅显、细腻，数学函数表达比较严谨、精练，几何图形表达比较直观、简明。

例如，研究人们对乘坐出租车的需求量 Q 时，Q 的大小主要取决于出租车的收费价格 P。这个经济模型可分别用上述三种形式来表达。

（1）用文字表达为：人们乘坐出租车的需求量 Q，取决于出租车单位里程的收费价格 P，并且与价格 P 成反比。即价格越高，需求量越小；价格降低，需求量增加。

（2）用数学函数表达为

$$Q = a - bP \quad（a，b \text{ 为参数}）$$

（3）用几何图形表达如图 1-4 所示。

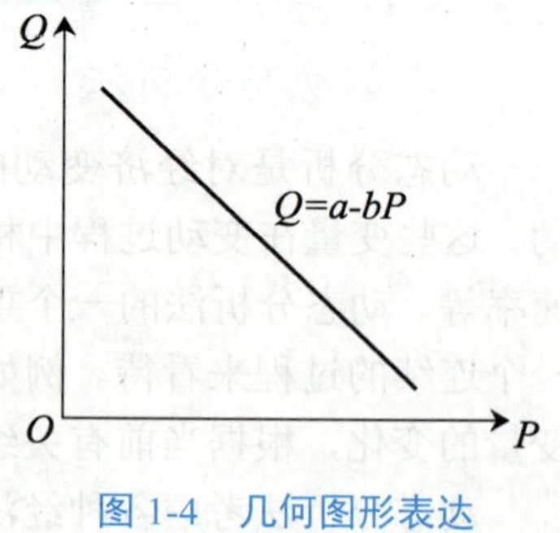

图 1-4　几何图形表达

经济学中存在着大量的经济模型，如生产可能性曲线、需求曲线、生产函数等，它们能直观且深刻地揭示经济活动的内在规律。

班级__________ 姓名__________ 学号__________

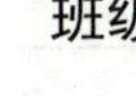

任务考核

1.【单选题】下列不是实证经济学命题的是（　　）。

A. 美联储理事会 2012 年 2 月 21 日会议决定将贴现率维持在 0.75%

B. 德国 2011 年失业率降到了 1991 年以来的最低点，失业率为 7.1%

C. 联邦所得税对中等收入家庭是不公平的

D. 社会保险税的课税依据现已超过 30 000 美元

2.【单选题】实证经济学与规范经济学的根本区别是（　　）。

A. 研究的方法不同　　B. 研究的对象不同

C. 研究的范围不同　　D. 研究的内容不同

3.【单选题】下列命题中，（　　）属于规范分析的范畴。

A. 去年某型号手机的价格为 5 000 元

B. 我国城乡居民恩格尔系数呈下降趋势

C. 2020 年我国国内生产总值增长速度为 2.3%

D. 政府应多关注养老问题

4.【单选题】下列属于实证的表述是（　　）。

A. 通货膨胀有利于经济的发展

B. 通货膨胀不利于经济的发展

C. 控制货币量可以抑制通货膨胀

D. 治理通货膨胀比减少失业更重要

5.【单选题】下列属于规范的表述是（　　）。

A. 由于收入水平低，只有少数中国人买得起小轿车

B. 随着收入水平的不断提高，买得起小轿车的人会越来越多

C. 鼓励购买小轿车有利于促进汽车工业的发展

D. 提倡轿车文明是盲目向西方学习的行为，不适合我国国情

6.【多选题】经济学的基本分析方法有（　　）。

A. 均衡分析法　　B. 边际分析法

C. 模型分析法　　D. 因素分析法

7.【多选题】经济模型分析法的表达方式有（　　）。

A. 文字　　B. 照片

C. 函数　　D. 图形

班级________ 姓名________ 学号________

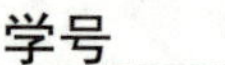

项目实训——观察生活中的经济学

一、实训目标

提升学生用经济学思维和所学知识分析生活中的经济学问题的能力。

二、实训内容和要求

1. 准备工作

学生自由分组，以组为单位确定一个经济问题或现象进行分析研讨，可以通过报纸、网络来搜集参考资料。

2. 小组研讨

（1）每组由一名学生大致介绍所要讨论的经济问题或现象。

（2）小组内部研讨，学生自由发言。研讨内容包括但不限于以下几点：该经济问题或现象的实质是什么？涉及什么经济理论或哪一方面的经济学主题？它产生的原因有哪些？解决该问题的对策有哪些？不同对策的效果有什么不同？如何选择最佳方案？

3. 班级交流

班级组织经济交流会，每组推选一名代表进行演讲发言，其他学生提问和探讨，小组成员可以作补充回答。

4. 考核

每个小组提交一份对所选经济问题或现象的交流总结，学生和教师根据学生平时课堂表现、所提交的总结、班级交流发言情况在表 1-2 中进行评估打分，综合评定本项目的成绩。

表 1-2 项目考核表

项目名称	评价内容	分值	评价分数	
			自评	师评
个人素养考核项目（20%）	日常考勤	5 分		
	仪容仪表	5 分		
	课堂纪律和学习态度	10 分		
专业能力考核项目（80%）	积极参与教学活动并正确理解任务要求	10 分		
	知识准备中每个知识点的学习效果	20 分		
	任务考核题目的正确率	25 分		
	项目实训准备充分，总结内容完整、准确	25 分		
综合分数（自评×30%+师评×70%）				
教师评语	教师（签名）：			

思维导图

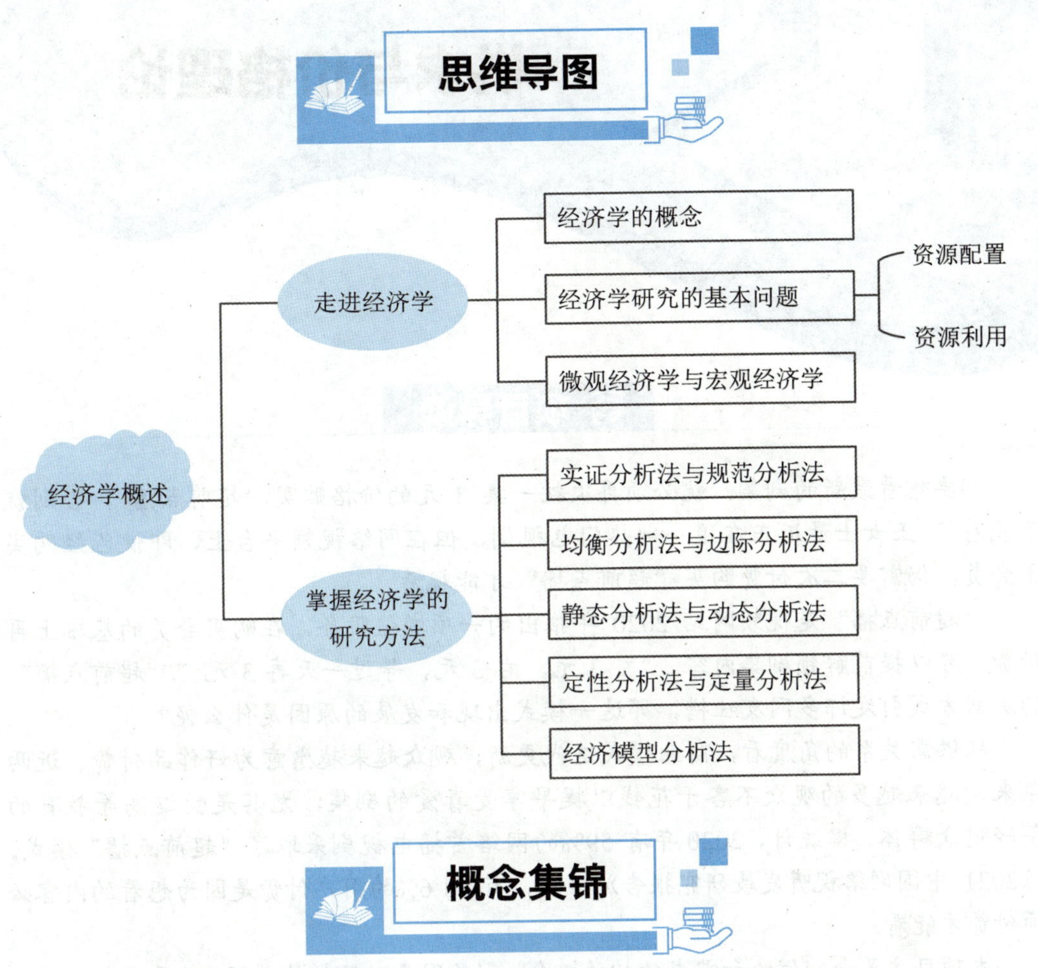

概念集锦

（1）经济学：研究一个社会如何利用稀缺资源生产有价值的商品和劳务，并将它们在不同的人中间进行分配的科学。

（2）资源的稀缺性：相对于人们无限的欲望而言，经济资源总是不足的。

（3）机会成本：人们将资源用于某种用途而放弃的在其他用途中所能得到的最高收益。

（4）资源利用：人们利用现有的稀缺资源来创造更多的产品。

（5）微观经济学：研究单个经济单位的经济活动规律的学科，主要解决稀缺资源的合理配置问题。

（6）宏观经济学：研究整个国民经济活动规律的学科，主要通过研究经济总量的决定及其变化，来解决资源的充分利用问题。

（7）实证分析法：对经济现象、经济行为或经济活动及其发展趋势进行分析，从而得出一些规律性的结论的研究方法。

（8）规范分析法：依据一定的价值判断，提出某些分析、处理问题的标准，研究怎样才能符合这些标准的理论和政策的研究方法。

项目二

供求与价格理论

项目导读

“要想看最新的剧集，就必须再次按一集 3 元的价格购买‘超前点播’，否则就不能看。”王女士最近正在追一部热门电视剧，但在网络视频平台上，即使已经购买了会员，仍需要二次付费购买“超前点播”才能观看。

“超前点播”是视频网站 2020 年推出的一项增值服务，在购买会员的基础上再付费，可以提前解锁剧集内容。“左 3 元，右 3 元，等过一天再 3 元。”“超前点播”的更新方式引发许多网友吐槽，那这一模式出现和发展的原因是什么呢？

从供需关系的角度看，商业模式迭代更新，观众越来越愿意为好作品付费。近两年来，越来越多的观众不吝于花钱以提早享受喜爱的剧集，尤其是受过高等教育的年轻观众群体。据统计，2020 年有 59%的网络首播电视剧采取了“超前点播”模式。《2021 中国网络视听发展研究报告》显示，有 61.6%的用户付费是因为想看的内容必须付费才能看。

本项目主要介绍供给和需求的相关概念、影响因素以及相关定理，从需求与供给这两方面深入分析市场均衡价格是如何形成的，以及需求弹性和供给弹性的相关知识。

学习目标

知识目标

（1）掌握需求和供给的概念及影响因素。

（2）理解均衡价格的决定及影响因素。

（3）理解不同弹性的概念及分类。

能力目标

（1）能熟练掌握需求和供给变动的图形表示。

（2）能够用供求与价格理论解释生活中常见的经济问题。

德育目标

（1）通过了解生活中商品价格变动的原因，提高学习经济学的兴趣，培养经济思维。

（2）通过学习供求的相关知识，深刻理解我国供给侧结构性改革的意义与重要性。

任务一　掌握供求理论

任务导入

经济学家萨缪尔森曾说过："学习经济学是再简单不过的事了，你只需要掌握两件事，一个叫需求，另一个叫供给。"

知识准备

一、需求理论

（一）需求的概念

1. 需求

一种商品的需求是指在一定时期内，在各种可能的价格水平下，人们愿意而且能够购买的商品量。根据定义，消费者对某种商品的需求必须具备两个条件，一是购买欲望，二是购买能力，两者缺一不可。

即学即练

下列哪个说法是关于需求的表述？

A. 低保户老王一直想住大别墅，但是由于家庭条件的限制，只能望洋兴叹。

B. 小张是个富二代，他的父亲每月都支付给他非常充足的费用，但是小张却对别墅毫无兴趣。

C. 小李一直想买一套属于自己的房子，为此，他努力工作，认真理财，终于在 30 岁时购买了心仪的住房。

【答】C

经济学中的需求包括个人需求和市场需求。一般来说，市场需求可以通过个人需求加总而得到。

> **小贴士**
>
> 需求不是需求量的总和，但可以理解为，需求是由很多个需求量构成的。

2．需求量

一种商品的需求量是指在某一个价格水平下，人们愿意并且能够购买的商品量。需求量直接受价格的影响，对于同一种商品，当价格偏高时，需求量较小，当价格偏低时，需求量相对较多。

3．需求表

需求表是表示商品的价格水平和需求量之间一一对应关系的数字序列表。例如，Z 商品的需求表如表 2-1 所示。其中，每一个组合代表的是某一价格下商品的需求量，而整个表代表的是对这一商品的需求。

表 2-1　Z 商品的需求表

价格-数量组合	*A*	*B*	*C*	*D*	*E*	*F*	*G*
价格/元	1	2	3	4	5	6	7
需求量/件	70	60	50	40	30	20	10

4．需求曲线

需求曲线是根据需求表中商品不同的价格与对应需求量的组合在平面坐标图上绘制的一条曲线。曲线上的一个个点代表着不同价格及对应的需求量。例如，根据 Z 商品的需求表中的价格与需求量之间的组合（*A*，*B*，*C*，*D*，*E*，*F*，*G*）绘制的需求曲线如图 2-1 所示。需求曲线是向右下方倾斜的，即它的斜率为负值，表示需求量（*Q*）和价格（*P*）之间呈反方向变动。

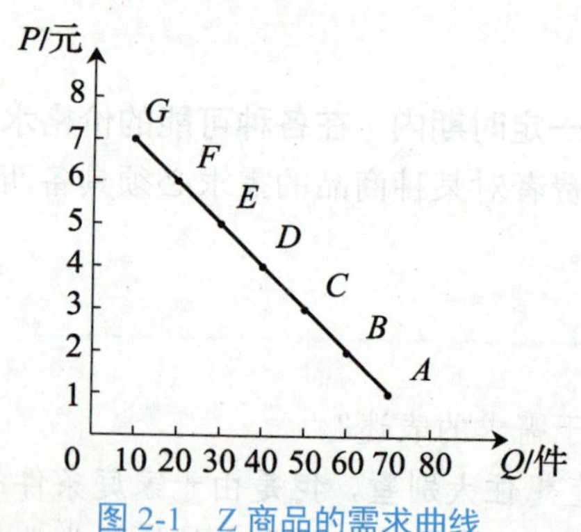

图 2-1　Z 商品的需求曲线

（二）需求函数

1．需求函数的概念

需求函数表示一种商品的需求量和该商品的价格之间存在着一一对应的关系。假定其他因素保持不变，只分析商品价格对商品需求的影响，那么，商品的需求可以表示为其价格的函数，公式为

$$Q^d = f(P) \qquad (2\text{-}1)$$

式（2-1）中，P 为商品的价格，Q^{d} 为商品的需求量。

例如，根据 Z 商品的需求表和需求曲线，可以得出其需求函数为

$$Q^{\mathrm{d}}=-10P+80$$

Z 商品的需求函数是线性函数，因此需求曲线是一条直线，而实际上，需求曲线可以是直线，也可以是曲线。当需求函数为非线性函数时，相应的需求曲线为曲线。在微观经济学分析中，不影响分析结论的前提下，大多选择线性需求函数，其通常形式为

$$Q^{\mathrm{d}}=-\beta\cdot P+\alpha \tag{2-2}$$

式（2-2）中，α，β 为大于 0 的常数。

拓展阅读

广义需求函数表示一种商品的需求量和影响该需求量的各种因素之间存在着对应关系。其中，影响需求的所有因素都是自变量，需求是因变量。用 Q^{d} 代表需求，a，b，c，d 等代表影响需求的各个因素，则需求函数可以表示为

$$Q^{\mathrm{d}}=f(a,b,c,d,\cdots) \tag{2-3}$$

2. 影响需求的因素

一种商品的需求量是由多个因素共同决定的，除了前面提到的商品价格外，还包括消费者的收入水平、相关商品价格、消费者偏好、消费者预期和消费者人数等。

1）消费者的收入水平

对于大多数商品来说，当消费者的收入水平提高时，商品的需求量也会增加，两者呈正方向变动。需要注意的是，由于消费者对各种商品的需求程度不同，商品需求量对收入变化的反应幅度也不同。通常生活必需品的需求量随着收入增加而增加的幅度很小，而奢侈品和耐用消费品的需求量随着收入增加而增加的幅度很大。

假期消费释放
满足多样化需求

2）相关商品价格

当一种商品本身的价格保持不变，而与它相关的其他商品的价格发生变化时，这种商品本身的需求量也会发生变化。例如，当馒头的价格不变，而其替代品花卷的价格上升时，人们往往会减少对花卷的购买，增加对馒头的购买；当乒乓球拍的价格不变，而其互补品乒乓球的价格上升时，人们往往会同时减少对乒乓球和乒乓球拍的购买。

思考与讨论

（1）我国私家车为何越来越多？

（2）什么是互补品和替代品？

3）消费者偏好

消费者偏好是指消费者对一种商品的喜好程度。当消费者对某种商品的偏好程度增强时，该商品的需求量就会增加；相反，偏好程度减弱，需求量就会减少。

案例巩固

爱国主义热潮推动本土品牌发展

2021 年 3 月，国外服装企业 H&M 集团被曝光发表声明抵制新疆棉花产品，引发众怒。深挖后消费者发现，包括耐克、阿迪达斯在内的多个国外知名品牌也曾发表过类似声明。

“新疆棉”事件后，国人的爱国主义热潮推动了本土运动服装品牌的发展，股票价格不断走高，某些品牌股价涨幅达到 275%。天猫平台 2021 年 1—7 月数据显示，安踏集团旗下品牌总成交额以企业维度计算，在“运动户外”类目排名第一，这也是首次由中国企业占据行业榜首。

4）消费者预期

当消费者预期某种商品的价格即将上升时，消费者往往会增加对该商品的现期需求量，以减少以后在价格高位时对该商品的需求量；反之，就会减少对该商品的现期需求量。

5）消费者人数

一般的，当一个商品市场上消费者人数增多时，对商品的需求也会增多。

思考与讨论

影响需求的因素还有哪些？

知行合一

厂商形象也是影响需求的因素之一，很多厂商由于被曝光虚假宣传、缺斤少两、原料劣质、卫生不达标等问题，商品需求呈现断崖式下降。因此，在日常生产经营的过程中，厂商应坚持诚实守信，注重服务质量，努力为消费者提供物美价廉的商品，自身形象得到提升，商品需求自然而然便会增多。

3. 需求量变动与需求变动

在需求量和需求曲线部分讲到，**需求量的变动是指在其他条件不变时，由某商品的价格变动所引起的该商品的需求数量的变动**。需求量变动在需求曲线上表现为组合点沿着一条既定的需求曲线运动，即“点动线不动”。

而需求的变动是指在某商品价格不变的条件下，由于其他因素（如上文讲到的五种因

素）变动所引起的该商品的需求数量的变动。需求变动在需求曲线上表现为需求曲线位置发生移动。如图 2-2 所示，在商品价格不变的前提下，消费者收入水平提高使得需求增加，于是需求曲线 D_1 向右平移到 D_2 的位置，当既定价格为 P_0 时，需求数量从 Q_1 增加为 Q_2；同样，消费者预期将来商品会降价使得需求减少，需求曲线 D_1 向左平移到 D_3 的位置，需求数量从 Q_1 减少为 Q_3。所以，需求变动不仅表示需求数量的变化，也表示整个需求状态的变动，即“点动线也动”。

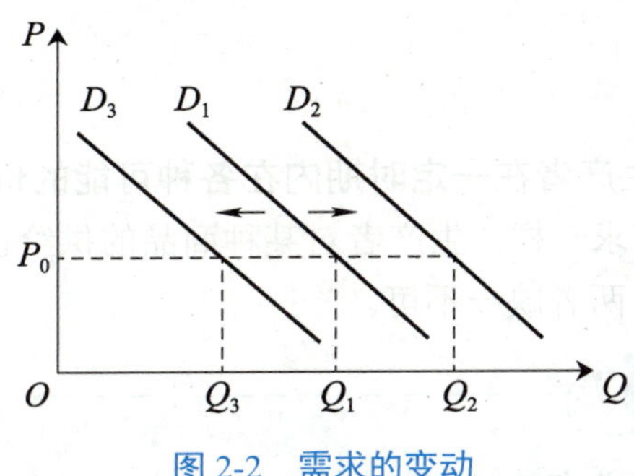

图 2-2　需求的变动

思考与讨论

情人节和超市促销期间鲜花需求的变化相同吗？为什么？

（三）需求定理

在其他因素不变时，商品的价格越高，人们愿意购买的数量就越少；价格越低，人们愿意购买的数量就越多，这被称为需求定理。但是也有一些特殊的商品不符合需求定理，如珠宝、豪宅和古董等用于显示拥有者社会地位与身份的奢侈品，当这些商品的价格下降时，其需求量反而会减少。

拓展阅读

吉芬商品

吉芬商品指的是一些需求量与价格呈同向变动的特殊商品，也被称为“低档生活必需品”，是由英国统计学家罗伯特·吉芬最早发现的。1945 年爱尔兰发生大灾荒，马铃薯价格上升，但是其需求量反而增加了。通过调查，吉芬发现是因为灾荒使爱尔兰人民收入减少，没有能力购买马铃薯之外的其他食物，所以，尽管马铃薯价格上涨，其需求也没有减少，反而还增加了。

思考与讨论

还有哪些特殊商品不符合需求定理？

二、供给理论

（一）供给的概念

1. 供给

一种商品的供给是指生产者在一定时期内在各种可能的价格下愿意并且能够提供出售的该种商品的数量。和需求一样，生产者对某种商品的供给也必须具备两个条件，一是出售愿望，二是出售能力，两者缺一不可。

思考与讨论

生产者惜售能形成商品供给吗？食品生产者能形成衣物供给吗？

经济学中的供给包括个人供给和市场供给。个人供给是市场供给的基础和前提，市场供给可以通过个人供给加总而得到。

2. 供给量

一种商品的供给量是指在某一个价格水平下，生产者愿意并且能够出售的商品量。供给量表现为供给曲线上的某个点。供给是与不同价格水平相对应的各供给量的总称，表现为整条供给曲线。

3. 供给表

一种商品的供给表是表示商品的价格水平和供给量之间一一对应关系的数字序列表。例如，Y 商品的供给表如表 2-2 所示。

表 2-2　Y 商品的供给表

价格-数量组合	*A*	*B*	*C*	*D*	*E*
价格/元	2	3	4	5	6
供给量/个	0	20	40	60	80

4. 供给曲线

一种商品的供给曲线是根据供给表中商品不同的价格与对应供给量的组合在平面坐标图上所绘制的一条曲线。例如，根据 Y 商品的供给表中的价格 P 与供给量 Q 之间的组合（A，B，C，D，E）绘制该商品的供给曲线如图 2-3 所示。供给曲线是向右上方倾斜的，表示此商品的供给量和价格之间呈正方向变动。

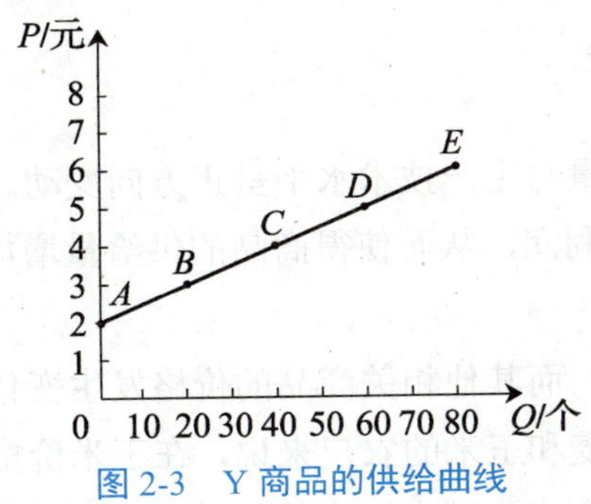

图 2-3　Y 商品的供给曲线

（二）供给函数

1. 供给函数的概念

供给函数表示一种商品的供给量和该商品价格之间存在着一一对应的关系。假定其他因素保持不变，只分析商品价格对商品供给的影响，那么，商品的供给可以表示为其价格的函数，公式如下：

$$Q^s = f(P) \tag{2-4}$$

式（2-4）中，P 为商品的价格；Q^s 为商品的供给量。

例如，根据 Y 商品的供给表和供给曲线，得出其供给函数为

$$Q^s=20P-40$$

同需求曲线一样，实际上，供给曲线可以是直线，也可以是曲线。当供给函数为非线性函数时，相应的需求曲线为曲线。在微观经济学分析中，不影响分析结论的前提下，大多选择线性供给函数，其通常形式为

$$Q^s = \gamma \cdot P - \delta \tag{2-5}$$

式（2-5）中，γ，δ 为大于 0 的常数。

拓展阅读

广义供给函数表示一种商品的供给量和影响该供给量的各种因素之间存在着对应关系。其中，影响供给的所有因素都是自变量，供给是因变量。用 Q^s 代表供给，a，b，c，d 等代表影响供给的各个因素，则供给函数可以表示为

$$Q^s = f(a, b, c, d, \cdots) \tag{2-6}$$

2. 影响供给的因素

影响供给的因素主要包括生产成本、生产技术水平、相关商品价格、生产者预期及生产者人数等。

1）生产成本

一般来说，商品的供给量与生产成本呈反方向变动。在商品自身价格不变的条件下，生产成本上升会减少利润，从而使得商品的供给量减少；反之，生产成本下降会增加利润，

从而使得商品的供给量增加。

2）生产技术水平

一般来说，商品的供给量与生产技术水平呈正方向变动。生产技术水平的提高可以降低生产成本，增加生产者的利润，从而使得商品的供给量增加。

3）相关商品价格

当一种商品的价格不变，而其他相关商品的价格发生变化时，该商品的供给量会发生变化。例如，对某个生产小麦和玉米的农户来说，在玉米价格不变和小麦价格上升时，该农户就可能增加小麦的耕种面积而减少玉米的耕种面积。

思考与讨论

玉米和小麦是互补品还是替代品？试举出另一种相关商品的例子。

4）生产者预期

如果生产者对未来的预期是乐观的，如预期商品的价格会上涨，那么生产者往往会扩大生产，增加商品供给。如果生产者对未来的预期是悲观的，如预期商品的价格会下降，那么生产者往往会缩减生产，减少商品供给。

5）生产者人数

一般当一个商品市场上生产者人数增多时，商品的供给量也会增多。

思考与讨论

影响供给的因素还有哪些？

3. 供给量变动与供给变动

供给量的变动是指在其他条件不变时，由某商品的价格变动所引起的该商品供给数量的变动。在供给曲线中，供给量的变动表现为组合点沿着一条既定的供给曲线的运动，整个供给曲线并未发生变动，即“点动线不动”。

供给的变动是指在某商品价格不变的条件下，由于其他因素（如上文讲到的五种因素）变动所引起的该商品的供给数量的变动。在供给曲线中，供给的变动表现为供给曲线的位置发生移动。如图 2-4 所示，在商品价格不变的前提下，生产成本降低使得供给增加，于是供给曲线 S_1 向右平移到 S_2 的位置，既定价格为 P_0 时，供给数量从 Q_1 增加为 Q_2；同样，生产成本增加使得供给减少，供给曲线 S_1 向左平移到 S_3 的位置，供给数量从 Q_1 减少为 Q_3。可以看出，供给变动可以引起每一个既定的价格水平供给量都增加或者都减少。所以，供给变动不仅表示供给数量的变化，也表示整个供给曲线的变动，即“点动线也动”。

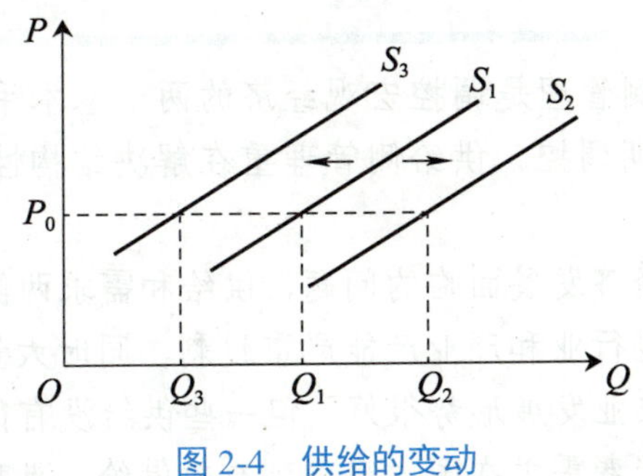

图 2-4　供给的变动

（三）供给定理

在其他因素不变时，商品的价格越高，生产者的供应量就越大；商品的价格越低，生产者的供应量就越小。这被称为供给定理。但是，也有一些商品具有特殊性，比如劳动。劳动的供给曲线是一条向后弯曲的曲线，如图 2-5 所示，在开始阶段，随着工资的提高，劳动供给慢慢增加；但当工人的工资已经很高的时候，对工资的需求便不是那么迫切了，工作较少的时间就能获得与之前同样或更多的收入。因此，当工资高到一定程度时，劳动的供给反而随着工资的提高慢慢减少，劳动者选择增加更多的娱乐和休息的时间。

思考与讨论

还有哪些商品不符合供给定理？

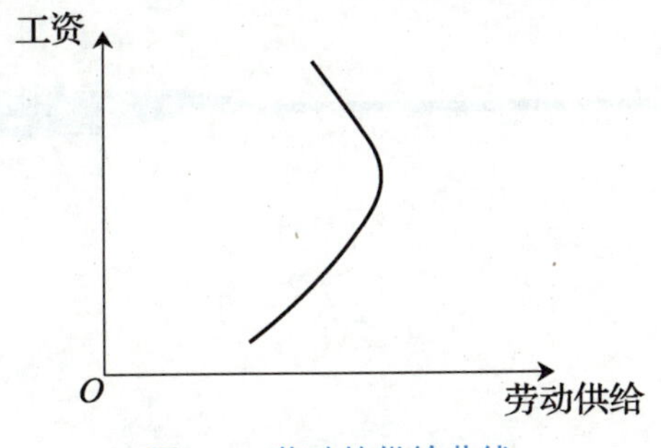

图 2-5　劳动的供给曲线

经济指向标

供给侧改革

供给和需求是市场经济内在关系的两个基本方面，它们之间是既对立又统一的辩证关系。没有需求，供给就无从实现，新的需求可以催生新的供给；没有供给，需求就无法满足，新的供给可以创造新的需求。

供给侧管理和需求侧管理是调控宏观经济的两个基本手段。需求侧管理重在解决总量性问题，注重短期调控。供给侧管理重在解决结构性问题，注重激发经济增长动力。

进入新时代，我国经济发展面临的问题，供给和需求两侧都有，但矛盾的主要方面在供给侧。比如，一些行业和产业产能严重过剩，同时大量关键装备、核心技术、高端产品仍依赖进口；农业发展形势很好，但一些供给没有很好地适应需求变化；一些有大量购买力支撑的消费需求在国内得不到有效供给，消费者将大把钞票花费在出境购物、“海淘”购物上等。

事实证明，我国不是需求不足，或是没有需求，而是需求变了，供给的产品却没有变，质量、服务跟不上。有效供给能力不足带来大量“需求外溢”，消费能力严重外流。面对我国经济发展中供给与需求的深层次结构性矛盾和问题，党中央做出推进供给侧结构性改革的重大战略决策。

推进供给侧结构性改革，是在全面分析国内经济阶段性特征的基础上调整经济结构、转变经济发展方式的治本良方，是培育增长新动力、形成先发新优势、实现创新引领发展的必然要求。

供给侧结构性改革，既强调供给又关注需求，既突出发展社会生产力又注重完善生产关系，既发挥市场在资源配置中的决定性作用又要更好地发挥政府作用，既着眼当前又立足长远。推进改革的内涵是增强供给侧结构对需求变化的适应性、灵活性，不断让新的需求催生新的供给，让新的供给创造新的需求，在相互推动中实现经济发展。

班级＿＿＿＿＿＿　姓名＿＿＿＿＿＿　学号＿＿＿＿＿＿

任务考核

1.【单选题】需求定理说明（　　）。

A. 药品的价格上涨会使药品质量增加

B. 计算机价格下降导致销售量增加

C. 门票价格提高，游览公园的人数增加

D. 汽油价格提高，小汽车的销售量减少

2.【单选题】西红柿需求数量的变动，可能是由于（　　）。

A. 西红柿的价格提高了

B. 消费者得知西红柿有益健康

C. 消费者预期西红柿将降价

D. 以上都对

3.【单选题】当羽毛球拍的价格下降时，对羽毛球的需求将（　　）。

A. 减少

B. 不变

C. 增加

D. 视具体情况而定

4.【单选题】养猪所需饲料的价格上升了，假定其他条件不变，则生猪的（　　）。

A. 需求减少

B. 需求增加

C. 供给减少

D. 供给增加

5.【单选题】某一时期，电冰箱的供给曲线向右移动的原因可能是（　　）。

A. 电冰箱的价格下降

B. 生产者对电冰箱的预期价格上升

C. 消费者收入上升

D. 生产冰箱的要素成本上升

6.【多选题】供给的构成要件是（　　）。

A. 商品用途

B. 生产者有出售欲望

C. 生产者有出售能力

D. 商品价格

7.【简答题】简要说明需求变动与需求量变动的区别与联系。

班级____________ 姓名____________ 学号____________

8.【简答题】影响供给的因素有哪些？

9.【计算题】已知某店一天的面包供给如表 2-3 所示，画出此店的供给曲线并求出其供给函数。

表 2-3 某店一天面包供给表

组合	*A*	*B*	*C*	*D*	*E*
价格/元	2	4	6	8	10
供给量/个	1	2	3	4	5

任务二　掌握价格理论

任务导入

不同歌手演唱会的门票价格有很大差别，一般来说，美声歌手的门票比较便宜，比如某著名歌手只需 180 元；通俗歌手的门票比较贵，普通歌手都可以达到 600 元以上，而偶像歌手甚至高达千元以上。一般来说，美声歌手专业培训费用比通俗歌手高很多，应该是美声歌手的票价高一些才对，但事实却相反，这是为什么呢？

知识准备

一、均衡价格的决定

（一）均衡

在经济学中，均衡是一个被广泛运用的重要概念，**是指经济事物中有关的变量在一定条件的相互作用下所达到的一种相对静止的状态**。经济事物之所以能够处于这样一种静止状态，是由于在这样的状态中，有关该经济事物的各参与者的力量能够相互制约和相互抵消，也由于在这样的状态中，有关该经济事物的各方面的经济行为者的愿望都能得到满足。

（二）均衡价格

市场均衡是指市场上供给和需求相等时的状态，此时对应的数量和价格分别被称为均衡数量和均衡价格。如图 2-6 所示，需求曲线 D 和供给曲线 S 相交于点 E，点 E 对应的价格 $\overline{P}$ 为均衡价格，数量 $\overline{Q}$ 为均衡数量。

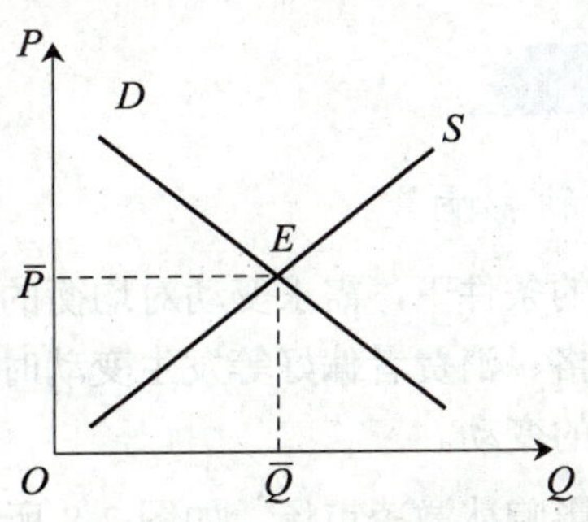

图 2-6　均衡价格和均衡数量

（三）均衡价格的决定

均衡价格是供给和需求这两种相反的力量共同作用的结果，是在供求双方的交易过程中自发形成的。均衡价格的形成或者说商品市场达到均衡的过程可以用图 2-7 来说明。商品价格为P_1时，需求量为Q_1，供给量为Q_2，供给大于需求，存在商品过剩，于是价格会下降，导致供给减少，趋于均衡点 E；商品价格为P_2时，市场供给量为Q_1，需求量为Q_2，需求大于供给，存在商品短缺，于是价格会上升，导致供给增多，趋于均衡点 E。由此可见，市场上总存在着变化的力量，使供求双方各自做出调整，最终达到市场的均衡。

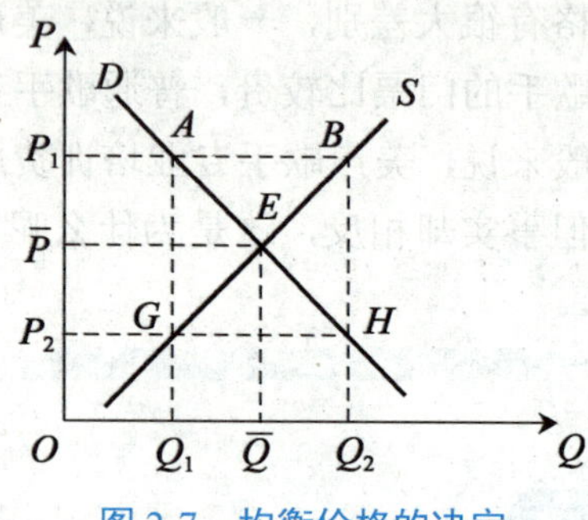

图 2-7　均衡价格的决定

思考与讨论

球鞋市场中，溢价球鞋产生的原因是什么？

即学即练

假设 A 商品的需求函数为 $Q^d=200-5P$，供给函数为 $Q^s=50+10P$，试确定 A 商品的均衡价格和均衡数量。

【答】均衡时，$Q^d=Q^s$，即 $200-5P=50+10P$，得 $\overline{P}=10$，$\overline{Q}=150$。

因此，A 商品的均衡价格为 10，均衡数量为 150。

二、均衡价格的变动

（一）需求变动对均衡的影响

我们先来讨论在供给不变的条件下，需求变动对均衡的影响。当影响需求的因素，如消费者收入水平、相关商品价格、消费者偏好等发生变动时，会引起需求曲线发生变动，进而引起均衡价格和均衡数量的变动。

例如，考察天气情况如何影响冰激凌市场。如图 2-8 所示，假定冰激凌厂商的供给不变，即存在既定的供给曲线 S。春天，人们对冰激凌的需求曲线是 D_1，与供给曲线 S 相交

于点 E_1，此时均衡价格为 P_1，均衡数量为 Q_1；夏天，炎热的天气使人们想吃更多的冰激凌，即在任何一种既定价格，人们想购买的冰激凌数量都增多了，所以需求曲线向右平移至 D_2 的位置，D_2 与 S 相交于点 E_2，此时均衡价格 P_2 大于 P_1，均衡数量 Q_2 大于 Q_1；同理，冬天，人们对冰激凌的需求减少，需求曲线向左平移至 D_3 的位置，D_3 与 S 相交于点 E_3，此时均衡价格 P_3 小于 P_1，均衡数量 Q_3 小于 Q_1。

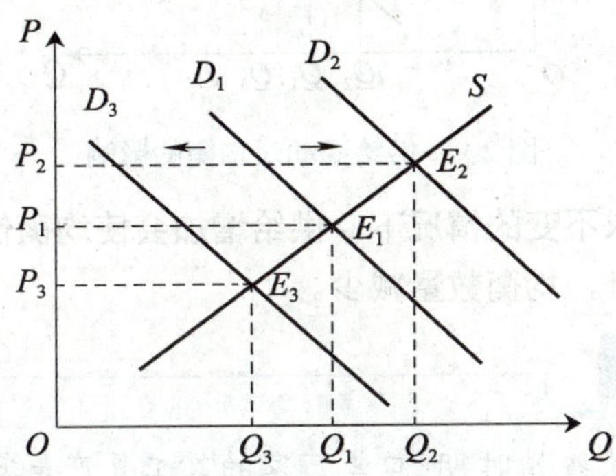

图 2-8　需求变动对均衡的影响

由此可以得出：**在供给不变的情况下，需求增加会使均衡价格和均衡数量都增加；需求减少会使均衡价格和均衡数量都减少。**

思考与讨论

2020 年新冠肺炎疫情是怎样影响口罩市场的？

（二）供给变动的影响

接着我们讨论在需求不变的条件下，供给变动对均衡的影响。当影响供给的因素，如技术、生产成本、相关商品价格、生产者预期等因素发生变动时，会引起供给曲线发生变动，进而引起均衡价格和均衡数量的变动。

菜比肉贵？

例如，考察糖的价格如何影响冰激凌市场。如图 2-9 所示，假定消费者的需求不变，即存在既定的需求曲线 D，正常时候厂商对冰激凌的供给曲线是 S_1，与需求曲线 D 相交于点 E_1，此时均衡价格为 P_1，均衡数量为 Q_1；自然灾害导致糖的价格上涨，冰激凌的生产成本增加，生产者对冰激凌的供给减少，供给曲线向左平移至 S_2 的位置，S_2 与 D 相交于点 E_2，此时均衡价格 P_2 大于 P_1，均衡数量 Q_2 小于 Q_1；同理，糖的价格下降时，厂商对冰激凌的供给增加，供给曲线向右平移至 S_3 的位置，S_3 与 D 相交于点 E_3，此时均衡价格 P_3 小于 P_1，均衡数量 Q_3 大于 Q_1。

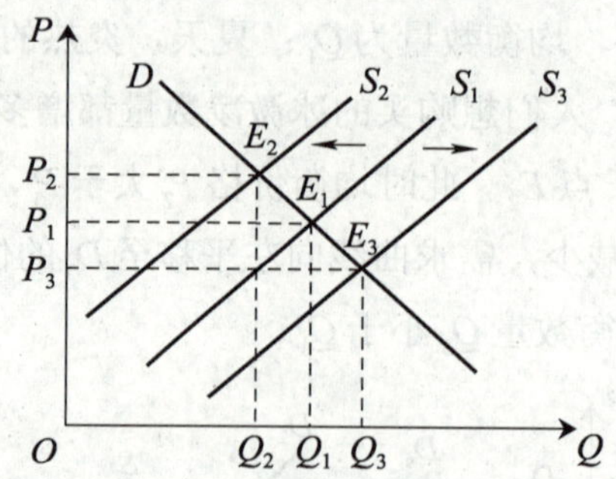

图 2-9 供给变动对均衡的影响

由此可以得出：在需求不变的情况下，供给增加会使均衡价格下降，均衡数量增加；供给减少会使均衡价格上升，均衡数量减少。

思考与讨论

2020 年新冠肺炎疫情时期，口罩厂家的复工复产是怎样影响口罩市场的？

综上所述，可以得到**供求定理**：**在其他条件不变的情况下，需求变动分别引起均衡价格和均衡数量的同方向变动；供给变动引起均衡价格的反方向变动，引起均衡数量的同方向变动。**

（三）供求同时变动的影响

需求与供给同时变动的影响需要分情况讨论。

1. 需求和供给同方向变动

需求和供给同时增加或减少，会引起均衡数量同方向变动，而这时均衡价格会出现提高、降低或保持不变三种情况，这主要取决于需求和供给各自变动的幅度。例如，需求和供给同时增加，但供给增加的幅度大于需求增加的幅度，如图 2-10 所示，需求曲线 D_1 和供给曲线 S_1 分别向右平移至 D_2 和 S_2，均衡点从 E_1 变为 E_2，均衡数量增加了，均衡价格下降了。

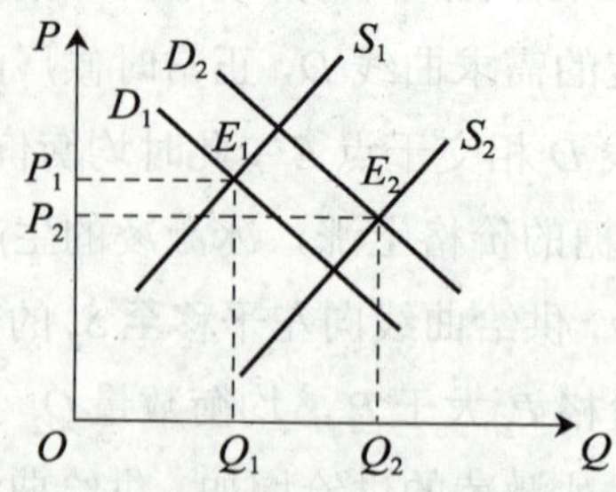

图 2-10 供求同时变动对均衡的影响

2. 需求和供给反方向变动

需求增加而供给减少，或者需求减少而供给增加时，会引起均衡价格与需求同方向变动，而这时均衡数量的变动会出现提高、降低或保持不变三种情况，这也取决于需求和供给各自变动的幅度。此处的解析方法同上。

思考与讨论

（1）供求同时增加时，什么情况会使均衡价格不变或升高？

（2）分析供求反方向变化的几种状况。

由此可以得出：**当供求同向变动时，均衡数量与供求同向变动，均衡价格如何变动取决于供求变动的幅度；当供求反方向变动时，均衡价格与需求同向变动，均衡数量如何变动取决于供求变动的幅度。**

三、价格与资源配置

价格机制对市场的调节并不是万能的，且有时均衡价格对经济发展并不是最有利的，因此政府会根据具体的经济形势采取一系列的经济政策，对市场进行干预，比如限价。

中央定价目录

（一）最低限价

1. 最低限价的概念

最低限价又称“保护价格”或“支持价格”，是指政府为了扶持某一行业发展而规定的该行业产品的最低价格。最低限价总是高于市场均衡价格，目的是保护生产者的利益。如图 2-11 所示，某行业产品的市场均衡价格为$\overline{P}$，均衡数量为$\overline{Q}$，政府为了支持这一行业的发展，规定产品价格为P_1，此时市场供给为Q_2，需求为Q_1，出现产品过剩的情况。

小贴士

为了维持最低限价，政府通常会收购市场上过剩的产品用于国家储备或出口。

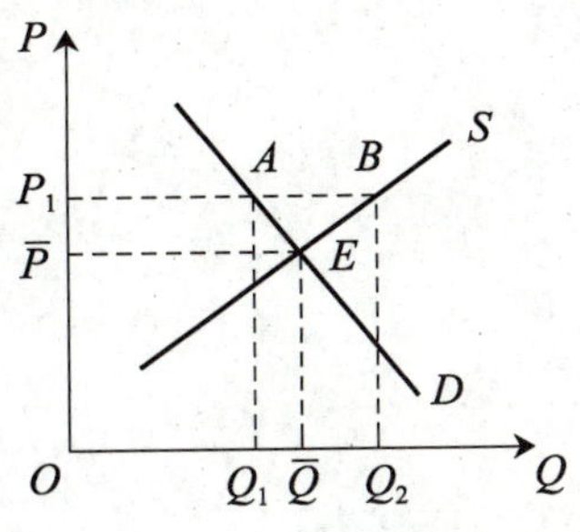

图 2-11 最低限价

2. 最低限价的应用

最低限价政策主要适用于少数农产品，现阶段在我国主要是小麦和稻谷。此外，设置最低工资标准也属于最低限价政策。

最低限价政策对经济的发展和稳定有很大的作用，但也会增加政府的财政负担。

（二）最高限价

1. 最高限价的概念

另一种限价方式是**最高限价，也称“限制价格”，是政府为了限制某些产品（主要是生活必需品）的价格上涨而规定的最高市场价格**。最高限价总是低于市场均衡价格，目的是保护消费者的利益。如图 2-12 所示，某产品的市场均衡价格为 $\overline{P}$，均衡数量为 $\overline{Q}$，政府为了限制价格过高，规定产品价格为 P_1，此时市场供给为 Q_1，需求为 Q_2，出现产品短缺的情况。

> **小贴士**
>
> 为了维持最高限价，政府通常会采取配给制。

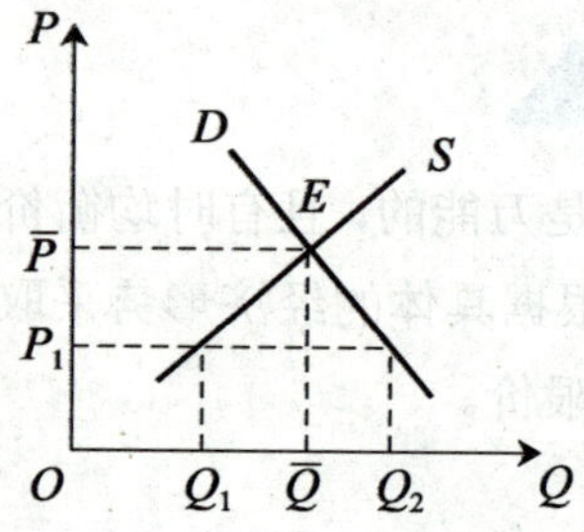

图 2-12 最高限价

2. 最高限价的应用

最高限价主要适用于重要公用事业、公益性服务和一些垄断领域的产品，如天然气、电力、特殊药品等。

最高限价有利于社会平等与安定，但也易导致消费者排队抢购及黑市交易现象。

班级________ 姓名________ 学号________

任务考核

1.【单选题】在需求和供给同时减少的情况下，（　　）。

A. 均衡价格和均衡交易量都将下降

B. 均衡价格将下降，均衡交易量的变化无法确定

C. 均衡价格的变化无法确定，均衡交易量将减少

D. 均衡价格将上升，均衡交易量将下降

2.【单选题】如果市场价格高于均衡价格，则存在（　　）。

A. 产品过剩　　B. 产品短缺

C. 黑市交易　　D. 难以确定

3.【单选题】政府为了支持农业，对农产品规定了高于其均衡价格的最低限价。政府为了维持价格，应采取的措施是（　　）。

A. 增加对农产品的税收　　B. 实行农产品配给制

C. 收购过剩的农产品　　D. 给予农产品生产者补贴

4.【多选题】某商品在需求不变的情况下，供给增加的结果是（　　）。

A. 均衡数量增加　　B. 均衡数量减少

C. 均衡价格上升　　D. 均衡价格下降

5.【多选题】一般情况下，政府实施最高限价可能产生的结果是（　　）。

A. 生产者变相涨价　　B. 产品短缺

C. 黑市交易　　D. 过度生产

6.【简答题】均衡价格是怎样形成的？

7.【应用题】限制住房价格及租金，能否解决住房短缺问题？

班级____________ 姓名____________ 学号____________

8.【计算题】假设某商品的需求曲线是 $Q^{d}=30\,000-20P$，供给曲线是 $Q^{s}=5\,000+5P$，试求：

（1）该商品的供求曲线；

（2）该商品的均衡价格；

（3）均衡价格下，市场的供给与需求；

（4）若政府规定该商品的最高限价为400，则该商品的供求关系将会受到怎样的影响？

任务三　认识弹性理论

任务导入

我们平时会看到很多商品打折销售的消息，但同时也会发现，有的商品即使打折，购买的消费者也不会增加很多，例如食盐；而有的商品打折之后，消费者的需求量会显著增加，例如化妆品。这种现象产生的原因是什么呢？

知识准备

一、弹性的概念

食盐和化妆品需求对降价的反应程度不同，可以从图 2-13 的需求曲线中更为直观地看出。对于同样单位的价格变动（P_1到P_2），食盐的需求反应程度小，需求量变动小（Q_1到Q_2）；化妆品的需求反应程度大，需求量变动大（Q_3到Q_4）。

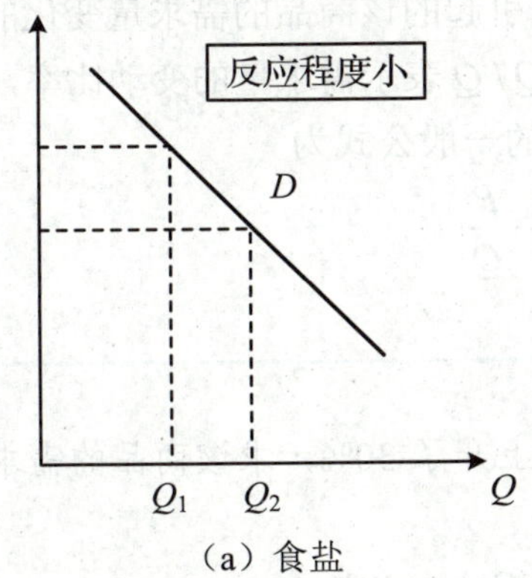

（a）食盐

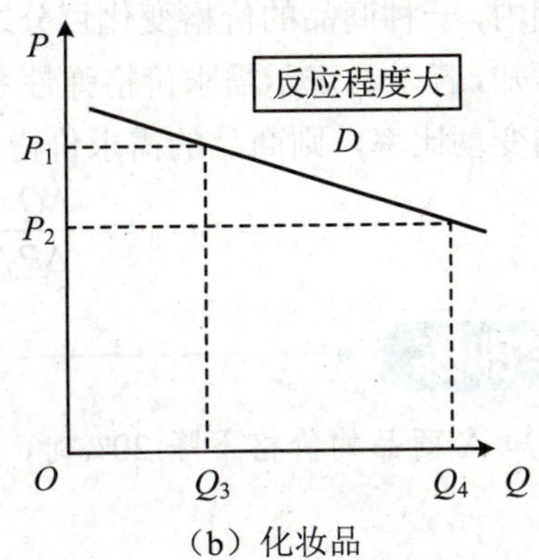

（b）化妆品

图 2-13　食盐和化妆品的需求曲线

价格的变动所引起的需求量的变化程度，需要用弹性理论来说明。

在经济学中，弹性是用来表示因变量对自变量变化反应的敏感程度。弹性大小可以用弹性系数来表示，即当一个经济变量发生百分之一的变动时，由它引起的另一个经济变量变动的百分比。

在经济学中，弹性系数的一般公式为

$$\text{弹性系数}=\frac{\text{因变量的变动比例}}{\text{自变量的变动比例}} \tag{2-7}$$

假设两个经济变量之间的函数关系为$Y=f(X)$，则弹性系数的一般公式还可以表示为

$$e=\frac{\Delta Y/Y}{\Delta X/X}=\frac{\Delta Y}{\Delta X}\cdot\frac{X}{Y} \tag{2-8}$$

式（2-8）中，e为弹性系数；ΔX，ΔY分别为X，Y的变动量。该式表示，当自变量X变化百分之一时，因变量Y随之变动的幅度。

即学即练

商品的价格为 10 元每件时，供给量为 150 件；价格为 14 元每件时，供给量为 180 件。这一商品的供给价格弹性系数为多少？

【答】这一商品的供给价格弹性系数$e=\frac{\Delta Y/Y}{\Delta X/X}=\frac{(180-150)/150}{(14-10)/10}=0.5$。

二、需求弹性

（一）需求价格弹性

1．需求价格弹性的概念

需求价格弹性表示在一定时期内一种商品的需求量的变动对于该商品的价格变动的反应程度。需求价格弹性的大小可以用需求价格弹性系数来表示。需求价格弹性系数表示在一定时期内，一种商品的价格变化百分之一时，所引起的该商品的需求量变化的百分比。根据定义可知，若以e_d表示需求价格弹性系数，以$\Delta Q/Q$表示需求量的变动比率，以$\Delta P/P$表示价格的变动比率，则商品的需求价格弹性系数的一般公式为

$$e_d=-\frac{\Delta Q/Q}{\Delta P/P}=-\frac{\Delta Q}{\Delta P}\cdot\frac{P}{Q} \tag{2-9}$$

即学即练

已知 A 商品的价格下降 20%时，其需求量上升了 30%，求该商品的需求价格弹性。

【答】该商品需求价格弹性系数$e_d=-\frac{\Delta Q/Q}{\Delta P/P}=-\frac{30\%}{-20\%}=1.5$。

在理解需求价格弹性的含义时，应注意以下几点：

（1）在需求量和价格这两个经济变量之间，价格P是自变量，需求量Q是因变量。

（2）需求价格弹性不是需求量变动的绝对值与价格变动的绝对值的比值，而是需求量变动比率与价格变动比率的比值。

（3）弹性系数的数值可以为正，也可以为负。一般来说，商品需求量与价格呈反方向变动。因此，**需求价格弹性系数通常为负。但在实际运用中，为了便于分析与比较，就**

在式（2-9）前加了一个负号。

（4）需求价格弹性系数越大，则说明需求量的变动对价格变动越敏感。

（5）在同一条需求曲线上不同点的斜率虽然相同，但是需求价格弹性系数的大小并不相同。

拓展阅读

在实际计算中，为了消除价格下降和价格上升时计算的弹性系数值的差别，价格和需求量都取变动前后的平均值。因此，弹性的计算公式可以写为

$$e_{\mathrm{d}}=-\frac{\Delta Q}{\Delta P}\cdot\frac{P}{Q}=-\frac{Q_2-Q_1}{P_2-P_1}\cdot\frac{(P_1+P_2)/2}{(Q_1+Q_2)/2} \tag{2-10}$$

例如，已知A商品的需求函数为$Q=20-4P$，需求曲线上P_1（$P_1=2$）到P_2（$P_2=4$）的弹性$e_{\mathrm{d}}=-\frac{Q_2-Q_1}{P_2-P_1}\cdot\frac{(P_1+P_2)/2}{(Q_1+Q_2)/2}=-\frac{4-12}{4-2}\times\frac{(2+4)/2}{(12+4)/2}=1.5$。

2. 需求价格弹性的分类

一般来说，富有弹性商品的需求曲线相对平坦，缺乏弹性商品的需求曲线相对陡峭。需求价格弹性一般可分为以下五种类型：

（1）$e_{\mathrm{d}}=0$，完全无弹性。如图 2-14（a）所示，无论商品价格变动多少，消费者的需求量都不会发生改变，如特效药、火葬服务等无替代品的必需品。

（2）$0<e_{\mathrm{d}}<1$，缺乏弹性。如图 2-14（b）所示，商品价格变动一个百分点时，需求量变动小于一个百分点，这表明消费者对价格变动很不敏感，如食物、衣服等必需品。

（3）$e_{\mathrm{d}}=1$，单位弹性。如图 2-14（c）所示，商品价格变动一个百分点时，需求量也变动一个百分点。

（4）$e_{\mathrm{d}}>1$，富有弹性。如图 2-14（d）所示，商品价格变动一个百分点时，需求量变动大于一个百分点，这表明消费者对价格变动很敏感，如旅行、首饰、化妆品等奢侈品。

（5）$e_{\mathrm{d}}=\infty$，完全弹性。如图 2-14（e）所示，价格的微弱变化会导致需求量的急剧变化，即价格提升会导致需求量为零，价格降低则需求无限，如货币。

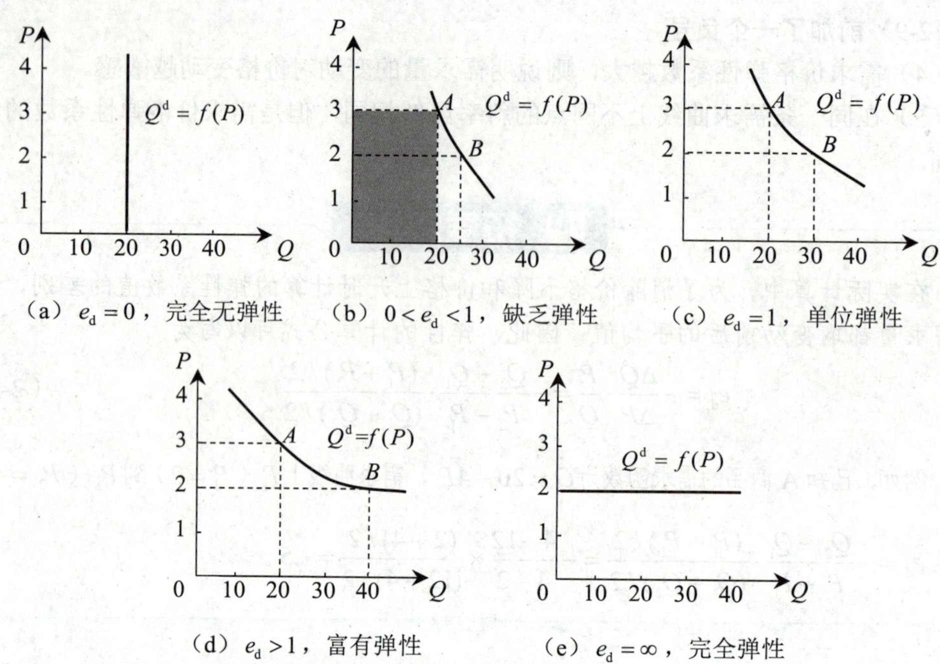

图 2-14　需求价格弹性的五种类型

3．需求价格弹性的影响因素

影响需求价格弹性的因素主要有商品的可替代性、商品用途的广泛性、商品对消费者的重要程度、商品消费支出在消费者总支出中所占的比重等。

1）商品的可替代性

商品的可替代性和需求价格弹性呈正方向变动，即可替代品越多，该商品的需求价格弹性也就越大；反之，商品的需求价格弹性也就越小。例如，红豆面包有较多替代品，当红豆面包价格上升时，消费者就会减少红豆面包的需求量，转而购买椰蓉面包、肉松面包等，所以其需求价格弹性较大；而食盐的可替代性较小，其需求价格弹性也较小。

> **小贴士**
>
> 需求价格弹性的大小是各种影响因素综合作用的结果，所以要根据具体情况进行全面的综合分析。

2）商品用途的广泛性

商品用途的广泛性和需求价格弹性呈正方向变动，即用途越广泛，该商品的需求价格弹性也就越大；反之，商品的需求价格弹性也就越小。这是因为，如果一种商品具有多种用途，当它的价格较高时，消费者只能购买较少的数量用于最重要的用途；当它的价格逐步下降时，消费者购买的数量就会逐渐增加，将商品越来越多地用于其他用途。

思考与讨论

哪些商品因为用途广泛而需求价格弹性较高？

3）商品对消费者的重要程度

商品对消费者的重要程度和需求价格弹性呈反方向变动，即生活必需品的需求价格弹性较小，非必需品的需求价格弹性较大。例如，食盐、馒头的需求价格弹性较小，电影票的需求价格弹性较大。

为什么机票提前买更便宜？

4）商品消费支出在消费者总支出中所占的比重

商品消费支出在消费者总支出中所占的比重和需求价格弹性呈正方向变动，即消费支出在消费者总支出中所占的比重越大，该商品的需求价格弹性就越大；反之，需求价格弹性则越小。因为消费者每月在这些商品上的支出很小，所以他们往往不太重视这类商品价格的变化。

思考与讨论

影响商品需求价格弹性的因素还有哪些？

4. 需求价格弹性与厂商收入

厂商在调整商品价格时，商品的需求价格弹性是需要考虑的重要因素之一。厂商收入等于商品的价格乘以商品的销售量。在此假定销售量等于消费者的需求量，用 TR 表示厂商总收入，则有

$$TR = P \cdot Q \qquad (2\text{-}11)$$

厂商收入在需求曲线上表现为曲线上的某点向坐标轴引垂线，垂线与坐标轴组成的矩形面积，如图 2-14（b）中的阴影面积即代表点 A 的销售收入。

（1）$e_d = 0$，即完全无弹性的商品，无论价格如何改变，需求量都不变。因此，理论上厂商可无限提高价格来增加销售收入。

（2）$0 < e_d < 1$，即缺乏弹性的商品，在图 2-14（b）中，点 B 的销售收入小于点 A 的销售收入。因此，厂商可通过提高价格来增加销售收入。

（3）$e_d = 1$，即单位弹性的商品，在图 2-14（c）中，点 B 的销售收入等于点 A 的销售收入。因此，价格改变对销售收入无影响。

（4）$e_d > 1$，即富有弹性的商品，在图 2-14（d）中，点 B 的销售收入大于点 A 的销售收入。因此，厂商最好降低价格来增加销售收入。

（5）$e_d = \infty$，即完全弹性的商品，在图 2-14（e）中，价格提高一点，需求量骤变至 0。因此，厂商不可改变价格。

> **小贴士**
>
> 完全弹性和完全无弹性都是极端情况，完全弹性的商品在现实生活中几乎不存在。

综上所述，**弹性系数小于 1 的商品，总收益与价格呈同方向变动；弹性系数大于 1 的商品，总收益与价格呈反方向变动；弹性系数等于 1 的商品，总收益不受价格变动影响。**

思考与讨论

请用弹性相关知识解释“薄利多销”和“谷贱伤农”。

（二）需求收入弹性

1. 需求收入弹性的概念

需求收入弹性表示在一定时期内一种商品的需求量的变动对于消费者收入变动的反应程度。若以 e_M 表示需求收入弹性系数，以 $\Delta Q/Q$ 表示需求量的变动比率，以 $\Delta M/M$ 表示收入的变动比率，则商品的需求收入弹性系数的一般公式为

$$e_M=\frac{\Delta Q/Q}{\Delta M/M}=\frac{\Delta Q}{\Delta M}\cdot\frac{M}{Q} \tag{2-12}$$

2. 需求收入弹性的分类

按照商品需求收入弹性的大小，可以把商品分为低档品和正常品两类。

（1）低档品，即 $e_M<0$ 的商品。该类商品的需求与收入呈反方向变动，即消费者的收入增加，其对此类商品的需求反而减少；消费者的收入减少，其对此类商品的需求反而增加。

（2）正常品，即 $e_M>0$ 的商品。该类商品的需求与收入呈正方向变动，即消费者收入增多，其对此类商品的需求也增多；消费者收入减少，其对此类商品的需求也减少。正常品又可分为必需品和奢侈品两类。

① 必需品，即 $0<e_M<1$ 的商品。该类商品的需求量变动率小于消费者的收入变动率，即消费者的收入增加不会对商品的需求造成很大影响，此类商品包括米、面、油、盐等。

② 奢侈品，即 $e_M>1$ 的商品。该类商品的需求量变动率大于消费者的收入变动率，即消费者的收入增加会对商品的需求造成很大影响，此类商品包括名表、豪宅等。

（三）需求交叉价格弹性

1. 需求交叉价格弹性的概念

需求交叉价格弹性表示在一定时期内一种商品的需求量变动对于与它相关商品价格变动的反应程度。需求交叉价格弹性的一般公式为

$$需求交叉价格弹性系数=\frac{\text{X商品需求量变动比率}}{\text{Y商品价格变动比率}} \tag{2-13}$$

根据定义可知，若以 e_{XY} 表示需求交叉价格弹性系数，以 $\Delta Q_X/Q_X$ 表示 X 商品需求量的变动比率，以 $\Delta P_Y/P_Y$ 表示 Y 商品价格的变动比率，则商品的需求交叉价格弹性的一般公式还可以表示为

$$e_{XY}=\frac{\Delta Q_X/Q_X}{\Delta P_Y/P_Y} \tag{2-14}$$

即学即练

已知 B 商品的价格下降 20%时，其相关商品 A 的需求量上升了 30%，求它们的需求交叉价格弹性。

【答】A，B 商品的需求交叉价格弹性系数 $e_{XY}=\dfrac{\Delta Q_X/Q_X}{\Delta P_Y/P_Y}=\dfrac{30\%}{-20\%}=-1.5$。

2. 需求交叉价格弹性的分类

按照需求交叉价格弹性系数的正负，可以把商品之间的关系分为两类，分别是互为替代品和互为互补品。其中，**互为替代品是指两种商品都可以满足消费者的某一种愿望**，比如馒头和花卷；**互为互补品的两种商品必须同时使用才能满足消费者的某一种愿望**，比如牙膏和牙刷。

（1）$e_{XY}>0$ 时，两者互为替代品，一种商品的价格与另一种商品的需求量呈正方向变动，即一种商品的价格上升了，消费者会增加其替代品的消费。比如肥皂价格上升，消费者可能会转而购买皂粉。

（2）$e_{XY}<0$ 时，两者互为互补品，一种商品的价格与另一种商品的需求量呈反方向变动。即一种商品的价格上升了，消费者会减少其互补品的消费。比如乒乓球拍的价格上升，消费者也会减少乒乓球的购买。

三、供给价格弹性

（一）供给价格弹性的概念

供给价格弹性表示在一定时期内一种商品的供给量的变动对于该商品的价格变动的反应程度。供给价格弹性大小可以用供给价格弹性系数来表示，它表示在一定时期内，一种商品的价格变化百分之一所引起的该商品的供给量变化的百分比。根据定义可知，若以 e_s 表示供给价格弹性系数，以 $\Delta Q/Q$ 表示供给量的变动比率，以 $\Delta P/P$ 表示价格的变动比率，则商品的供给价格弹性系数的一般公式为

$$e_s=\frac{\Delta Q/Q}{\Delta P/P}=\frac{\Delta Q}{\Delta P}\cdot\frac{P}{Q} \tag{2-15}$$

供给价格弹性也可以分为五种类型，分别是完全无弹性（$e_s=0$）、缺乏弹性（$0<e_s<1$）、单位弹性（$e_s=1$）、富有弹性（$e_s>1$）和完全弹性（$e_s=\infty$）。

（二）供给价格弹性的影响因素

影响供给价格弹性的因素主要包括生产周期的长短、生产的难易程度、生产要素的替代性等。

1. 生产周期的长短

一般来说，生产周期长的产品较难提供，厂商往往需要一定的时间和资本才能生产出一定量的产品，因此产品的供给价格弹性较小；投资小、生产周期短的产品较容易提供，厂商可以在短期内生产出一定量的产品，因此它的供给价格弹性较大。例如，农产品和学术著作的供给价格弹性较小，早点的供给价格弹性较大。

2. 生产的难易程度

对于生产技术水平低、容易生产的产品，其生产厂商较多，因此其供给价格弹性较大；对于生产技术水平高、较难生产的产品，其生产厂商较少，因此其供给价格弹性较小。例如，牛奶的供给价格弹性较大，石油、房子的供给价格弹性较小。

3. 生产要素的替代性

对于生产要素替代性较强的产品，其生产厂商有多种生产要素可供选择，可以保证一定的产量，因此其供给价格弹性较大；反之，其供给价格弹性较小。

思考与讨论

影响商品供给价格弹性的因素还有哪些？

班级____________　　姓名____________　　学号____________

任务考核

1.【单选题】计算需求价格弹性的方法是（　　）。

A. 需求量变动量除以价格变动量

B. 价格变动量除以需求量变动量

C. 需求量变动百分比除以价格变动百分比

D. 价格变动百分比除以需求量变动百分比

2.【单选题】如果人们收入水平提高，则食物支出在总支出中的比重将（　　）。

A. 大大增加　　B. 稍有增加

C. 下降　　D. 不变

3.【单选题】如果价格上升10%能使买者总支出增加2%，则该商品的需求价格（　　）。

A. 缺乏弹性　　B. 富有弹性

C. 具有单位弹性　　D. 无弹性

4.【单选题】政府对厂商出售的商品每单位征税5元，假定这种商品的需求价格弹性为0，可以预期价格上升（　　）。

A. 多于5元　　B. 少于5元

C. 等于5元　　D. 以上都不对

5.【多选题】若某种商品的价格需求富有弹性，则价格一定程度的下降将会导致（　　）。

A. 卖者总收益增加　　B. 买者需求量减少

C. 买者总支出减少　　D. 买者需求量增加

6.【多选题】下列选项中，影响供给价格弹性的因素有（　　）。

A. 生产周期长短　　B. 生产技术难易

C. 生产规模大小　　D. 生产要素替代性

7.【简答题】需求价格弹性和需求交叉价格弹性有什么共同点与区别？

8.【计算题】假设某商品的需求价格弹性$e_d = 0.5$，该产品原销售量为800件，每件售价10元。若该产品价格上调10%，则该产品提价后厂商销售收入变动多少元？

班级__________ 姓名__________ 学号__________

项目实训——调研手机市场价格

一、实训目标

让学生亲自进入市场了解商品的价格变化，并能够用供求与价格理论解释价格变动的原因和判断价格变动的方向。

二、实训内容和要求

1. 小组工作

（1）学生自由分组，以组为单位到不同品牌手机的市场进行调研。调研时应选择正规的品牌和场所。

（2）采访产品营销人员，搜集出三个不同新产品上市后价格变动的实际数据，同时询问营销人员价格变动时期与产品相关的新闻。调研完成后，总结归纳新产品上市后价格变动的规律并运用所学的供求与价格理论进行分析。

2. 班级交流

班级组织经济交流会，每组推选一名代表进行演讲发言，其他学生可以提问和探讨，小组成员可以作补充回答。小组之间还可以进行横向的比较。

3. 考核

每个小组提交一份关于手机价格变动原因的总结，学生和教师根据学生平时课堂表现、提交的总结、班级交流发言情况在表 2-4 中进行评估打分，综合评定本项目的成绩。

表 2-4 项目考核表

项目名称	评价内容	分值	评价分数	
			自评	师评
个人素养考核项目（20%）	日常考勤	5 分		
	仪容仪表	5 分		
	课堂纪律和学习态度	10 分		
专业能力考核项目（80%）	积极参与教学活动并正确理解任务要求	10 分		
	知识准备中每个知识点的学习效果	20 分		
	任务考核题目的正确率	25 分		
	项目实训准备充分，总结内容完整、准确	25 分		
综合分数（自评×30%+师评×70%）				
教师评语	教师（签名）：			

思维导图

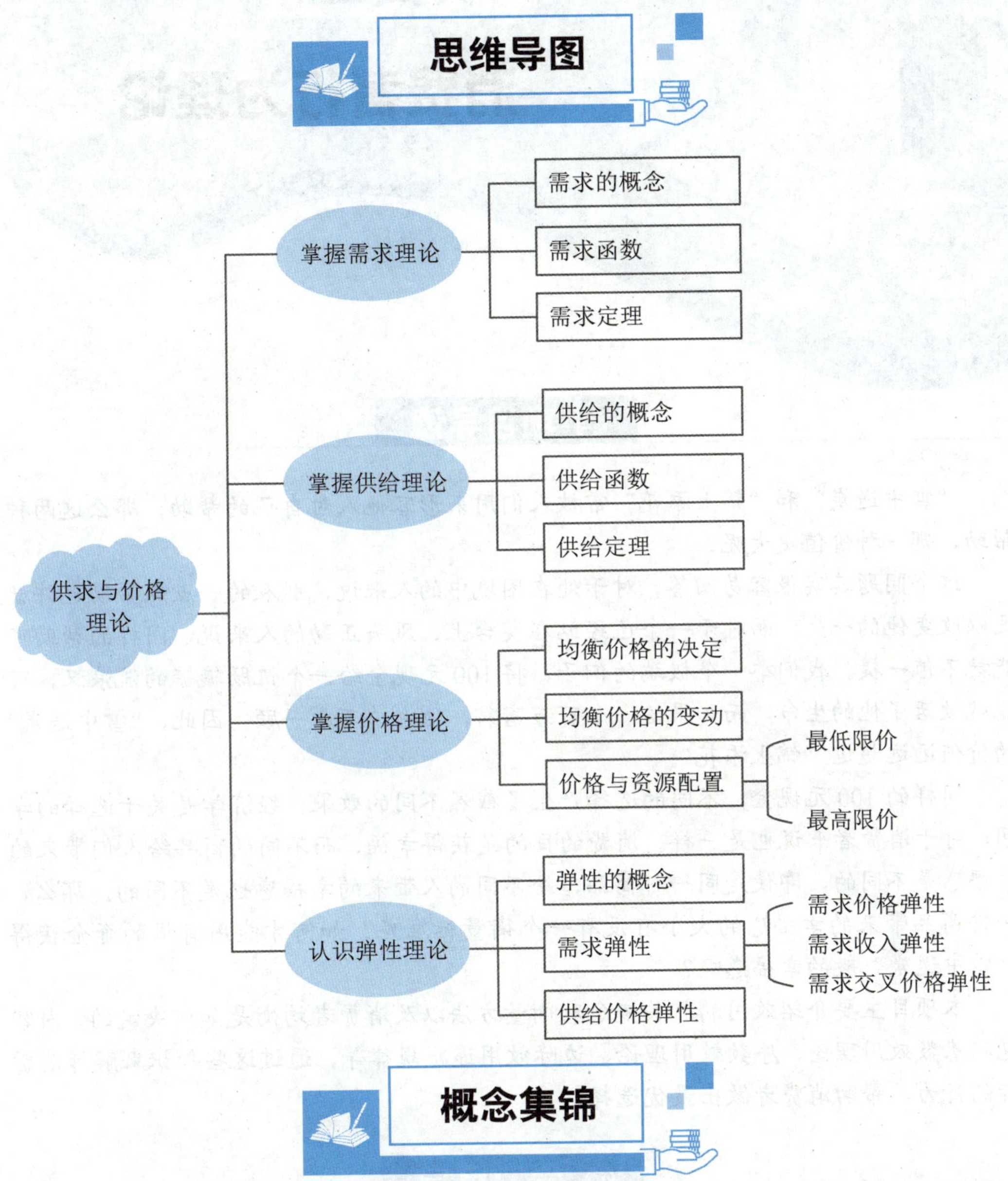

概念集锦

（1）需求定理：在其他因素不变时，商品的价格越高，人们愿意购买的数量就越少；价格越低，人们愿意购买的数量就越多。

（2）供给定理：在其他因素不变时，商品的价格越高，生产者的供应量就越大；价格越低，生产者的供应量就越小。

（3）均衡价格：市场上供给和需求相等时对应的价格。

（4）最低限价：政府为了扶持某一行业发展而规定的该行业产品的最低价格。

（5）弹性：因变量对自变量变化反应的敏感程度。

（6）需求价格弹性：一定时期内一种商品的需求量的变动对于该商品的价格变动的反应程度。

项目三

消费者行为理论

项目导读

“雪中送炭”和“锦上添花”常被人们用来形容他人对自己的帮助，那么这两种帮助，哪一种价值更大呢？

这个问题其实很容易回答，对于处在困境中的人来说，别人的一点点帮助也许就足以改变他的一生；而对于一个已经站在奖台上、风头正劲的人来说，同样的帮助可能就不值一提。我们举一个极端的例子，将100元现金给一个饥肠辘辘的流浪汉，可能就救活了他的生命，而如果给一个百万富翁，他也许不屑一顾。因此，“雪中送炭”的价值远远超过“锦上添花”。

同样的100元现金，不同的选择产生了截然不同的效果。经济学是关于选择的学问，对于消费者来说也是一样。消费的目的是获得幸福，而不同的商品给人们带来的幸福感是不同的，即使是同一种商品，给不同的人带来的幸福感也是不同的。那么，一件商品带来的幸福感的大小有没有一个衡量标准呢？如何才能用有限的资金获得“雪中送炭”般的幸福感呢？

本项目主要介绍效用的相关概念和衡量方法以及消费者均衡是如何决定的，内容包括基数效用理论、序数效用理论、边际效用递减规律等，通过这些知识来解释消费者的行为，帮助消费者做出最优选择。

学习目标

知识目标

（1）理解效用、总效用和边际效用的概念。

（2）理解边际效用递减规律和边际替代率递减规律。

（3）掌握消费者均衡的实现条件。

能力目标

（1）能够对消费者均衡进行分析并解释现实生活中常见的经济现象。

（2）在生活中，能利用消费者均衡原则实现效用最大化。

德育目标

（1）通过了解生活中消费者行为的原因，提高学习经济学的兴趣，培养经济思维。

（2）通过学习消费者行为相关知识，建立理性消费意识。

任务一　认识效用

任务导入

兔子和猫争论，世界上什么东西最好吃。兔子说："世界上最好吃的是萝卜。萝卜又甜又脆又解渴，我一想起萝卜就流口水。"猫不同意，说："世界上最好吃的东西是鱼。鱼的肉又鲜又嫩，味道好极了！"兔子和猫相持不下，跑去请猴子评理。猴子听了，不由地大笑起来："世界上最好吃的东西是什么？当然是桃子！桃子不仅美味可口，而且还长得漂亮。"兔子和猫听得直摇头。那么，世界上到底什么东西最好吃呢？

知识准备

一、效用

（一）效用的概念

效用是消费者对商品满足自己需求的能力的一种主观心理评价，或者说，效用是指消费者在消费商品时所感受到的需求满足程度。例如，在炎热的夏天，你喝到冰镇果汁后感到满足，这就是你得到了效用。

拓展阅读

"什么是幸福？"这个问题困扰了人类几千年，答案也是千差万别：哲学家把实现精神自由视为幸福；文学家把浪漫情调视为幸福；企业家把拥有财富视为幸福；老百姓把平安过日子视为幸福；政治家把获得权力视为幸福……

萨缪尔森在其著作《经济学》中提出了一个经典公式：幸福=效用/欲望。这就是说，幸福取决于两个因素，即效用与欲望。当欲望既定时，效用越大越幸福；当效用既定时，欲望越小越幸福。

效用是一种很主观的感受，它没有客观标准。一般来说，消费者的需求满足程度越高，效用就越大；消费者的需求满足程度越低，效用就越小。需要注意的是，效用的大小和有无也会因人、因时、因地而不同，这取决于消费者是否有消费这种商品的欲望，以及这种商品是否具有满足消费者欲望的能力。

案例巩固

朱元璋与“珍珠翡翠白玉汤”

相传，朱元璋在一次战争中，寡不敌众，落荒而逃。为了躲避敌兵追捕，他住在一个小破庙里，三天没有吃东西，又冷又饿，最终病倒。两个路过的乞丐把他救起，将乞讨来的剩饭、烂白菜和馊豆腐加水煮开，端给朱元璋吃。朱元璋因为太饿，连豆腐的馊味儿都没闻出来，“咕咚咕咚”把这锅剩菜汤喝了下去，出了一身汗，人也有精神了，就问这两人：“你们给我做的这锅汤叫什么名字啊？”两个乞丐一愣，心想：“烂菜汤哪有名字啊？”一个乞丐灵机一动，说：“我们这个叫‘珍珠翡翠白玉汤’。”朱元璋点头记下了。

几年过后，朱元璋做了皇帝，整天吃的都是山珍海味。有一次，他感冒生病，想起了当年喝过的“珍珠翡翠白玉汤”，于是在全国张贴皇榜，寻找会做“珍珠翡翠白玉汤”的人。一位名厨和当年的那两个乞丐都揭了皇榜，声称自己会做“珍珠翡翠白玉汤”。两个乞丐还是将剩饭、烂白菜和馊豆腐加水煮开，做成“珍珠翡翠白玉汤”。名厨则以虾肉小丸子代珍珠，以菠菜代翡翠，以豆腐代白玉，并浇以鱼汤，做成“珍珠翡翠白玉汤”。

两份汤献上后，朱元璋觉得两个乞丐做的汤又酸又臭，命人重打了他们并将其遣返，而名厨做的汤味道鲜美，跟他当年吃到的是一样的，于是下令重赏了那位厨师。

（二）效用的衡量方法

既然效用表示消费者的需求满足程度，那么，这种满足程度该怎么度量呢？对此，经济学中采用了基数效用和序数效用两种形式。

基数和序数这两个术语来自数学。基数是指 1，2，3 等这种可以进行计算的量。例如，基数 3 加 9 等于 12，12 是 3 的 4 倍等。序数是指第一、第二、第三等，序数只表示顺序或等级，不能进行计算。例如，序数第一、第二和第三，它们可以代表 10，20 和 50，也可以代表 11，19 和 21。

基数效用是指效用同长度、重量一样可以量化和计算，其计量单位被称作“效用单位”。 例如，对某人来说，吃一顿丰盛的晚餐和看一场高水平的篮球赛的效用分别为 5 效用单位和 10 效用单位，则可以说这两种消费的效用之和为 15 效用单位，且后者的效用是前者的 2 倍。

序数效用是指效用作为一种心理感受，类似于香、臭、美、丑，其大小无法量化，只能通过顺序或等级来表示。 仍以吃一顿丰盛的晚餐和看一场高水平的篮球赛为例，消费者要回答的是偏好哪一种消费，即哪一种消费的效用是第一，哪一种是第二，或者说，要回答的是更愿意花钱吃一顿丰盛的晚餐，还是看一场高水平的篮球赛。

（三）消费者效用最大化

消费者怎样进行消费才能获得最大效用呢？为此，经济学中提出了消费者均衡的概念。**消费者均衡是研究单个消费者如何把有限的货币收入分配在各种商品的购买中以获得最大的效用**。也可以说，它研究的是单个消费者在既定收入下实现效用最大化的均衡条件。

在研究消费者均衡时，有三个假设条件：① 消费者的收入不仅是既定的，而且是有限的，即货币的边际效用为定值，不存在递减的问题；② 消费者的偏好是既定的，即研究过程中消费者对商品的效用评价不会发生变动；③ 商品的市场价格是既定的。

> **小贴士**
>
> 经济学家认为，货币也是有效用的，消费者用货币购买商品，就是用货币的效用交换商品的效用。

二、基数效用论

（一）总效用与边际效用

1. 总效用

总效用（TU）是指消费者在一定时间内从一定数量商品的消费中所得到的效用量的总和。假定消费者对一种商品的消费数量为 Q，则总效用函数为

$$\mathrm{TU}=f(Q) \tag{3-1}$$

2. 边际效用

边际效用（MU）是指消费者在一定时间内增加（减少）一单位商品的消费所得到的效用量的增加（减少）量。假定消费者对一种商品的消费数量为 Q，$\Delta\mathrm{TU}$ 表示总效用的增加量，ΔQ 表示消费数量的增加量，则边际效用函数为

$$\mathrm{MU}=\frac{\Delta\mathrm{TU}(Q)}{\Delta Q} \tag{3-2}$$

当消费数量的增加量趋于无穷小，即 $\Delta Q\to 0$ 时，有

$$\mathrm{MU}=\lim_{\Delta Q\to 0}\frac{\Delta\mathrm{TU}(Q)}{\Delta Q}=\frac{\mathrm{dTU}(Q)}{\mathrm{d}Q} \tag{3-3}$$

3. 总效用与边际效用的关系

边际效用 MU 是总效用 TU 的边际量，也就是最后增加一单位商品所引起的总效用的增加量。表 3-1 和图 3-1 都说明了总效用和边际效用之间的关系。当某商品的消费数量从 0 单位增加到 1 单位时，总效用增加了 10 效用单位，因此边际效用为 10 效用单位；当消费数量从 1 单位增加到 2 单位时，总效用增加了 8 效用单位，因此边际效用为 8 效用单位……以此类推，当消费数量增加到 6 时，总效用达到最大值，为 30 效用单位，而边际效用已减为 0。此时，消费者对该商品的消费已达到饱和点。当消费数量再增加到 7 单位

时，总效用减少了 2 效用单位，此时边际效用为–2 效用单位。总效用与边际效用的关系是：当 MU > 0 时，TU 上升；当 MU = 0 时，TU 达到最大值；当 MU < 0 时，TU 下降。

表 3-1　某商品的总效用与边际效用

商品数量（Q）	TU	MU
0	0	0
1	10	10
2	18	8
3	24	6
4	28	4
5	30	2
6	30	0
7	28	–2

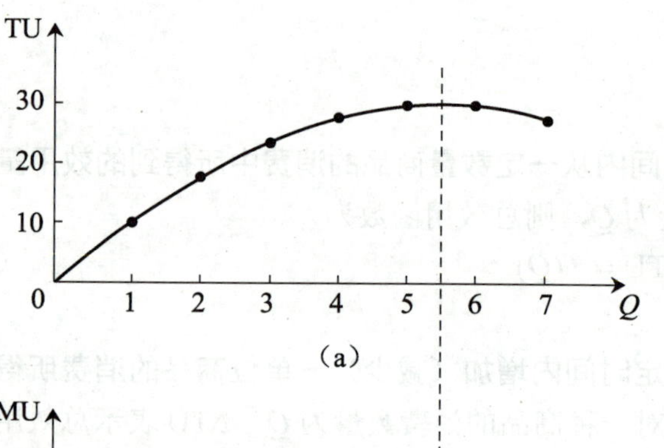

(a)

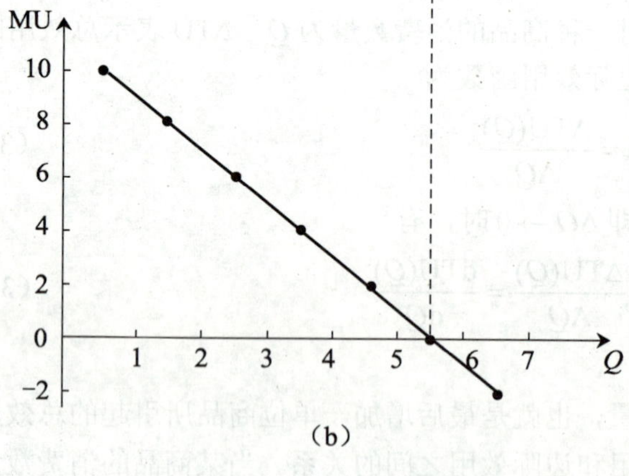

(b)

图 3-1　某商品的效用曲线

小贴士

由于边际效用是消费量变化一单位所带来的总效用的变化量，而图 3-1 中与表 3-1 所对应的点是离散的。因此，图中 MU 曲线上的每一个值都记在相应的两个消费数量的中点上。

（二）边际效用递减规律

如表 3-1 和图 3-1 所示，在商品消费数量增加到一定单位以后再继续增加时，边际效用存在着递减的现象，我们称之为“边际效用递减规律”，其内容是：**在一定时间内，在其他商品的消费数量保持不变的条件下，随着消费者对某种商品消费量的增加，消费者从该商品连续增加的每一消费单位中所得到的效用增量即边际效用是递减的。**

思考与讨论

（1）为什么在一般情况下，需求曲线向右下方倾斜？

（2）货币的效用是递减的吗？

为什么在消费过程中会存在边际效用递减规律呢？基数效用论者从以下两个方面进行了解释。

第一，生理或心理的原因。消费某种商品的数量越多，人们感受的某种刺激便越多，这使人们生理上的满足或心理上的反应减少，从而满足程度降低。

商家的陷阱

第二，商品本身用途的多样性。每种商品都有多种用途，这些用途的重要性不同。消费者总是先把商品用于最重要的用途，而后用于次要的用途。当他有若干这种商品时，把第一单位用于最重要的用途，其边际效用就大；把第二单位用于次要的用途，其边际效用就小了。以此顺序用下来，用途越来越不重要，边际效用就越来越小了。

案例巩固

罗斯福四吃“三明治”

1944 年，富兰克林·罗斯福第四次连任美国总统。《先锋论坛》的一位记者采访他，请他谈谈这次连任的感想。罗斯福没有回答，而是很客气地请这位记者吃一块三明治。记者觉得这是殊荣，便十分高兴地吃了下去。总统微笑着又请他吃第二块三明治。他觉得是总统的盛情，便又吃了下去。不料总统又请他吃第三块，他简直受宠若惊，虽然肚子里已不再需要了，但还是勉强吃了下去。哪知道罗斯福在他吃完之后又说：“请再吃一块吧。”记者啼笑皆非，因为他实在吃不下去了。罗斯福微笑着说：“现在，你不需要再问我对于第四次连任的感想了吧，因为你已经感觉到了。”

（三）基数效用论下的消费者均衡

基数效用论提出的消费者均衡条件为：**消费者应该使自己所购买的各种商品的边际效用与它们的价格之比相等**。或者说，**消费者应该使自己花费在购买各种商品上的最后一元钱所带来的边际效用相等**。

假设消费者用既定的收入 I 购买两种商品，P_1 和 P_2 表示两种商品的价格，X_1 和 X_2 表示两种商品的消费数量，MU_1 和 MU_2 表示两种商品的边际效用，λ 表示货币的边际效用，

则消费者效用最大化的均衡条件可以用公式表示为

$$\begin{cases} P_1X_1 + P_2X_2 = I & (3\text{-}4) \\ \dfrac{MU_1}{P_1} = \dfrac{MU_2}{P_2} = \lambda & (3\text{-}5) \end{cases}$$

其中，式（3-4）是预算限制条件，即收入全部用于支出；式（3-5）是在预算限制下消费者实现效用最大化的均衡条件，也表示消费者应选择最优的商品组合。

为什么只有当消费者实现了 $\frac{MU_1}{P_1} = \frac{MU_2}{P_2} = \lambda$ 的条件时，才能获得最大效用呢？

当 $\frac{MU_1}{P_1} < \frac{MU_2}{P_2}$ 时，表示同样的一元钱购买商品 1 所得到的边际效用小于购买商品 2 所得到的边际效用。这样，理性的消费者为了增加总效用，会减少对商品 1 的购买，增加对商品 2 的购买。在调整的过程中，商品 1 的边际效用会随其购买量的减少而递增，商品 2 的边际效用会随其购买量的增加而递减，直到消费者将其购买组合调整到同样一元钱购买这两种商品所得到的边际效用相等，即达到 $\frac{MU_1}{P_1} = \frac{MU_2}{P_2}$。在此过程中，消费者始终选择用一元钱消费换来较大的边际效用，所以，最终他获得了最大的总效用。

相反，当 $\frac{MU_1}{P_1} > \frac{MU_2}{P_2}$ 时，同样的一元钱购买商品 1 所得到的边际效用大于购买商品 2 所得到的边际效用。根据同样的道理，理性的消费者会进行与前面相反的调整过程，即增加对商品 1 的购买，减少对商品 2 的购买，直至 $\frac{MU_1}{P_1} = \frac{MU_2}{P_2}$。

即学即练

两种商品的边际效用如表 3-2 所示，假设某消费者在某一时期内将 8 元钱全部用于商品 1 和商品 2 的购买，两种商品的价格都为 1 元。那么，能给该消费者带来最大效用的购买组合是什么？消费者获得的最大总效用是多少？

表 3-2　两种商品的边际效用

商品数量	1	2	3	4	5	6	7	8
商品 1 的边际效用（MU_1）	11	10	9	8	7	6	5	4
商品 2 的边际效用（MU_2）	19	17	15	13	12	10	8	6

【答】在商品的边际效用连续下降的情况下，消费者只有使每 1 元钱所带来的效用最大，才能使总效用最大。具体来看，理性的消费者会先花费 5 元购买 5 单位的商品 2，分别获得的效用为 19，17，15，13 和 12 效用单位，然后，花费 1 元购买 1 单位商品 1，获得 11 个效用单位，还剩 2 元，分别再购买 1 单位商品 1 和 1 单位商品 2，都是获得 10 个效用单位。至此，该消费者的全部收入 8 元都用完，

并以最优购买组合，即2个商品1和6个商品2，实现了效用最大化的均衡条件

$$\begin{cases} P_1X_1 + P_2X_2 = 1\times 2 + 1\times 6 = 8 \\ \dfrac{MU_1}{P_1} = \dfrac{MU_2}{P_2} = 10 \end{cases}$$

此时，总效用 $TU = 19 + 17 + 15 + 13 + 12 + 11 + 10 + 10 = 107$。

（四）消费者剩余

消费者剩余是指消费者在购买一定数量的某种商品时，愿意支付的最高价格和实际支付的价格之间的差额。例如，一位买花人非常喜欢荷花，愿意花100元买一束荷花，但一束荷花的市场售价只有50元，因此买花人获得了50元的消费者剩余，觉得物超所值。

理解消费者剩余这一概念时要注意三点：① 消费者剩余这种额外好处来源于边际效用的递减；② 消费者剩余并不是实际收入的增加，而是一种心理感受；③ 生活必需品的消费者剩余较大，因为消费者对这类物品的效用评价高，愿意付出的价格也高，然而这类物品的市场价格一般并不高。

以水为例，水的价格是1元/瓶（见图3-2中$P=1$的水平线）。第一瓶水的效用是非常高的，能够消除极度的干渴，消费者愿意支付7元。但是，第一瓶水的价格只是1元，因此消费者获得了6元的消费者剩余；第二瓶水对消费者来说值6元，但价格只有1元，因此，消费者剩余为5元。以此类推，直到消费第六瓶水，在点E消费者达到了均衡，水的效用等于价格，此时，按照每瓶1元的价格，消费者购买了6瓶水，尽管只支付了6元，但水的总价值为27元。这样，消费者得到了超过其支付额21元的消费者剩余。消费者剩余是需求曲线与价格水平线围成的面积，如图3-2中阴影部分所示。

思考与讨论

对于一个国家来说，消费者剩余越多越好还是越少越好？

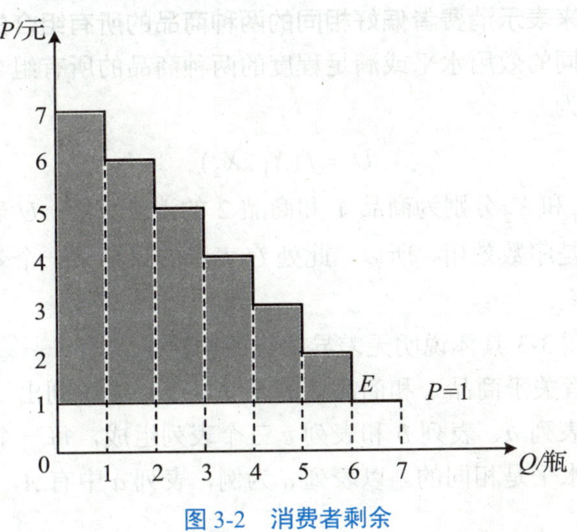

图3-2 消费者剩余

三、序数效用论

序数效用论者用无差异曲线来考查消费者的选择行为，无差异曲线的提出是以消费者偏好的假定为基础的。

（一）偏好

为了进一步利用偏好这一概念分析消费者行为，序数效用论提出了关于消费者偏好的三个基本假定，分别是偏好的完全性、偏好的可传递性和偏好的非饱和性。

1. 偏好的完全性

偏好的完全性是指消费者总是可以比较和排列所给出的不同商品组合，并把自己的偏好准确地表达出来。例如，对于两种水果 A 和 B，消费者总是可以很快地做出判断，如对 A 的偏好大于对 B 的偏好，或对 B 的偏好大于对 A 的偏好，或对 A 和 B 的偏好相同。

2. 偏好的可传递性

偏好的可传递性是指对于任何三个商品组合 A，B 和 C，如果消费者对 A 的偏好大于对 B 的偏好，对 B 的偏好大于对 C 的偏好，那么，在 A 和 C 这两个组合中，消费者必定对 A 的偏好大于对 C 的偏好。偏好的可传递性假定保证了消费者偏好的一致性。

3. 偏好的非饱和性

偏好的非饱和性是指如果两个商品组合的区别仅在于所有商品的数量同时增加或同时减少，或者部分商品的数量不变，其他商品的数量同时增加或同时减少，那么，消费者总是偏好含有商品数量较多的那个商品组合。例如，A 组合中包含 3 个苹果和 1 个梨，B 组合中包含 3 个苹果和 7 个梨，那么消费者会选择 B 组合。这里，消费者认为梨是可以带来效用的东西，是“好的东西”，不存在效用饱和或带来负效用这种情况。

（二）无差异曲线

1. 无差异曲线的概念

无差异曲线是用来表示消费者偏好相同的两种商品的所有组合的曲线。或者说，它是表示给消费者带来相同的效用水平或满足程度的两种商品的所有组合的曲线。与无差异曲线相对应的效用函数为

$$U = f(X_1, X_2) \tag{3-6}$$

式（3-6）中，X_1 和 X_2 分别为商品 1 和商品 2 的消费数量；U 表示某个效用水平。由于无差异曲线表示的是序数效用，所以，此处 U 表示的只是某一个效用水平，而不是具体数值。

下面用表 3-3 和图 3-3 具体说明无差异曲线的构建。

表 3-3 是某消费者关于商品 1 和商品 2 的无差异表，表中列出了关于这两种商品各种不同的组合。该表由表列 a、表列 b 和表列 c 三个表列组成，每一个表列中都包含六个商品组合，它们的效用水平是相同的。以表列 a 为例，表列 a 中有 A，B，C，D，E，F 六个

商品组合。在 A 组合中，商品 1 和商品 2 的数量分别为 20 和 130；在 B 组合中，商品 1 和商品 2 的数量分别为 30 和 60，如此等等。同时，消费者对这六个组合的偏好程度是无差异的，即这六个组合给消费者带来的满足程度是相同的。表列 b、表列 c 中各自的六个商品组合给消费者带来的满足程度也都是相同的。

表 3-3　某消费者的无差异表

商品组合	表列 a		表列 b		表列 c	
	X_1	X_2	X_1	X_2	X_1	X_2
A	20	130	30	120	50	120
B	30	60	40	80	55	90
C	40	45	50	63	60	83
D	50	35	60	50	70	70
E	60	30	70	44	80	60
F	70	27	80	40	90	54

但要注意的是，表列 a、表列 b 和表列 c 三者各自所代表的效用水平的大小是不一样的。根据商品数量“多比少好”的原则，可以得出：表列 a 所代表的效用水平低于表列 b，表列 b 又低于表列 c。当然，消费者偏好的效用程度是无限多的，因此，他有无穷多个无差异表列，每个无差异表列中又有无穷多个商品组合，表 3-3 只是其中的一小部分。根据表 3-3 绘制的无差异曲线如图 3-3 所示。

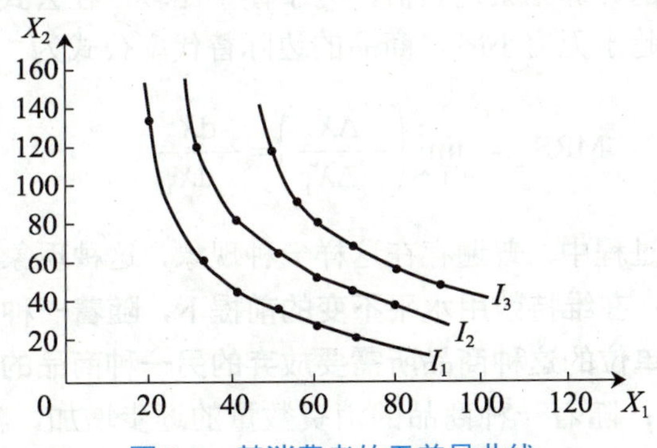

图 3-3　某消费者的无差异曲线

图 3-3 中，横轴表示商品 1 的数量 X_1；纵轴表示商品 2 的数量 X_2；I_1，I_2 和 I_3 分别代表与表 3-3 中的表列 a、表列 b 和表列 c 相对应的三条无差异曲线。以 I_1 为例，先在坐标图上描出表列 a 中的 A，B，C，D，E，F 六个组合点，然后用曲线将这六个点连接起来，便形成了光滑的无差异曲线 I_1。假设 I_1 代表的效用水平为 U_1，那么 I_1 上所有的点对应的商品组合都是 U_1 的效用水平，而且，凡符合 U_1 效用水平的所有点也都在 I_1 上。

2. 无差异曲线的特征

无差异曲线具有以下三个基本特征：

（1）离原点越远的无差异曲线代表的效用水平越高。由于通常假定效用函数是连续的，因此在同一坐标平面图上的任何两条无差异曲线之间，可以有无数条无差异曲线。

（2）在同一坐标平面图上的任何两条无差异曲线不会相交。根据无差异曲线的定义，两条无差异曲线上的点效用水平不同。假设两条无差异曲线相交，则交点同时在两条无差异曲线上，该点所代表的效用水平相等，与无差异曲线定义相违背，故假设不成立。

（3）无差异曲线向右下方倾斜，且凸向原点。这就是说，无差异曲线的斜率为负值，且其斜率的绝对值是递减的。这是由边际替代率递减规律所决定的，下文会对此进一步进行阐述。

3. 无差异曲线中的替代关系

当一个消费者偏好沿着一条既定的无差异曲线上下滑动的时候，两种商品的数量组合会不断地发生变化，而效用水平却保持不变。这就说明，在维持效用水平不变的前提条件下，两种商品之间存在着替代关系。由此，经济学家建立了商品的边际替代率这一概念。**商品的边际替代率（MRS）是指在维持效用水平不变的前提下，消费者增加一单位某种商品的消费数量所需要放弃的另一种商品的消费数量**，其公式为

$$\mathrm{MRS}_{12}=-\frac{\Delta X_2}{\Delta X_1} \tag{3-7}$$

式（3-7）中，ΔX_1 和 ΔX_2 分别表示商品 1 和商品 2 的变化量。由于 ΔX_1 是增加量，ΔX_2 是减少量，因此 MRS_{12} 的计算结果是负值，为了便于比较，在公式前加一个负号。

当商品数量的变化趋于无穷小时，商品的边际替代率公式为

$$\mathrm{MRS}_{12}=\lim_{\Delta X_1\to 0}\left(-\frac{\Delta X_2}{\Delta X_1}\right)=-\frac{\mathrm{d}X_2}{\mathrm{d}X_1} \tag{3-8}$$

在两种商品的替代过程中，普遍存在这样一种现象，这种现象被称为商品的边际替代率递减规律，具体是指：**在维持效用水平不变的前提下，随着一种商品的消费数量连续增加，消费者为得到每一单位的这种商品所需要放弃的另一种商品的消费数量是递减的**。这种现象存在的原因在于：随着一种商品的消费数量的逐步增加，消费者想要获得更多的这种商品的愿望就会递减，从而，他为了多获得一单位的这种商品而愿意放弃另一种商品的数量就会越来越少。

从几何意义上讲，商品的边际替代率就是无差异曲线斜率的绝对值。因此，边际替代率递减规律决定了无差异曲线斜率的绝对值是递减的，即决定了无差异曲线是凸向原点的。

思考与讨论

完全替代品和完全互补品的边际替代率有什么特点？它们的无差异曲线又分别是什么样的？

（三）序数效用论下的消费者均衡

用无差异曲线分析消费者均衡时，也同样涉及收入限制条件，因此序数效用理论分析消费者行为时建立了预算线。

1. 预算线的概念

预算线又称“预算约束线”“消费可能曲线”和“价格线”，**是表示在消费者的收入和商品的价格给定的条件下，消费者的全部收入所能购买到的两种商品的全部组合的曲线。**

假定某消费者的 120 元收入全部用来购买商品 1 和商品 2，其中，商品 1 的价格 $P_1 = 4$ 元，商品 2 的价格 $P_2 = 3$ 元。那么，全部收入都用来购买商品 1 可得 30 单位，全部收入用来购买商品 2 可得 40 单位。由此作出的预算线如图 3-4 所示。

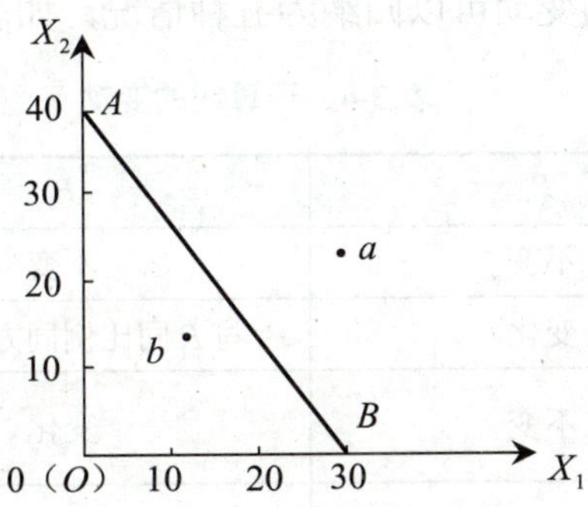

图 3-4 某消费者的预算线

图中预算线的横截距 OB 和纵截距 OA 分别表示全部收入用来购买商品 1 和商品 2 的数量，预算线的斜率可以写为

$$-\frac{OA}{OB}=-\frac{\frac{120}{P_2}}{\frac{120}{P_1}}=-\frac{P_1}{P_2} \tag{3-9}$$

下面，由以上的具体例子转向对预算线的一般分析。

假定 I 表示消费者的既定收入，P_1 和 P_2 分别表示商品 1 和商品 2 的价格，X_1 和 X_2 分别表示商品 1 和商品 2 的消费数量，那么，相应的预算线方程式为

$$P_1X_1 + P_2X_2 = I \tag{3-10}$$

该式表示消费者的全部收入等于他购买商品 1 和商品 2 的总支出。可以用 $\frac{I}{P_1}$ 和 $\frac{I}{P_2}$ 分别表示全部收入仅购买商品 1 或商品 2 的数量，它们分别为预算线的横截距和纵截距。此外，式（3-10）还可以改写成如下形式：

$$X_2 = -\frac{P_1}{P_2}X_1 + \frac{I}{P_2} \tag{3-11}$$

由预算方程式（3-11）也可以看出，预算线的斜率为$-\frac{P_1}{P_2}$，纵截距为$\frac{I}{P_2}$。

除此之外，从图 3-4 中还可以看到，预算线 *AB* 把平面坐标图划分为三个区域：预算线 *AB* 以外区域中的任何一点（如点 *a*）是消费者利用全部收入都不可能购买的商品组合点；预算线 *AB* 以内的区域中的任何一点（如点 *b*）表示消费者的全部收入在购买该点的商品组合以后还有剩余；唯有预算线 *AB* 上的任意一点，才是消费者的全部收入刚好花完所能购买到的商品组合点，即最优的购买组合点。图中的直角三角形（包括三角形的三条边）区域被称为“消费者的预算可行空间”。

2. 预算线的变动

由预算线的概念可知，当消费者的收入 *I* 或者商品价格 P_1 和 P_2 发生变化时，必然会引起预算线的变动。预算线的变动可以归纳为五种情况，如表 3-4 和图 3-5 所示。

表 3-4　预算线的变动

情况	I	P_1	P_2	预算线
情况 1	变化	不变	不变	平移，见图 3-5（a）
情况 2	不变	变化	与 P_1 同比例同方向变化	平移，见图 3-5（a）
情况 3	不变	不变	变化	横截距不变，纵截距变化，见图 3-5（b）
情况 4	不变	变化	不变	横截距变化，纵截距不变，见图 3-5（c）
情况 5	变化	与收入同比例同方向变化	与收入同比例同方向变化	不变

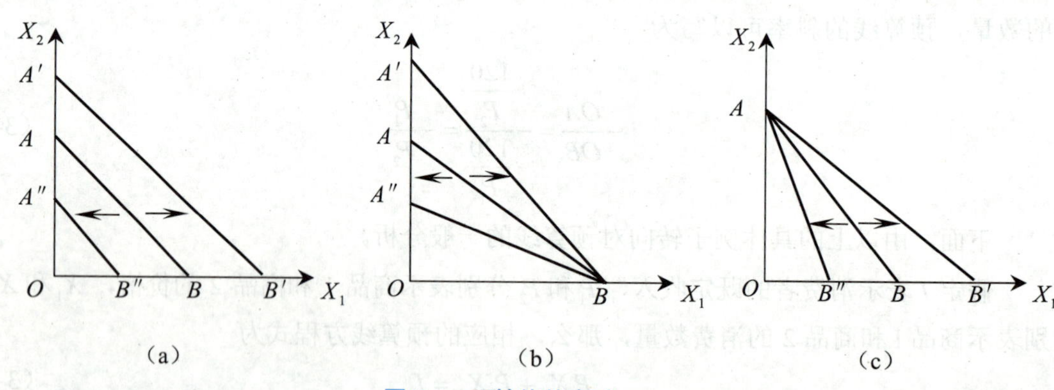

图 3-5　预算线的变动

思考与讨论

五种情况变动的原因是什么？

3. 序数效用论下的消费者均衡

在已知消费者的偏好和预算线的前提下，将消费者的无差异曲线和预算线结合在一起，就可以分析消费者对最优商品组合的选择。

通过前面的介绍我们得知，消费者的最优购买行为必须满足两个条件：第一，最优的商品购买组合必须是消费者最偏好的商品组合，即能够给消费者带来最大效用的商品组合；第二，最优的商品购买组合必须位于给定的预算线上。

下面，利用图 3-6 来具体说明消费者的最优购买行为。

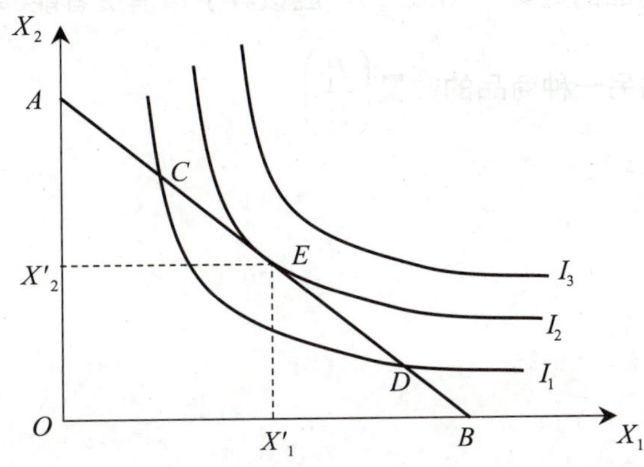

图 3-6　消费者均衡

我们把要分析的问题作如下表述：假定消费者的偏好和收入既定，两种商品的价格也既定，那么，消费者应该如何选择最优的商品组合，以获得最大的效用呢？通过这个问题，可以得知以下两点：第一，消费者偏好既定，意味着给定了一个由该消费者的无数条无差异曲线所构成的无差异曲线图（为了简化分析，从中取出三条，这便是图 3-6 中的三条无差异曲线 I_1，I_2 和 I_3）；第二，消费者的收入和两种商品的价格既定，意味着给定了该消费者的一条预算线（如图 3-6 中的 AB 预算线）。

在图 3-6 中，只有预算线 AB 和无差异曲线 I_2 的切点 E，才是消费者在给定的预算约束下能够获得最大效用的均衡点。该均衡点相应的最优购买组合为 (X'_1, X'_2)。

为什么唯有点 E 才是消费者效用最大化的均衡点呢？这是因为，就无差异曲线 I_3 来说，虽然它代表的效用水平高于无差异曲线 I_2，但它与既定的预算线 AB 既无交点又无切点，这说明消费者在既定的收入水平下无法购买无差异曲线 I_3 上的任何一点的商品组合。就无差异曲线 I_1 来说，虽然它与既定的预算线 AB 相交于 C，D 两点，这表明消费者利用现有收入可以购买 C，D 两点的商品组合。但是，这两点的效用水平低于无差异曲线 I_2。因此，理性的消费者不会用全部收入去购买无差异曲线 I_1 上 C，D 两点的商品组合。显然，只有当既定的预算线 AB 和无差异曲线 I_2 相切于点 E 时，消费者才在既定的预算约束条件下获得最大的满足。故点 E 就是消费者实现效用最大化的均衡点。

在切点 E，无差异曲线 I_2 和预算线 AB 的斜率是相等的。我们已经知道，无差异曲线

的斜率的绝对值就是商品的边际替代率，预算线的斜率的绝对值可以用两种商品的价格之比来表示。由此，在均衡点 E 有

$$\mathrm{MRS}_{12}=\frac{P_1}{P_2} \tag{3-12}$$

式（3-12）就是消费者效用最大化的均衡条件，它表示：**在一定的预算约束下，为了实现最大的效用，消费者应该选择最优的商品组合，使得两种商品的边际替代率等于两种商品的价格之比。**也可以这样理解：**在消费者的均衡点上，消费者愿意用一单位的某种商品去交换的另一种商品的数量（MRS_{12}），应该等于该消费者能够在市场上用一单位的这种商品去交换得到的另一种商品的数量$\left(\frac{P_1}{P_2}\right)$。**

班级＿＿＿＿＿＿ 姓名＿＿＿＿＿＿ 学号＿＿＿＿＿＿

任务考核

1.【单选题】一个人从物品与劳务消费中得到的好处或满足称为（ ）。

A．边际效用　　B．效用

C．消费需求　　D．消费者均衡

2.【单选题】随着商品数量的增加，消费者得到的边际效用在（ ）。

A．增加　　B．减少

C．先增加后减少　　D．以上都可能

3.【单选题】若消费者消费了 2 单位某物品之后，得知边际效用为 0，则此时（ ）。

A．消费者获得了最大平均效用

B．消费者获得的总效用最大

C．消费者获得的总效用最小

D．消费者获得的总效用为负

4.【单选题】某人消费橘子和鸭梨，而且处于消费者均衡状态。最后一个橘子的边际效用为 20，最后一个鸭梨的边际效用为 10。如果橘子的价格为 2 元，则鸭梨的价格应该是（ ）。

A．2 元　　B．1 元

C．0.5 元　　D．以上都不对

5.【单选题】张某只准备买两种商品 X 和 Y，X 的价格为 10 元，Y 的价格为 2 元。若张某买了 7 单位 X 和 3 单位 Y，所获得的边际效用值分别为 30 和 20 单位，则（ ）。

A．张某获得了最大效用

B．张某应当增加对 X 的购买，减少对 Y 的购买

C．张某应当增加对 Y 的购买，减少对 X 的购买

D．张某要想获得最大效用，需要借钱

6.【单选题】同一条无差异曲线上的不同点表示（ ）。

A．效用水平不同，但所消费的两种商品组合比例相同

B．效用水平不同，所消费的两种商品组合比例也不相同

C．效用水平相同，所消费的两种商品组合比例也相同

D．效用水平相同，但所消费的两种商品组合比例不相同

7.【简答题】基数效用论和序数效用论的基本观点是什么？它们各采取何种方法分析消费者行为？

班级__________ 姓名__________ 学号__________

8.【计算题】假设某消费者的均衡如图 3-7 所示，其中，横轴和纵轴分别表示商品 1 和商品 2 的数量，线段 AB 为消费者的预算线，曲线 U 为消费者的无差异曲线，点 E 为效用最大化的均衡点。已知商品 1 的价格 $P_1 = 2$，试求：

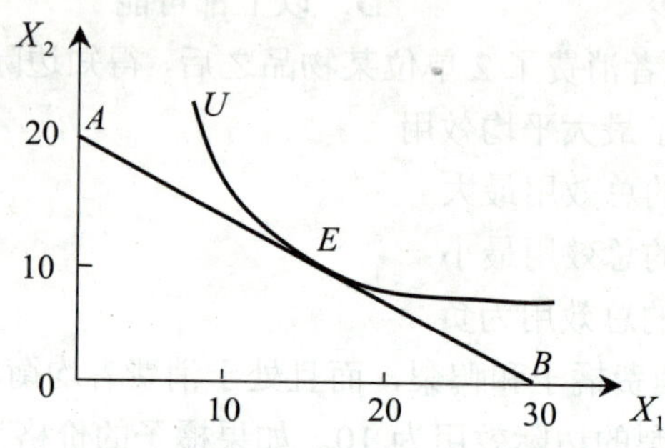

图 3-7 某消费者的预算线与无差异曲线

（1）消费者的收入；

（2）商品 2 的价格 P_2；

（3）预算线方程；

（4）预算线的斜率；

（5）点 E 的 MRS_{12} 的值。

任务二　了解消费者选择

任务导入

在生活中，大多数人都以大米、面粉作为主食。假如大米的价格下降了，那么消费者会如何选择购买的商品呢？如果消费者的收入上升了，消费者又会如何决策购买行为呢？产生这些变化的原因是什么？

知识准备

一、价格变动对消费者选择的影响

一种商品的价格发生变化时，会对消费者产生两种影响：一是使消费者的实际收入水平发生变化，即收入效应；二是使商品的相对价格发生变化，即替代效应。这两种变化都会改变消费者对该种商品的需求量。

（一）收入效应

收入效应是指因商品价格变化而引起消费者的实际收入发生变化，进而导致的需求量的变化。例如，在消费者购买棉布的过程中，当棉布的价格下降而其他商品的价格不变时，意味着在不减少其他商品购买量的条件下，可以买进更多的棉布。对于消费者来说，虽然现有的货币没变，但是购买力增强了，也就是说实际收入水平提高了。实际收入水平的提高，会使消费者改变对两种商品的购买量，从而获得更高的效用水平，这就是收入效应。

多措并举
激发消费潜力

收入效应在图形上表现为均衡点从一条无差异曲线移动到另一条无差异曲线上。

（二）替代效应

替代效应是指因商品价格变动而引起商品的相对价格发生变动，进而导致消费者在保持效用不变的条件下对商品需求量的变动。例如，大米和面粉之间存在着可替代关系，假设大米的价格下降，面粉的价格不变，那么面粉相对于大米来说，较以前昂贵了。商品相对价格的这种变化，会使消费者增加对大米的购买而减少对面粉的购买，即用大米替代面粉，这样对大米的需求量会增加，而对面粉的需求量减少。

替代效应不改变消费者的效用水平，在图形上表现为均衡点在同一条无差异曲线上移动。

综上所述，一种商品价格变动所引起的该商品需求量变动的总效应可以被分解为替代效应和收入效应两个部分，用公式表示为：总效应 = 替代效应 + 收入效应。

案例巩固

消费税

消费税是在对商品普遍征收增值税的基础上，选择少数消费品再征收的一个税种。消费税是价内税，作为产品价格的一部分存在，影响产品价格，目的是调节产品结构，引导消费方向，保证国家财政收入。

经过多次改革后，我国现行消费税有 15 个品目，包括烟、酒、鞭炮焰火、高档化妆品、贵重首饰及珠宝玉石、高尔夫球及球具、高档手表、游艇、成品油、摩托车、小汽车、木制一次性筷子、实木地板、电池、涂料。其中，烟、成品油、小汽车和酒类消费四个税目贡献消费税合计占比约 99%。

以小汽车为例，乘用汽车的消费税税率在 1%～40%之间，气缸容量越大，税率越高；中轻型商用客车税率为 5%，超豪华小汽车税率为 10%。

二、收入变动对消费者选择的影响

（一）收入-消费曲线

在其他条件不变的情况下，消费者收入的变化会使消费者均衡点发生移动，由此可以得到收入-消费曲线。**收入-消费曲线是指在商品的价格不变的条件下，消费者收入水平的变动引起的消费者均衡变动的轨迹。**

如图 3-8（a）所示，商品价格不变，消费者收入水平变动引起的预算线的水平移动，将与不同的无差异曲线相切得到的不同的均衡点连接在一起，得到的平滑曲线便是收入-消费曲线。曲线是向右上方倾斜的，表示随着收入水平的提高，消费者对商品 1 和商品 2 的需求量都是上升的，所以两种商品都是正常品。

在图 3-8（b）中，收入-消费曲线是向后弯曲的，表示随着收入水平的提高，消费者对商品 1 的需求量开始是增加的，但是收入提高到一定水平之后，消费者对商品 1 的需求量反而减少了，这说明消费者收入达到一定高度之后，商品 1 由正常品变成了低档品。

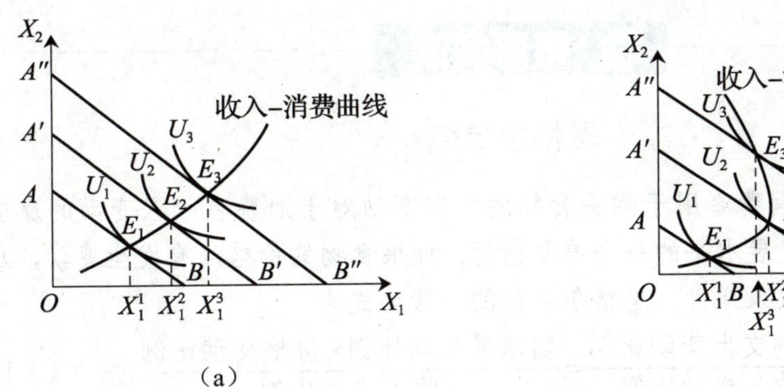

图 3-8　收入–消费曲线

思考与讨论

尝试用同样的方法画出价格–消费曲线。

（二）恩格尔曲线

从收入–消费曲线可以引出恩格尔曲线。**恩格尔曲线表示消费者在每一个收入水平对某商品的需求量。**与恩格尔曲线相对应的函数为 $X = f(I)$，其中，I 为收入水平，X 为某种商品的需求量。图 3-9（a）中，商品 1 是正常品，商品 1 的需求量 X_1 随着收入水平 I 的上升而增加。图 3-9（b）中，在一定的收入水平上，图中的商品 1 由正常品转变为低档品。或者说，在较低的收入水平范围，商品 1 的需求量与收入水平呈同方向的变动关系；在较高的收入水平范围，商品 1 的需求量与收入水平呈反方向的变动关系。

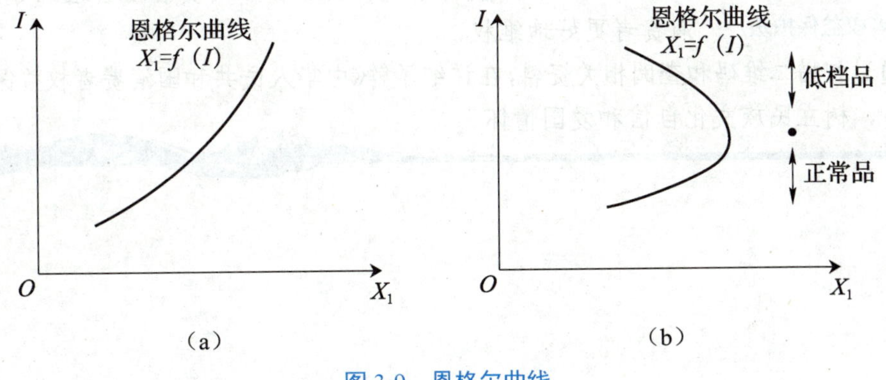

图 3-9　恩格尔曲线

拓展阅读

恩格尔定律

恩格尔系数是指消费者用于购买食物的支出变动对于消费者收入变动的反应程度，是衡量国家经济发展水平的一个重要指标。如果食物的价格没有发生变动，那恩格尔系数就是食物的收入弹性。恩格尔系数的一般公式为

$$\text{恩格尔系数}=\frac{\text{食物支出变动比例}}{\text{收入变动比例}}=\frac{\text{需求量变动比例}\times\text{价格变动比例}}{\text{收入变动比例}} \tag{3-13}$$

恩格尔定律是指在一个家庭或一个国家中，食物支出在收入中所占的比例随着收入的增加而减少。用弹性的概念表述就是：对一个家庭或一个国家而言，富裕程度越高，食物支出的收入弹性就越小；反之，则越大。根据联合国粮农组织标准，恩格尔系数高于60%为贫困，低于40%为富裕。

经济指向标

《中华人民共和国消费者权益保护法》

消费者行为理论是以消费者具有完全理性和完全自由为假设前提的。然而在现实生活中，受到个人素养、价值观、市场变化等因素的影响，消费者很难实现均衡，因此，为了保护消费者利益，引导消费行为，我国颁布并修订了《中华人民共和国消费者权益保护法》，明确规定了我国消费者的一些基本权利，还设立官方投诉渠道以及非官方消费者协会组织等，帮助消费者更好地维权。

通过扫描二维码和查阅相关资料，在详细了解《中华人民共和国消费者权益保护法》的同时，树立民族文化自信和爱国情怀。

班级____________ 姓名____________ 学号____________

任务考核

1.【单选题】正常商品价格上升导致需求量减少的原因在于（　　）。

A．替代效应使需求量增加，收入效应使需求量减少

B．替代效应使需求量增加，收入效应使需求量增加

C．替代效应使需求量减少，收入效应使需求量增加

D．替代效应使需求量减少，收入效应使需求量减少

2.【单选题】商品需求量变动的总效应等于（　　）。

A．替代效应　　B．收入效应

C．替代效应加收入效应　　D．以上都不对

3.【单选题】当只有消费者的收入变化时，连接消费者各均衡点的轨迹称为（　　）。

A．需求曲线　　B．价格-消费曲线

C．恩格尔曲线　　D．收入-消费曲线

4.【多选题】关于替代效应与收入效应，下列说法正确的有（　　）。

A．对于正常品而言，替代效应与价格呈反方向变动，收入效应与价格呈反方向变动

B．对于低档品而言，替代效应与价格呈同方向变动，收入效应与价格呈反方向变动

C．正常品的需求曲线向右下方倾斜

D．低档品的需求曲线向右下方倾斜

E．正常品的需求曲线更陡峭，低档品的需求曲线更平缓

5.【简答题】价格变动对消费者选择有哪些影响？

6.【简答题】请解释正常商品、一般低档商品和吉芬商品需求曲线不同的原因。

班级__________ 姓名__________ 学号__________

项目实训——探索物价对消费的影响

一、实训目标

通过入户调查，提升学生应用所学知识分析居民消费行为的能力。

二、实训内容和要求

1. 小组工作

（1）学生自由分组，以组为单位进行调研和讨论，分析当前不同类别商品（生活必需品、奢侈品等）价格变动对居民消费的影响。

（2）根据调研内容和要求，设计一份调查表，通过实际调查收集所需数据和资料。

（3）将收集的数据和资料进行整理，在组内进行交流，发表各自的看法。在讨论基础上总结出一个最终的结论。

2. 班级交流

全班组织开展一次交流研讨，每组派一名代表发言，其他小组成员可以进行评价、提问，或针对发言内容发表自己的观点并阐述理由。发言人及本组成员可针对提问进行答辩。各组根据交流研讨情况，进一步修改和完善总结。

3. 考核

每个小组提交调查表和小组总结，学生和教师根据学生平时课堂表现、提交的总结、班级交流发言情况在表 3-5 中进行评估打分，综合评定本项目的成绩。

表 3-5　项目考核表

项目名称	评价内容	分值	评价分数	
			自评	师评
个人素养考核项目（20%）	日常考勤	5 分		
	仪容仪表	5 分		
	课堂纪律和学习态度	10 分		
专业能力考核项目（80%）	积极参与教学活动并正确理解任务要求	10 分		
	知识准备中每个知识点的学习效果	20 分		
	任务考核题目的正确率	25 分		
	项目实训准备充分，总结内容完整、准确	25 分		
综合分数（自评 × 30%+师评 × 70%）				
教师评语	教师（签名）：			

思维导图

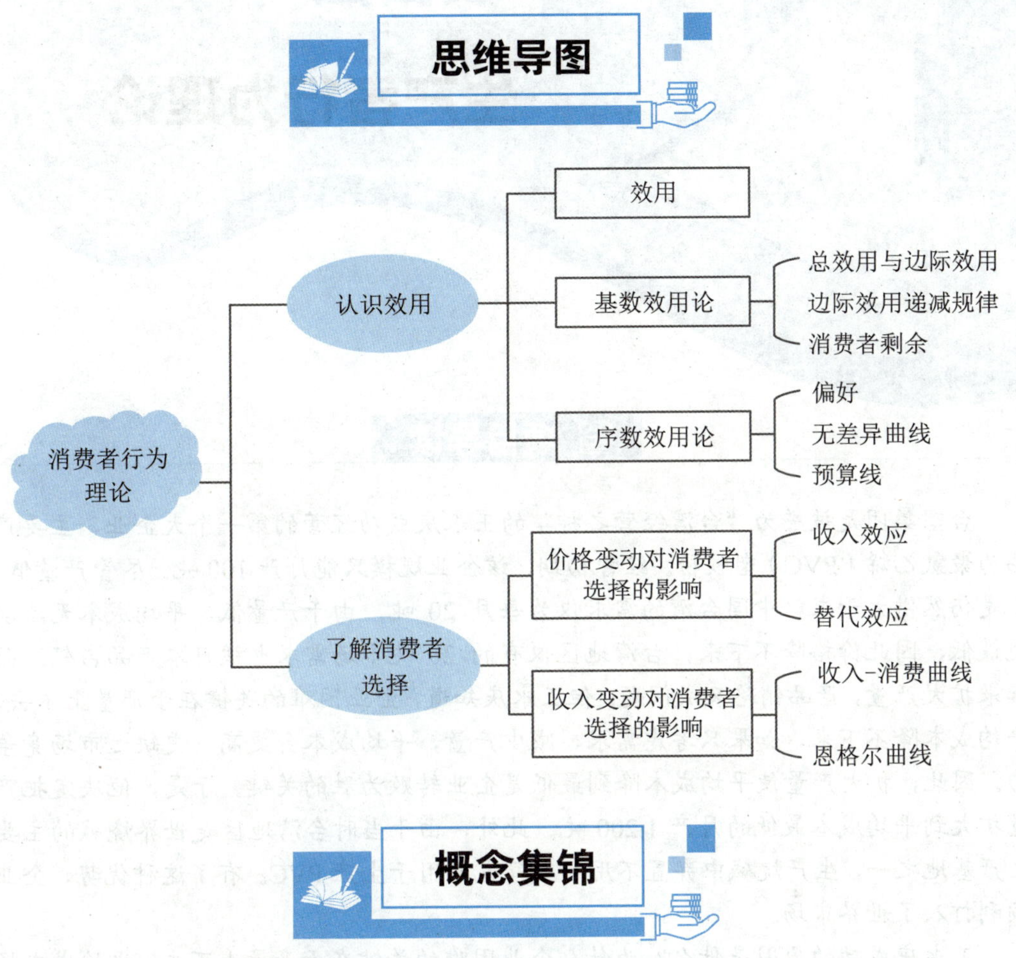

概念集锦

（1）效用：消费者对商品满足自己需求的能力的一种主观心理评价。

（2）基数效用论：效用同长度、重量一样可以量化和计算，其计量单位被称作效用单位。

（3）序数效用论：效用作为一种心理感受，类似于香、臭、美、丑，其大小无法量化，而只能通过顺序或等级来表示。

（4）边际效用递减规律：在一定时间内，在其他商品的消费数量保持不变的条件下，随着消费者对某种商品消费量的增加，消费者从该商品连续增加的每一消费单位中所得到的效用增量即边际效用是递减的。

（5）消费者剩余：消费者在购买一定数量的某种商品时，愿意支付的最高价格和实际支付的价格之间的差额。

（6）无差异曲线：用来表示消费者偏好相同的两种商品的所有组合的曲线。

（7）收入效应：因商品价格变化而引起消费者的实际收入发生变化，进而导致的需求量的变化。

（8）替代效应：因商品价格变动而引起商品的相对价格发生变动，进而导致消费者在保持效用不变的条件下对商品需求量的变动。

项目四

生产者行为理论

项目导读

台塑集团是被誉为“台湾经营之神”的王永庆成功经营的第一个大企业，主要产品为聚氯乙烯（PVC）塑胶粉。经营初期，该企业规模只能月产100吨。尽管产量低，但是仍然供大于求，中国台湾的需求仅为每月 20 吨。由于产量低，平均成本无法实现最低，因此价格降不下来，台湾地区仅有的 20 吨市场需求也被日本产品占领。而如果扩大产量，产品销路又成问题。但王永庆知道，企业困难的关键在于产量上不去，平均成本降不下来，如果只考虑需求，减少产量，平均成本会更高，更缺乏市场竞争力。因此，扩大产量使平均成本降到最低是企业转败为胜的关键。于是，他决定把产量扩大到平均成本最低的月产 1 200 吨。此外，由于当时台湾地区是世界烧碱的主要生产基地之一，生产烧碱中弃置不用的氯气也可用于生产 PVC。有了这种优势，企业顺利打入了世界市场。

王永庆成功的原因是什么？为什么企业困难的关键在于产量上不去，平均成本降不下来？

本项目主要介绍生产和成本的相关概念以及利润最大化原则，内容包括短期生产函数、长期生产函数、短期成本函数、长期成本函数、边际报酬递减规律等，通过这些知识来解释生产者的行为，帮助生产者做出最优选择。

学习目标

知识目标

（1）理解总产量、平均产量和边际产量的概念。

（2）理解边际报酬递减规律和利润最大化原则。

（3）掌握一种可变生产要素的合理投入区域与两种生产要素的最适组合。

（4）掌握短期成本和长期成本的构成。

能力目标

（1）能够运用生产和成本理论，对生产者的生产经营活动进行分析。

（2）能够站在经济学的角度分析生产者最优生产规模。

德育目标

（1）通过了解现实中生产者行为的原因，提高学习经济学的兴趣，培养经济思维。

（2）通过学习生产者行为相关知识，在未来的工作与生产中能够制定合适的经营策略，实现经营最优化。

任务一　掌握生产理论

任务导入

俗话说："一个和尚挑水吃，两个和尚抬水吃，三个和尚没水吃。"企业在生产过程中，也常常存在这样的现象，即希望通过追加生产要素的投入，扩大生产规模，从而得到更高的产量水平，然而结果常常适得其反。这种现象产生的原因是什么？"人多力量大"是绝对正确的吗？

知识准备

一、生产及生产函数

（一）生产与生产者

经济学中，**生产者指厂商或企业，是指能够做出统一的生产决策的单个经济单位**。在市场经济的运行中，厂商是最基本、最重要的市场竞争主体，是市场经济的微观基础。

在经济学中，厂商被假定为合乎理性的经济人，以追求利润最大化为生产经营活动的唯一目标。厂商为获得最大利润，就必须进行生产。所谓**生产，就是把各种生产要素组织起来转化为产品的过程**。

思考与讨论

生产要素包括哪几类？

（二）生产时期

在生产理论中，我们通常把生产时期划分为长期和短期两类。

> **小贴士**
>
> 短期和长期的划分是以生产者能否变动全部要素投入的数量作为标准的。对于不同的产品生产，短期和长期的界限规定也不相同。

长期是指生产者可以调整全部生产要素数量的一段时期。在长期内，所有生产要素都是可变的，生产者可以根据厂商的经营状况，缩小或扩大生产规模，甚至可以加入或退出一个行业。

短期是指生产者来不及调整全部生产要素数量的一段时期，即在这一段时期内，生产中至少有一种生产要素的数量是不变的。相应地，在短期内，生产要素可以分为不变要素和可变要素。**不变要素是指生产者在短期内无法进行数量调整的那部分要素投入**。例如，大型机器设备和厂房等。**可变要素是指生产者在短期内可以进行数量调整的那部分要素投入**。例如，劳动、原材料和燃料等。

（三）生产函数

生产函数是指在一定时期内，在技术水平不变的情况下，生产要素的投入量和产品的最大产量之间的关系。例如，假定X_1，X_2，…，X_n依次表示糕点生产过程中所使用面粉、糖、香料、和面机、烤箱、工人等生产要素的投入数量，Q表示所能生产的最大糕点产量，则糕点的生产函数可以写成以下形式

$$Q=f(X_1,X_2,\cdots,X_n) \tag{4-1}$$

> **小贴士**
>
> 任何生产函数都是以一定的生产技术水平作为前提条件的，一旦相关的生产技术水平发生变化，原有的生产函数就会发生变化。

生产中使用的4种生产要素分别用符号表示：L表示劳动，K表示资本，N表示土地，E表示企业家才能。那么，生产函数的公式为

$$Q=f(L,K,N,E) \tag{4-2}$$

如果只考查劳动和资本对产出的影响，则生产函数的公式可以简写为

$$Q=f(L,K) \tag{4-3}$$

根据生产时期的不同，生产函数可以分为短期生产函数和长期生产函数。

二、短期生产函数

（一）短期生产函数的概念

短期生产函数是一种可变要素的生产函数，即在生产的技术系数固定的前提下，假定其他生产要素不变，研究一种生产要素的连续增加对产量的影响。由生产函数$Q=f(L,K)$出发，假定资本投入量是不变的，用$\overline{K}$表示，劳动投入量是可变的，用L表示，则短期

函数可以写成

$$Q = f(L, \bar{K}) \tag{4-4}$$

式（4-4）表示在资本投入量不变时，由劳动投入量变化所带来的最大产量的变化。

（二）产量

1. 总产量、平均产量与边际产量的概念

总产量（TP）是指与一定的可变生产要素劳动的投入量相对应的最大产量，劳动的总产量的公式为

$$TP_L = f(L, \bar{K}) \tag{4-5}$$

平均产量（AP）是指平均一单位可变生产要素劳动的投入量所生产的产量，劳动的平均产量的公式为

$$AP_L = \frac{TP_L(L, \bar{K})}{L} \tag{4-6}$$

边际产量（MP）是指增加一单位可变生产要素劳动的投入量所增加的产量，劳动的边际产量的公式为

$$MP_L = \frac{\Delta TP_L(L, \bar{K})}{\Delta L} \tag{4-7}$$

当劳动投入的增加量趋于无穷小，即$\Delta L \to 0$时，有

$$MP_L = \lim_{\Delta L \to 0} \frac{\Delta TP_L(L, \bar{K})}{\Delta L} = \frac{dTP_L(L, \bar{K})}{dL} \tag{4-8}$$

例如，在表4-1中，资本投入K始终为10单位，劳动投入L从0单位递增到8单位。随着劳动投入的增加，总产量TP_L也增加；平均产量AP_L等于TP_L除以L，以$L=5$时为例，此时$TP_L = 27.5$，$AP_L = \frac{TP_L}{5} = 5.5$；边际产量$MP_L$等于$TP_L$的边际增加量，如当$L=5$时，$TP_L = 27.5$，当$L=4$时，$TP_L = 24$，则$MP_L = 27.5 - 24 = 3.5$。

表4-1　总产量、平均产量和边际产量

资本投入（K）	劳动投入（L）	总产量（TP_L）	平均产量（AP_L）	边际产量（MP_L）
10	0	0	0	0
10	1	4	4	4
10	2	10	5	6
10	3	18	6	8
10	4	24	6	6
10	5	27.5	5.5	3.5

续表

资本投入（K）	劳动投入（L）	总产量（TP_L）	平均产量（AP_L）	边际产量（MP_L）
10	6	30	5	2.5
10	7	30	4.3	0
10	8	28	3.5	–2

2. 总产量、平均产量与边际产量的关系

总产量、平均产量和边际产量的关系如图 4-1 所示。其中，横轴 L 代表劳动投入量，纵轴 Q 代表产量。

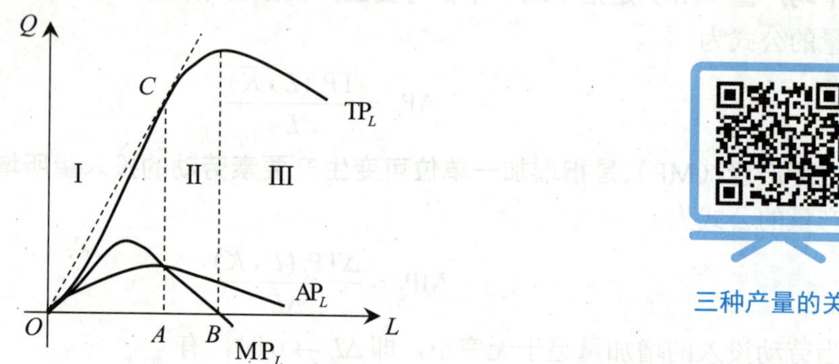

图 4-1　总产量、平均产量和边际产量的关系

三种产量的关系

从图 4-1 中可以看出，总产量 TP_L、平均产量 AP_L 和边际产量 MP_L 的三条曲线都呈倒“U”形，即随着劳动量 L 的增加，TP_L 曲线、AP_L 曲线和 MP_L 曲线都是先上升后下降。当 $L=A$ 时，AP_L 取最大值，当 $L=B$ 时，TP_L 取最大值。由这些特征出发，我们来分析 TP_L，AP_L 和 MP_L 相互之间的关系。

1）MP_L 和 TP_L 的关系

根据边际产量的公式可知，TP_L 曲线上任何一点的切线的斜率就是 MP_L 值，所以，在图 4-1 中，TP_L 曲线和 MP_L 曲线之间存在着这样的对应关系：在 L 小于 B 的区域，MP_L 为正值，TP_L 曲线是上升的；在 L 大于 B 的区域，MP_L 为负值，TP_L 曲线是下降的；当 L 恰好等于 B 时，MP_L 为零，则相应的 TP_L 曲线达到最大值点。简而言之，**只要边际产量是正的，总产量总是增加的；只要边际产量是负的，总产量总是减少的；当边际产量为零时，总产量达到最大值。**

2）AP_L 和 TP_L 的关系

根据平均产量的公式可知，连接 TP_L 曲线上任何一点和坐标原点，则该线段的斜率就是相应的 AP_L 值。因此，在图 4-1 中，当 AP_L 曲线达到最大值点时，TP_L 曲线必然有一条从原点出发的最陡的切线，其切点为点 C。

3）MP_L 和 AP_L 的关系

在图 4-1 中，MP_L 曲线和 AP_L 曲线之间存在着这样的关系：MP_L 曲线通过 AP_L 曲线的

最高点，在 L 小于 A 的区域，MP_L 曲线高于 AP_L 曲线；在 L 大于 A 的区域，MP_L 曲线低于 AP_L 曲线；不管是上升还是下降，MP_L 曲线的变动都快于 AP_L 曲线的变动。

（三）边际报酬递减规律

小贴士

所增加的生产要素具有同样的效率。

在短期生产中，普遍存在这样一种现象：**在技术水平等其他因素不变的条件下，在连续等量地把某一种可变生产要素增加到其他一种或几种不变生产要素上的过程中，当这种可变生产要素的投入量小于某一特定值时，增加该要素投入所带来的边际产量是递增的；当这种可变生产要素的投入量连续增加并超过这个特定值时，增加该要素投入所带来的边际产量是递减的。这就是边际报酬递减规律**，也称"边际收益递减规律"，它在表 4-1 和图 4-1 中都得到了体现。

边际报酬递减规律成立的原因在于，对于任何产品的短期生产来说，可变生产要素投入和不变生产要素投入之间存在着一个最佳的数量组合比例。在开始时，由于不变生产要素投入量既定，而可变生产要素投入量为零，因此生产要素的投入量远远没有达到最佳的组合比例。随着可变生产要素投入量的逐渐增加，生产要素的投入量逐步接近最佳的组合比例，相应的可变生产要素的边际产量呈现出递增的趋势。一旦生产要素的投入量达到最佳的组合比例，可变生产要素的边际产量即达到最大值。在这之后，随着可变生产要素投入量的继续增加，生产要素的投入量越来越偏离最佳的组合比例，相应的可变生产要素的边际产量便呈现出递减的趋势。

思考与讨论

（1）三季稻为什么不如两季稻？

（2）哪些俗语可以体现边际报酬递减规律？

（3）边际报酬递减规律是否适用于长期生产？为什么？

（四）一种可变生产要素的合理投入区域

根据短期生产中 TP_L 曲线、AP_L 曲线和 MP_L 曲线相互间的关系，可以将短期生产划分为如图 4-1 所示的Ⅰ，Ⅱ，Ⅲ三个阶段。

在第Ⅰ阶段，TP_L 曲线始终是上升的；AP_L 曲线始终是上升的，且达到最大值；MP_L 曲线上升达到最大值，然后开始下降，且 MP_L 始终大于 AP_L 。这表示在这一阶段，资本投入量相对过多，生产者增加劳动投入量是有利的。或者说，生产者只要增加劳动投入量，就可以较大幅度地增加总产量。

在第Ⅱ阶段，AP_L 从最高点开始下降，MP_L 下降到零，此时 TP_L 达到最大值。这表示在这一阶段，资本和劳动的投入比例比较合适，生产逐渐达到顶峰。

在第Ⅲ阶段，AP_L 继续下降，MP_L 从零降为负值，TP_L 从最大值开始下降。这表示在这一阶段，劳动投入量相对过多，生产者减少劳动投入量是有利的。或者说，生产者应该通过减少劳动投入量来增加总产量，以摆脱劳动的边际产量为负值和总产量下降的局面，并退回到第Ⅱ阶段。

由此推断，**理性的生产者应将短期生产控制在第Ⅱ阶段，这样既可以得到由第Ⅰ阶段增加可变要素投入所带来的全部好处，又可以避免将可变要素投入增加到第Ⅲ阶段所带来的不利影响。因此，第Ⅱ阶段也被称为“一种可变生产要素的合理投入区域”。**

三、长期生产函数

（一）长期生产函数的概念

厂商进行长期生产时，可以调整所有生产要素投入量。为利于分析问题，假定生产某种产品只投入两种可变生产要素，即劳动（L）和资本（K），则两种可变生产要素的长期生产函数为

$$Q=f(L,K) \tag{4-9}$$

（二）等产量曲线

1. 等产量曲线的概念

等产量曲线是指在技术水平固定的条件下，生产同一产量的两种生产要素投入量的所有不同组合的轨迹。以常数 Q^0 表示既定的产量水平，则与等产量曲线相对应的生产函数为

$$Q=f(L,K)=Q^0 \tag{4-10}$$

例如，用资本和劳动两种生产要素生产 500 单位产品，两种生产要素的投入有 a，b，c，d 四种组合方式，如表 4-2 所示。

表 4-2 等产量的不同组合

组合方式	资本（K）	劳动（L）	产量（Q^0）
a	6	1	500
b	3	2	500
c	2	3	500
d	1	6	500

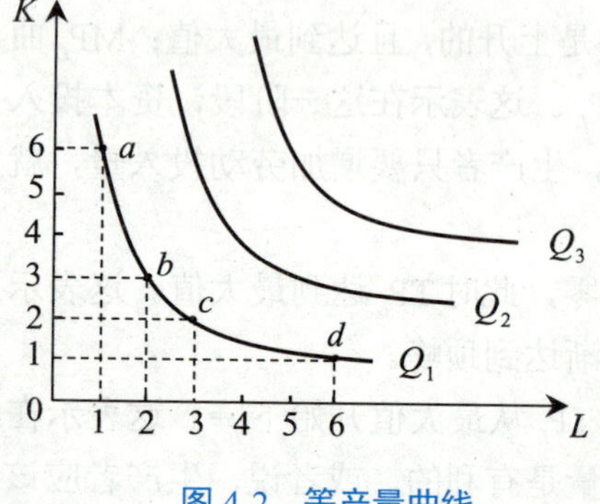

图 4-2 等产量曲线

按照表 4-2 绘出 $Q^0=500$ 时的等产量曲线，如图 4-2 的 Q_1 所示。

等产量曲线具有以下特征：

（1）在同一坐标轴内，可以有无数条等产量曲线，离原点越远的等产量曲线代表的产量水平越高，离原点越近的等产量曲线代表的产量水平越低。在图 4-2 中，三条等产量曲线按代表的产量大小排序为 $Q_1<Q_2<Q_3$。

（2）在同一坐标轴内，任何两条等产量曲线都不会相交。

（3）等产量曲线向右下方倾斜，斜率为负。这就表明，当生产者的资金预算与生产要素价格既定时，为了达到相同的产量，在增加一种生产要素的同时就必须减少另一种生产要素。等产量曲线是凸向原点的，这是由边际技术替代率递减规律所决定的，下文会对此进一步进行阐述。

思考与讨论

等产量曲线与无差异曲线有什么相同点与不同点？

2. 边际技术替代率

边际技术替代率（MRTS）是指在维持产量水平固定的条件下，增加一单位某种生产要素投入量时所减少的另一种生产要素的投入数量。例如，在图 4-2 中，为了维持固定的 500 单位产量，在厂商的产量沿着既定的等产量曲线由点 a 滑动到点 d 的过程中，劳动投入量必然会随着资本投入量的不断减少而增加。劳动对资本的边际技术替代率的公式为

$$\mathrm{MRTS}_{LK} = -\frac{\Delta K}{\Delta L} \tag{4-11}$$

式（4-11）中，ΔK 为资本投入的变化量；ΔL 为劳动投入的变化量。公式前加负号是为了使 MRTS 值在一般情况下为正值，以便于比较。

在两种生产要素相互替代的过程中，普遍存在这样一种现象：**在维持产量固定的前提下，当一种生产要素的投入量不断增加时，每一单位的这种生产要素所能替代的另一种生产要素的数量是递减的。这一现象被称为边际技术替代率递减规律**。如表 4-2 所示，当生产 500 单位产量的要素组合由 a 变为 b 时，$\mathrm{MRTS}_{LK}=3$，即增加 1 单位的劳动投入可替代 3 单位的资本；当要素组合由 b 变为 c 时，$\mathrm{MRTS}_{LK}=1$，即增加 1 单位的劳动投入可替代 1 单位的资本；而当要素组合由 c 变为 d 时，$\mathrm{MRTS}_{LK}=1/3$，此时增加 1 单位的劳动投入只能替代 1/3 单位的资本，如果劳动投入量进一步增加，劳动对资本的边际技术替代率将继续下降。

边际技术替代率递减的主要原因在于，任何一种产品的生产技术都要求各要素投入之间有适当的比例，这意味着要素之间的替代是有限制的。

案例巩固

工厂是多雇工人还是多买机器？

工厂可以通过两种途径多生产商品，一种是多雇工人，另一种是多买机器。因此，工厂的厂长需要在工人和机器中做出选择，这就涉及边际技术替代率的知识。例如，此时机器可以替代 3 个工人，而价格只是工人的 2 倍，厂长会选择多用机器少雇工人，但还要考虑到边际技术替代率递减规律，故不可以用机器代替全部的工

人。因此，工厂生产商品是多雇工人还是多买机器，主要取决于在生产过程中劳动和资本这两种生产要素的替代性。

（三）等成本线

等产量曲线说明了生产一定产量的产品可以有哪些投入要素的不同组合方式，但不能说明哪一种组合方式是最优的。为了求最优解，就要同时考虑产量和成本两个因素。为此，在等产量曲线图上有必要引进等成本线。

等成本线又称“生产预算线”，是指在成本支出和生产要素价格固定的条件下，厂商所能够买到的生产要素最大数量的各种组合的轨迹。假定生产某种产品使用劳动（L）和资本（K）两种生产要素，价格分别为 P_L 和 P_K，厂商的总成本支出为 C，则公式为

$$C = P_L \cdot L + P_K \cdot K \tag{4-12}$$

也可写为

$$K = -\frac{P_L}{P_K} \cdot L + \frac{C}{P_K} \tag{4-13}$$

根据以上公式可以得到等成本线，如图 4-3 所示。

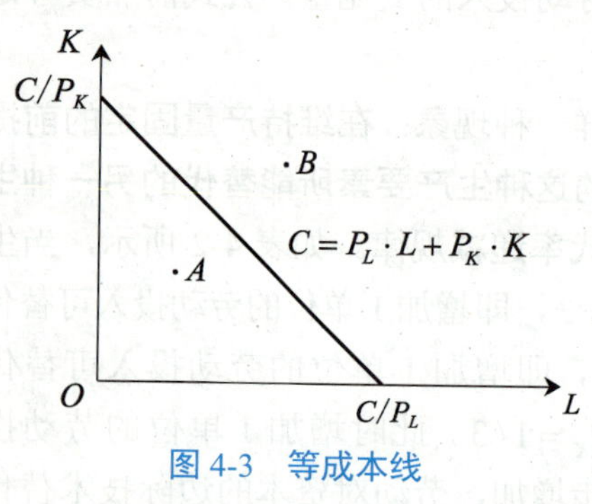

图 4-3　等成本线

在图 4-3 中，等成本线的纵截距为 C/P_K，表示既定的成本全部用于购买资本时所得的资本数量；横截距为 C/P_L，表示既定的成本全部用于购买劳动时所得的劳动数量；斜率为 $-P_L/P_K$，为两种生产要素价格之比的负值。等成本线以内区域中的任何一点，如点 A，表示既定的全部成本都用来购买该点的劳动和资本的组合以后还有剩余。等成本线以外的区域中的任何一点，如点 B，表示既定的全部成本购买该点的劳动和资本的组合是不够的。唯有等成本线上的点，才表示用既定的全部成本能刚好购买到的劳动和资本的组合。

思考与讨论

（1）等成本线与预算线有什么相同点与不同点？

（2）等成本线的移动代表了什么？请分情况讨论。

（四）两种生产要素的最适投入

同消费者均衡分析相似，两种生产要素最适投入的原则是：在成本和生产要素价格既定的条件下，**两生产要素的边际产量比例等于其价格比例，即最后一单位的成本支出无论用来购买哪一种生产要素所获得的边际产量都相等。**这一条件也可以推广到采用多种生产

要素进行生产的场合。

因为边际技术替代率可以表示两生产要素的边际产量之比，所以，在两种生产要素都可变的生产决策中，要实现利润最大化，最适投入条件为

$$MRTS_{LK}=\frac{MP_L}{MP_K}=\frac{P_L}{P_K} \quad (4\text{-}14)$$

进一步，可以有

$$\frac{MP_L}{P_L}=\frac{MP_K}{P_K} \quad (4\text{-}15)$$

在坐标轴中，最适投入条件可以表示为等产量曲线与等成本线相切，如图 4-4 所示。

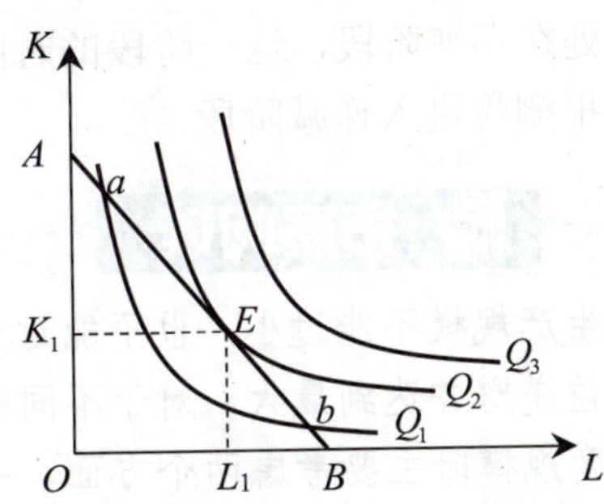

图 4-4 既定成本条件下的产量最大化

思考与讨论

（1）为什么点 a 与点 b 不是最优组合？

（2）随着厂商成本的增加，最优组合点会如何变动？

（五）规模报酬

在长期生产中，厂商的生产规模会发生变化，自然也会使得产量发生变化。那么如果厂商生产规模扩大一倍，其产量是否也一定会增加一倍呢？

规模报酬研究的是厂商内部所有的生产要素投入等比例增加时，由生产规模变动所引起的产量的变动情况。其变动可能有以下三种情形：

> **小贴士**
>
> 规模报酬发生作用是以技术水平不变为前提的。

（1）规模报酬递增，即产量增加的比例大于各种生产要素增加的比例。产生规模报酬递增的主要原因是厂商生产规模扩大所带来的生产效率的提高。例如，厂商能够利用更先进的技术和机器设备等生产要素，而较小规模的厂商可能无法利用这样的技术和生产要素；随着对较多的人力和机器的使用，厂商内部的生产分工能够更合理和专业化；人数较多的技术培训和具有一定规模的生产经营管理可以节省成本；等等。

（2）规模报酬不变，即产量增加的比例等于各种生产要素增加的比例。例如，两个同样的宾馆配备同样的人员所提供的服务是一个宾馆的两倍。

（3）规模报酬递减，即产量增加的比例小于各种生产要素增加的比例。产生规模报酬递减的主要原因是厂商生产规模过大，使得生产的各个方面难以得到协调，从而降低了生产效率。它可以表现为厂商内部合理分工的破坏，获取生产决策所需各种信息的不易等。

共享单车的颜色已经不够用了

厂商规模报酬变化一般呈现出如下规律：当厂商从最初很小的生产规模开始逐步扩大时，规模报酬处在递增阶段；当厂商得到了由生产规模扩大所带来的产量递增的全部利益后，一般会继续扩大生产规模，新建工厂，此时规模报酬处在不变阶段，这一阶段的时间可能会比较长；此后，厂商若继续扩大生产规模，则规模报酬将进入递减阶段。

拓展阅读

一个厂商和一个行业的生产规模不能过小，也不能过大，即要实现适度规模，使生产规模的扩大正好能使收益递增并达到最大。对于不同行业的厂商来说，适度规模的大小是不同的。在确定适度规模时主要考虑两个方面，一是本行业的技术特点，一般来说，需要的投资量大、设备复杂先进的行业，适度规模也更大；二是市场条件，一般来说，市场需求量大且标准化程度高的产品的厂商，适度规模也更大。除此之外，确定适度规模时还要考虑交通条件、能源供给、政府政策等。

班级__________ 姓名__________ 学号__________

任务考核

1.【单选题】生产函数衡量了（　　）。

A．生产要素的投入量和产品的最大产量之间的关系

B．生产要素价格对厂商产出水平的影响

C．在每一价格水平上的最优产出水平

D．以上都是

2.【单选题】当边际产量大于平均产量时，（　　）。

A．平均产量增加　　B．平均产量减少

C．平均产量不变　　D．平均产量达到最低

3.【单选题】在规模报酬不变阶段，若劳动和资本的使用量都增加 10%，则（　　）。

A．产出增加 10%　　B．产出减少 10%

C．产出增加大于 10%　　D．产出增加小于 10%

4.【单选题】短期生产决策合理区域的条件是（　　）。

A．MP = AP　　B．MP = 0

C．TP = 0　　D．AP = 0

5.【简答题】总产量与边际产量、平均产量与边际产量之间各存在什么关系？如何根据这种关系确定一种可变生产要素的合理投入区域？

6.【简答题】什么是边际技术替代率递减规律？

班级____________　姓名____________　学号____________

7.【应用题】表 4-3 是一种可变生产要素的产量表，请在表中填空，并回答该生产函数是否表现出边际报酬递减？如果是，是从第几单位的可变要素投入量开始递减的？

表 4-3　某商品的产量表

可变要素的数量	可变要素的总产量	可变要素的平均产量	可变要素的边际产量
1		2	
2			10
3	24		
4		12	
5	60		
6			6
7	70		
8			0
9	63		

8.【计算题】已知生产函数 $Q=f(L,K)=2KL-0.5L^2-0.5K^2$，假定厂商目前处于短期生产，且 $K=10$。

（1）写出在短期生产中该厂商关于劳动的总产量 TP_L 函数、劳动的平均产量 AP_L 函数和劳动的边际产量 MP_L 函数。

（2）分别计算当劳动的总产量 TP_L、劳动的平均产量 AP_L 和劳动的边际产量 MP_L 各自达到极大值时厂商的劳动投入量。

（3）什么时候 $AP_L=MP_L$？它的值又是多少？

任务二 掌握成本理论

任务导入

在我国，商场和超市在晚上仍开门营业，这给白天工作繁忙的市民带来了极大的方便。但是，我们很少看到银行把工作时间延长到晚上，这是为什么呢？

知识准备

一、成本及成本函数

（一）成本的概念与分类

成本也称“生产费用”，是指厂商在生产与经营中使用的各种生产要素的价格，或生产要素的所有者必须得到的报酬或补偿。在现实的经济活动中，由于分析目的的不同，可以将成本分为不同的类型。

1. 会计成本和机会成本

会计成本是指厂商在生产过程中按市场价格直接支付的一切费用，包括各种生产要素的价格和生产经营中所付费用，连同厂房设备的折旧费等，这些费用一般均可以通过会计账目反映出来。

机会成本是指人们将资源用于某种用途而放弃的在其他用途中所能得到的最高收益。机会成本不是做出某项选择时实际支付的费用或损失，而是一种观念上的成本或损失。通过机会成本分析，可以对定量资源的不同经营方向的投资效果进行择优，以实现资源利用的最大化。

2. 显性成本和隐性成本

显性成本是指厂商在生产要素市场上购买或租用所需要的生产要素的实际支出，即需要厂商支出货币的投入成本。例如，某厂商雇用了一定数量的工人，从银行取得了一定数量的贷款，并租用了一定数量的土地，为此，该厂商就需要向工人支付工资，向银行支付利息，向土地出租者支付地租，这些都是显性成本。

思考与讨论

会计成本是显性成本吗？

隐性成本是指厂商自己所拥有的用于该厂商生产过程的生产要素的总价格，即不需要厂商支出货币的投入成本。经济学家指出，既然借用他人的资本需付利息，租用他人的土地需付地租，聘用他人来管理厂商需付薪金，那么，同样的道理，当厂商使用了自有生产要素时，也应该得到报酬。所不同的是，现在厂商是自己向自己支付利息、地租和薪金，所以也应该计入成本之中。

> **小贴士**
>
> 显性成本和隐性成本的价格必须等于这些生产要素在其他用途中所能得到的最高收入。

显性成本和隐性成本的区别说明会计师与经济学家分析经营活动的角度不同。会计师的工作是记录流入和流出厂商的货币，因此他们只衡量显性成本。而经济学家关心和研究厂商如何做出生产和定价决策，因此当他们衡量成本时就包括了隐性成本。

案例巩固

铺面是出租还是自己经营？

假如你有一个铺面，你用它开了一家杂货店，会计账目显示一年赚了5万元人民币，你很高兴。可是用成本理论分析后，你恐怕就高兴不起来了，因为你没有把隐性成本算进去。假定铺面出租市场价是一年2万元，假定你原来有工作，年收入也是2万元，那么，这4万元就是你自己经营的隐性成本。从经济学分析来看，这应该是成本，是你提供了自有生产要素房子和劳动理应得到的正常报酬，而在会计账目上没有作为成本项目计入。这样算的结果是你一年没有赚5万元，而是赚了1万元。如果再加上自己经营需要1万元的资金进货，这1万元的银行存款利息也是隐性成本。这样一算，你自己经营就非常不划算了，应该出租。但是如果你下岗了，且找不到高于年薪3万元的工作，那么还是以自己经营为上策。

3．增量成本和沉没成本

增量成本是指厂商因做出某一特定决策而引起的全部成本的变化。例如，决策前的成本为C_1，决策后的成本为C_2，那么增量成本$\Delta C = C_2 - C_1$。

已经支付而且无法回收的成本为沉没成本。从决策角度看，沉没成本是过去发生的、不因决策的变动而有所改变的成本支出。沉没成本可以是不变成本，也可以是可变成本，通常情况下，不变成本比变动成本更容易沉没。需要注意的是，中途弃用的机器设备，如果能变卖出售收回部分价值，那么其账面价值不会全部沉没，只有变现价值低于账面价值的部分才是沉没成本。

案例巩固

沉没成本具有无关性。你是否曾经走进一家餐馆吃饭，发现里面几乎没人？你可能会问，为什么这种餐馆还要开门呢？因为看起来来自几个顾客的收入不可能弥补餐馆的经营成本。事实上，在决定是否继续营业时，餐馆老板必须区分不变成本与可变成本。餐馆的许多成本，如租金、厨房设备、桌子、盘子等，都是固定的，停止营业并不能减少这些成本，即在短期中，这些是沉没成本，老板决定是否营业时，可以放心地不考虑这些成本。只有从顾客那里得到的收入少到不能弥补餐馆的可变成本时，老板才会停止营业。这说明不变成本的大小对决策无关紧要。

沉没成本的无关性对个人决策也是重要的。例如，设想你对看一场新放映的电影的评价是 20 元，你用 13 元买了一张票，但在进电影院之前，你丢了票。你应该再买一张票，还是直接回家？回答是，你应该再买一张票。因为看电影的利益（20 元）仍然大于机会成本（第二张票的 13 元）。你为丢了的那张票所付的 13 元是沉没成本，覆水难收，因此不要为此而懊恼。

4．私人成本和社会成本

私人成本是厂商或个人从事某项经济活动的花费或代价。例如，某化工厂要生产 10 单位的化学药品，购买生产要素需要花费 1 000 元，这 1 000 元便是厂商的私人成本。私人成本是从厂商私人角度来看的成本。

社会成本是从社会整体角度考虑的成本，是整个社会为某个厂商或个人从事的某项经济活动所付出的成本。例如，某化工厂将污水排进河道，对于工厂来说，成本仅仅是把废水转移到河道的费用，但对于整个社会而言，会造成环境污染，社会必须为此支付一笔治理费，这便是社会成本。

知行合一

绿水青山就是金山银山

随着经济的发展，社会成本越来越受到广泛的重视。经过改革开放 40 多年的快速发展，我国经济建设取得历史性成就，同时也积累了大量生态环境问题，成为明显的短板。经济发展不应是对资源和生态环境的竭泽而渔，生态环境保护也不应是舍弃经济发展的缘木求鱼，而是要坚持在发展中保护、在保护中发展，实现经济社会发展与人口、资源、环境相协调。因此我们在今后的经济生产活动中，也要重视社会成本，深入贯彻绿色发展理念，通过节能改造、技术进步以及投资新项目进行绿色转型升级。

（二）成本函数

成本函数表示在一定时间内，在技术水平和要素价格不变的条件下，成本与产量之间的对应关系。用 C 表示成本，Q 表示产量，则成本函数的一般表达式为

$$C = f(Q) \tag{4-16}$$

与生产函数类似，成本函数可分为短期成本函数和长期成本函数，其不同的变动规律，

对于厂商决策有不同意义。

二、短期成本函数

在短期中，厂商只能调整可变生产要素（如劳动力、原料等），而不能调整不变生产要素（如厂房、设备等）。所以，短期成本是指短期生产中，厂商用于这些可变生产要素的支出。

（一）短期成本的分类

1. 短期总成本

短期总成本（STC）是指厂商在短期内为生产一定产量的产品而消耗的成本总额。公式为

$$STC(Q) = TFC + TVC(Q) \tag{4-17}$$

式（4-17）中，TFC 为总不变成本，是指在短期内，厂商为生产一定产量而使用的不变要素所带来的成本。例如，厂房和机器设备的折旧、管理人员的工资、利息、保险费等费用。

TVC 为总可变成本，是指在短期内，厂商为生产一定产量所投入的可变要素所带来的成本。例如，材料费、燃动力费和生产工人的工资等费用。总可变成本随产量的变化而变化，因此 TVC 是产量 Q 的函数。

思考与讨论

旅行社在旅游淡季推出 38 元天津到北京世界公园一日游的原因是什么？

2. 短期平均成本

短期平均成本（SAC）是指厂商在短期内生产一单位产品所耗费的全部成本。公式为

$$SAC(Q) = \frac{STC(Q)}{Q} = \frac{TFC + TVC(Q)}{Q} = AFC(Q) + AVC(Q) \tag{4-18}$$

式（4-18）中，AFC 为平均不变成本，是指厂商在短期内生产一单位产品所消耗的不变成本。公式为

$$AFC(Q) = \frac{TFC}{Q} \tag{4-19}$$

AVC 为平均可变成本，是指厂商在短期内生产一单位产品所消耗的可变成本。公式为

$$AVC(Q) = \frac{TVC(Q)}{Q} \tag{4-20}$$

3. 短期边际成本

短期边际成本（SMC）是指厂商在短期内每增加一单位产量所增加的总成本。公式为

$$SMC(Q)=\frac{\Delta STC(Q)}{\Delta Q}=\frac{\Delta TVC(Q)}{\Delta Q} \tag{4-21}$$

当产量的增加量趋于无穷小，即$\Delta Q\to 0$时，有

$$SMC(Q)=\lim_{\Delta Q\to 0}\frac{\Delta STC(Q)}{\Delta Q}=\frac{dSTC(Q)}{dQ} \tag{4-22}$$

即学即练

表 4-4 是某厂商的短期成本表，请把空缺部分补充完整。

表 4-4　某厂商的短期成本表

产量（Q）	总成本			平均成本			边际成本
	TFC	TVC	STC	AFC	AVC	SAC	SMC
0		0	1 200	—	—	—	—
1	1 200	600					
2	1 200		2 000				

【答】某厂商完整的短期成本表如表 4-5 所示。

表 4-5　某厂商的短期成本表

产量（Q）	总成本			平均成本			边际成本
	TFC	TVC	STC	AFC	AVC	SAC	SMC
0	1 200	0	1 200	—	—	—	—
1	1 200	600	1 800	1 200	600	1 800	600
2	1 200	800	2 000	600	400	1 000	200

（二）短期成本曲线及相互关系

1. 总成本曲线之间的关系

如图 4-5 所示，TFC 曲线是一条水平线，无论产量如何变化，它都固定不变。由于总可变成本随着产量的增加而增加，因此，TVC 曲线表现为一条向右上方倾斜的曲线，且随着产量的增加，先以递减的速度增加，而后以递增的速度增加。

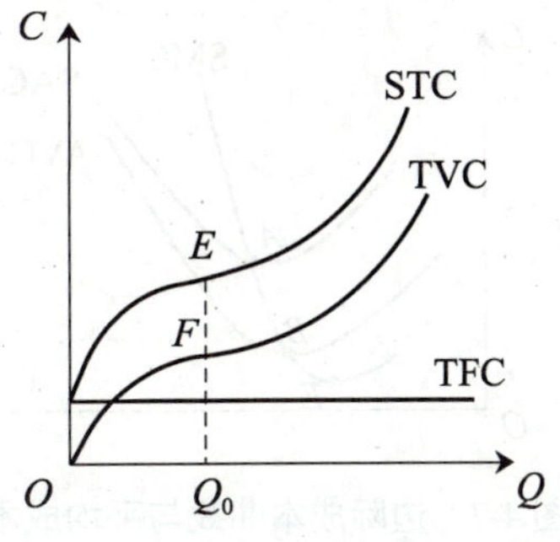

图 4-5　总成本曲线

将 TVC 曲线向上垂直移动 TFC 个单位可得到 STC 曲线，所以，STC 曲线是一条由水平的 TFC 曲线与纵轴的交点出发的向右上方倾斜的曲线。在每一个产量上，STC 曲线和 TVC 曲线的斜率都是相同的，并且，STC

曲线和 TVC 曲线之间的垂直距离都等于不变成本 TFC。

2．平均成本曲线与总成本曲线之间的关系

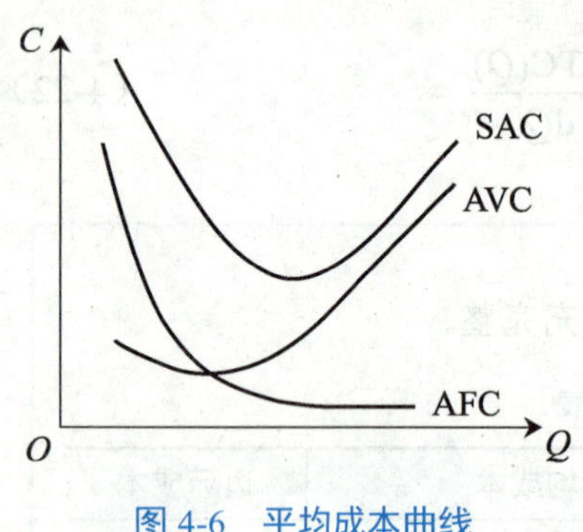

图 4-6 平均成本曲线

如图 4-6 所示，由于不变成本是一个常数，当产量很小时，平均每单位产量耗费的不变成本极大；随着产量的增加，平均每单位产量耗费的不变成本越来越少。所以，AFC 曲线是一条向两轴渐近的曲线。

由于 AVC 等于 TVC 与产量 Q 的比值，所以任意产量下，AVC 的数值在 TVC 曲线上的几何意义就是从该产量对应的 TVC 曲线上的点向原点引出的射线的斜率。由于 TVC 曲线先以递减的速度增加，再以递增的速度增加，所以随着产量的增加，从 TVC 曲线上向原点引出的射线的斜率先递减后递增，故 AVC 曲线是一条“U”形曲线。当射线与 TVC 曲线相切时，射线斜率最小，AVC 曲线达到最低点。同理，SAC 等于 STC 与产量 Q 的比值，因此 SAC 曲线也是一条“U”形曲线。

3．平均成本曲线之间的关系

如图 4-6 所示，SAC 曲线与 AVC 曲线都是“U”形曲线，在每一个产量水平下，SAC 总是大于 AVC，它们之间的差额为 AFC。由于随着产量的增加，AFC 越来越小，因此，二者越来越接近。

4．边际成本曲线与总成本曲线之间的关系

每一个产量水平上的 SMC 数值，就是相应的 STC 曲线上对应点的切线的斜率，由于 STC 曲线先以递减的速度上升，然后以递增的速度上升，故随着产量的增加，STC 曲线上每一点的切线的斜率先减小，在拐点 E 处达到最小，然后切线斜率开始增大。相应地，SMC 曲线也是一条“U”形曲线，如图 4-7 所示。

小贴士

AVC 曲线、SAC 曲线和 SMC 曲线都呈“U”形是由边际报酬递减规律决定的。

5．平均成本曲线和边际成本曲线之间的关系

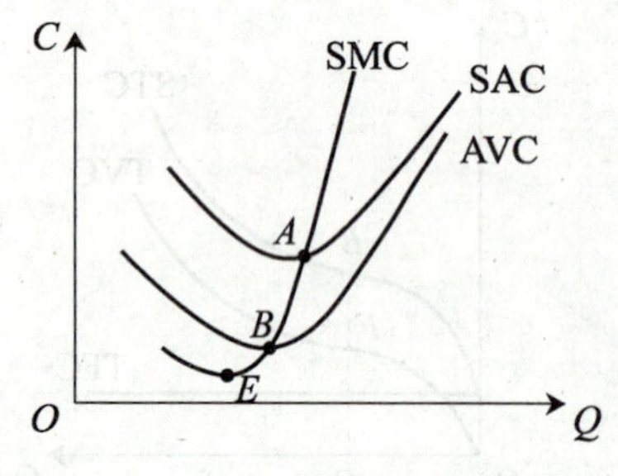

图 4-7 边际成本曲线与平均成本曲线

如图 4-7 所示，在 SAC 曲线的下降段，SMC 曲线低于 SAC 曲线；在 SAC 曲线的上升段，SMC 曲线高于 SAC 曲线；SMC 曲线与 SAC 曲线相交于 SAC 曲线的最低点 A。类似地，在 AVC 曲线的下降段，SMC 曲线低于 AVC 曲线；在 AVC 曲线的上升段，SMC 曲线高于 AVC 曲线；SMC 曲线与 AVC 曲线相交于 AVC 曲线的最低点 B。不管是下降还是上升，SMC 曲线的变动都快于 SAC 曲线和 AVC 曲线。

思考与讨论

为什么 SMC 曲线与 AVC 曲线会存在这样的关系？

三、长期成本函数

在长期中，厂商没有可变要素与不变要素之分，投入的一切生产要素都是可变的。

（一）长期总成本

长期总成本（LTC）是指厂商长期内在每一个产量水平上通过选择最优的生产规模所能达到的最低总成本。公式为

$$LTC = LTC(Q) \tag{4-23}$$

从长期看，厂商总是可以在每一个产量水平上选择最优的生产规模进行生产。把无数条短期总成本曲线所表示的最优要素组合即最佳总成本点，用一条曲线连接起来，这条曲线就是长期总成本曲线。所以，长期总成本曲线也叫作短期总成本曲线的包络曲线，如图 4-8 所示。

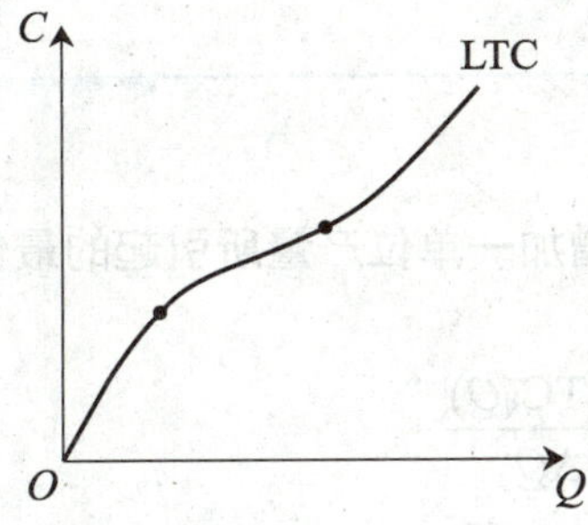

图 4-8　长期总成本曲线

小贴士

LTC 曲线的形状是由规模报酬递减规律决定的。

长期总成本曲线先以递增的增长率上升，然后以递减的增长率上升，到达某点后，又开始以递增的增长率上升。它与短期总成本曲线的区别主要表现为：长期总成本曲线从原点开始，逐渐向右上方向延伸，表明产量为零时成本也为零，而短期总成本的产量为零时仍有一定的不变成本。

（二）长期平均成本

长期平均成本（LAC）是指厂商在长期内平均生产一单位产品所消耗的成本。公式为

$$LAC(Q) = \frac{LTC(Q)}{Q} \tag{4-24}$$

从长期角度看，每一个不同生产规模所具有的平均成本最低点，就构成了长期中厂商规模变动时选择的平均成本点，因此**长期平均成本曲线是无数条短期平均成本曲线的包络线**，表现为一条比短期平均成本曲线更为平滑的“U”形曲线，如图 4-9 所示。

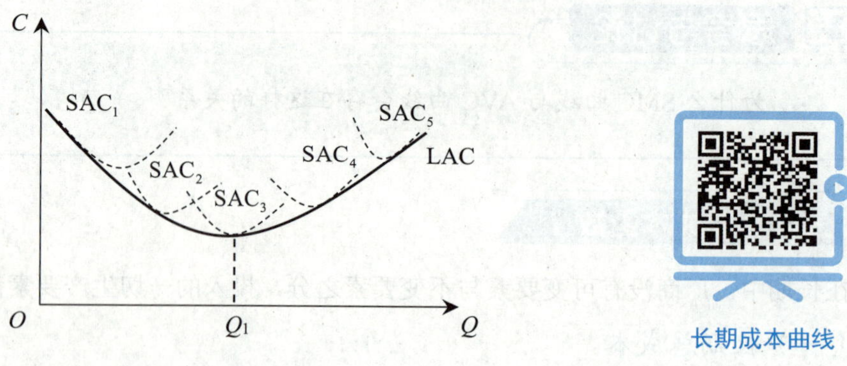

长期成本曲线

图4-9　长期平均成本曲线

需要注意的是，LAC 曲线并不是与所有的 SAC 曲线都相切于最低点：在 LAC 曲线的下降部分，切点在 SAC 曲线最低点的左边；在 LAC 曲线的上升部分，切点在 SAC 曲线最低点的右边；只有在 LAC 曲线的最低点上，切点才在相应的 SAC 曲线的最低点。

案例巩固

在项目导读的案例中王永庆的成功说明，在确定厂商规模时一定要达到使平均成本最低的产量，实现规模经济。

（三）长期边际成本

长期边际成本（LMC）是指厂商在长期内增加一单位产量所引起的最低总成本的增量。 公式为

$$\mathrm{LMC}(Q)=\frac{\Delta \mathrm{LTC}(Q)}{\Delta Q} \tag{4-25}$$

当产量的增加量趋于无穷小，即 $\Delta Q \to 0$ 时，有

$$\mathrm{LMC}(Q)=\lim_{\Delta Q \to 0}\frac{\Delta \mathrm{LTC}(Q)}{\Delta Q}=\frac{\mathrm{dLTC}(Q)}{\mathrm{d}Q} \tag{4-26}$$

LMC 曲线不是 SMC 曲线的包络线，而是由 SAC 曲线与 LAC 曲线的切点确定的每一个产量所对应的 SMC 连接而成的一条平滑的“U”形曲线，如图 4-10 所示。在长期内的每一个产量水平上，LMC 值都与代表最优生产规模的 SMC 值相等。

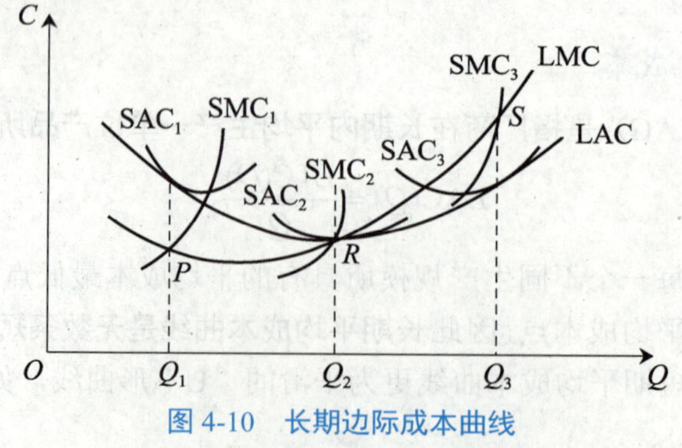

图4-10　长期边际成本曲线

与 SMC 曲线和 SAC 曲线的关系一样，LMC 曲线和 LAC 曲线的关系为：当 LMC 小于 LAC 时，LAC 曲线下降；当 LMC 大于 LAC 时，LAC 曲线上升；当 LMC 和 LAC 的值相等时，LMC 曲线在 LAC 曲线的最低点与其相交。

四、利润最大化原则

在生产中，厂商根据成本和收益来决定其生产规模，即从成本和收益两方面的变化确定最佳的生产规模和产量，以获得最大限度的利润。

（一）收益

厂商的收益就是指厂商销售其产品所获得的收入。厂商收益包括总收益、平均收益和边际收益。

总收益（TR）是指厂商按一定价格出售一定量产品时所获得的全部收入。如果以 TR 表示总收益，P 表示既定产品的市场价格，Q 表示销售产品的总量，则有

$$\mathrm{TR}(Q)=P\cdot Q \tag{4-27}$$

平均收益（AR）是指厂商销售每单位产品所得到的平均收入，即平均每单位产品的卖价。公式为

$$\mathrm{AR}(Q)=\frac{\mathrm{TR}(Q)}{Q} \tag{4-28}$$

边际收益（MR）是指厂商多出售一单位产品而获得的总收益的增加量，也可以看成是最后一单位产品的卖价。公式为

$$\mathrm{MR}(Q)=\frac{\Delta\mathrm{TR}(Q)}{\Delta Q} \tag{4-29}$$

当销量的增加量趋于无穷小，即 $\Delta Q\to 0$ 时，有

$$\mathrm{MR}(Q)=\lim_{\Delta Q\to 0}\frac{\Delta\mathrm{TR}(Q)}{\Delta Q}=\frac{\mathrm{dTR}}{\mathrm{d}Q} \tag{4-30}$$

（二）利润

厂商的利润是指总收益与总成本之间的差额。这里的利润指的是经济利润，即总收益减去显性成本和隐性成本。如果用 π 表示利润，则有

$$\pi(Q)=\mathrm{TR}(Q)-\mathrm{TC}(Q) \tag{4-31}$$

利润最大化原则可以概括为：要使利润最大化，必须使边际利润等于 0。公式为

$$\frac{\mathrm{d}\pi(Q)}{\mathrm{d}Q}=\frac{\mathrm{dTR}(Q)}{\mathrm{d}Q}-\frac{\mathrm{dTC}(Q)}{\mathrm{d}Q}=\mathrm{MR}(Q)-\mathrm{MC}(Q)=0$$

即

$$\mathrm{MR}(Q)=\mathrm{MC}(Q) \tag{4-32}$$

为什么边际收益等于边际成本时能实现利润最大化呢？

如果 $\mathrm{MR}>\mathrm{MC}$，表明厂商每多生产一单位产品所增加的收益大于所增加的成本。这时，对该厂商来说，扩大产量可以使利润增加，也就是说利润最大化还没有实现。

如果MR < MC，表明厂商每多生产一单位产品所增加的收益小于所增加的成本。这时，对该厂商来说，扩大产量就会造成亏损。因此，厂商一定要减少产量。

综上所述，只有在MR = MC时，厂商才实现了利润最大化。

案例巩固

为什么银行晚上不营业呢？可以用利润最大化原则来解释这个问题。从理论上讲，营业时间延长1小时，就要支付1小时所耗费的成本。这种成本既包括直接的物耗，如水费、电费等，也包括员工的加班费，这种增加的成本就是边际成本。假如营业时间延长1小时增加的成本是1万元，那么延长的1小时里他们由于办理业务而增加收益大于1万元，作为一个精明的老板就会将营业时间在此基础上再延长，因为这时他还有一部分他认为该赚的钱没有赚到手。相反，如果延长的1小时里增加的成本是1万元，而增加的收益不足1万元，那么在不考虑其他因素的情况下，就应该取消延长经营时间的决定，因为延长营业1个小时的成本大于收益。

在当今社会，网上银行和手机银行方便快捷，对于银行来说，晚上营业的边际收益小于边际成本，故银行不选择晚上继续营业。

班级＿＿＿＿＿＿　姓名＿＿＿＿＿＿　学号＿＿＿＿＿＿

任务考核

1.【单选题】随着产量的增加，短期平均可变成本（　　）。

A．先减少后增加　　B．按一定的固定比率在增加

C．先增加后减少　　D．按一定的固定比率在减少

2.【单选题】已知产量为 8 单位时，总成本为 80 元，当产量增加到 9 单位时，平均成本为 11 元，此时的边际成本为（　　）元。

A．1　　B．19　　C．88　　D．20

3.【单选题】已知产量为 500 单位时，平均成本为 2 元，当产量增加到 550 单位时，平均成本为 3 元（平均成本最低点所对应的产量为 400 单位），在这个产量变化范围内，边际成本（　　）。

A．随着产量的增加而上升，并在数值上大于平均成本

B．随着产量的增加而上升，并在数值上小于平均成本

C．随着产量的增加而下降，并在数值上小于平均成本

D．随着产量的增加而下降，并在数值上大于平均成本

4.【单选题】利润最大化的原则是（　　）。

A．边际成本小于边际收益　　B．边际成本等于边际收益

C．边际成本大于边际收益　　D．边际成本等于平均成本

5.【简答题】短期平均成本曲线与边际成本曲线有何关系？请画图说明。

6.【应用题】假定劳动的价格 $W = 200$，请完成表 4-6 所示的短期生产成本表。

表 4-6　短期生产成本表

L	Q	TVC	SAC	SMC
1	10	200	70	20
2	30			
3	70			
4	100			
5	120			
6	130			

班级____________ 姓名____________ 学号____________

项目实训——走进企业内部

一、实训目标

通过企业调研，增加学生对生产过程的了解，提升其分析生产中各种成本的能力。

二、实训内容和要求

1. 准备工作

学生自由分组，以组为单位进行调研和讨论，确定调研的企业及产品。

2. 小组调研及讨论

（1）学生到当地生产型企业进行调研，收集该企业生产产品的名称、种类，以及一定时期（一季度、半年、一年）各种产品的成本（如进货成本、实际成本）、销量，并进行汇总。

（2）小组画出成本变化与利润变化的趋势图，分析变化的原因并总结。

3. 班级交流

全班组织开展一次交流研讨，每组派一名代表发言，其他小组成员可以进行评价、提问，或针对发言内容发表自己的观点并阐述理由。发言人及本组成员可针对提问进行答辩。

4. 考核

每个小组提交一份总结，学生和教师根据学生平时课堂表现、提交的总结、班级交流发言情况在表 4-7 中进行评估打分，综合评定本项目的成绩。

表 4-7　项目考核表

项目名称	评价内容	分值	评价分数	
			自评	师评
个人素养考核项目（20%）	日常考勤	5 分		
	仪容仪表	5 分		
	课堂纪律和学习态度	10 分		
专业能力考核项目（80%）	积极参与教学活动并正确理解任务要求	10 分		
	知识准备中每个知识点的学习效果	20 分		
	任务考核题目的正确率	25 分		
	项目实训准备充分，总结内容完整、准确	25 分		
综合分数（自评×30%+师评×70%）				
教师评语	教师（签名）：			

思维导图

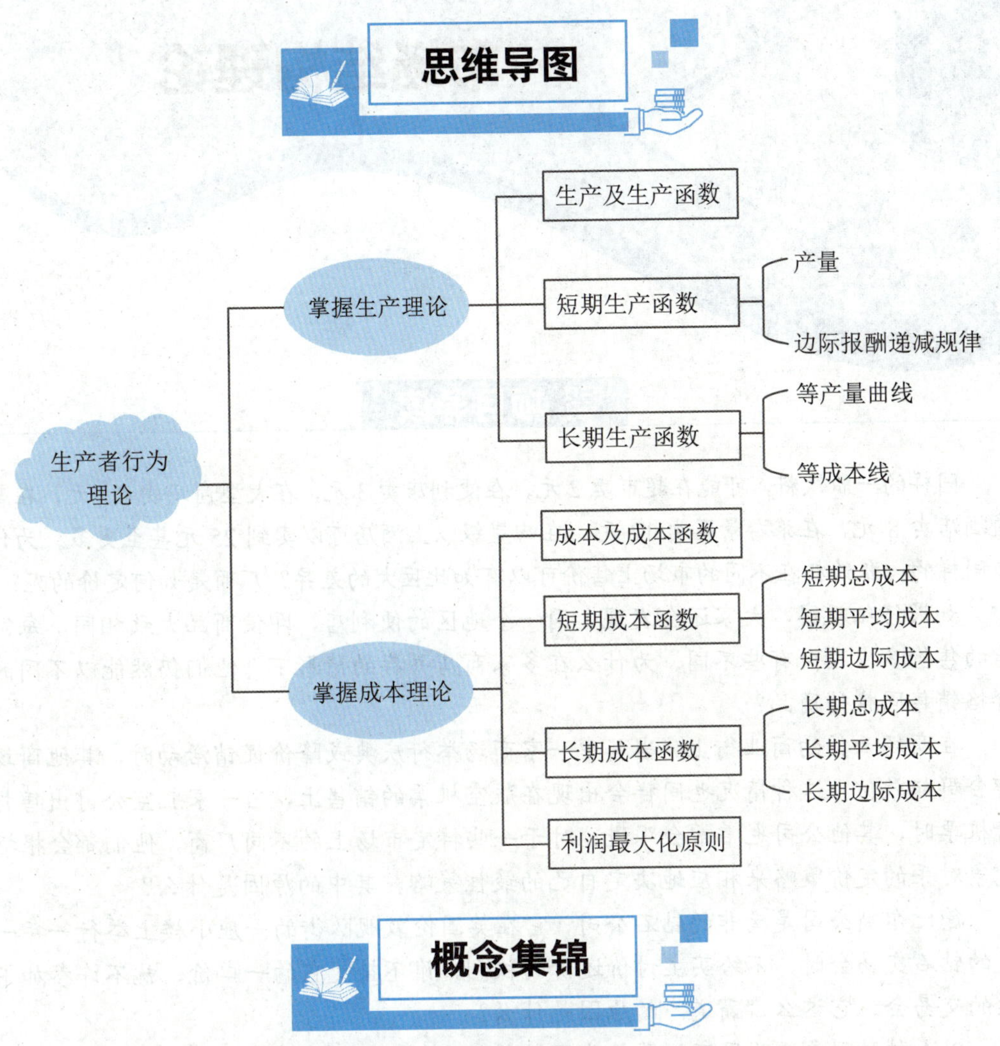

概念集锦

（1）边际产量：增加一单位可变要素投入所增加的产量。

（2）边际报酬递减规律：在技术水平等其他因素固定的条件下，在连续等量地把某一种可变生产要素增加到其他一种或几种不变生产要素上的过程中，当这种可变生产要素的投入量小于某一特定值时，增加该要素投入所带来的边际产量是递增的；当这种可变要素的投入量连续增加并超过这个特定值时，增加该要素投入所带来的边际产量是递减的。

（3）边际技术替代率：在维持产量水平固定的条件下，增加一单位某种生产要素投入量时所减少的另一种生产要素的投入数量。

（4）隐性成本：厂商自己所拥有的用于该厂商生产过程的生产要素的总价格，即不需要厂商支出货币的投入成本。

（5）沉没成本：已经支付而且无法回收的成本。

（6）利润最大化原则：要使利润最大化，必须使边际利润等于0，即边际收益等于边际成本。

项目五

市场结构理论

项目导读

同样的一瓶饮料，可能在超市卖2元，在便利店卖3元，在大型商场卖4.5元，在普通酒店卖8元，在旅游景区卖12元，在四星级以上酒店可以卖到25元甚至更多。为什么同样的一瓶饮料在不同的市场上售价可以有如此巨大的差异？厂商是如何定价的呢？

如果仔细观察，大家还会发现，同一个地区的便利店，即使商品大致相同，每家店的售价多少也会有些不同。为什么在多家商店并存的情形下，他们仍然能以不同的价格销售同样的商品？

在商场云集的商业街上，当其中一家商场举行庆典或降价促销活动时，其他商场都会群起效仿。这种情况也同样会出现在航空机票的销售上，当一家航空公司出售打折机票时，其他公司也常常会跟进，对于一些特定市场上的不同厂商，他们都会根据竞争对手的定价策略来相应地决定自己的最佳策略，其中的原因是什么？

德比尔斯公司是南非的钻石公司，它在英国伦敦舰队街的一座小楼上举行一年一度的钻石交易会时，不给买主讨价还价的权利，谁不接受它的一口价，就不许参加下次的交易会。它这么“霸道”的原因是什么？

以上种种现象，明显不能简单地用供求理论来解释。其实，这涉及不同的市场类型和厂商的行为策略。可见，市场的情况不同，厂商的竞争激烈程度不同，定价策略也就会不同。

本项目主要介绍不同市场结构类型的相关概念以及厂商均衡条件，内容包括完全竞争市场、垄断市场、寡头市场、垄断竞争市场等。通过这些理论来解释不同市场中厂商的行为，帮助厂商做出最优选择。

学习目标

知识目标

（1）理解市场的概念及不同类型市场的特点。

（2）理解厂商在什么条件下盈利、保本、亏损和停止营业。

（3）掌握完全竞争厂商、垄断厂商和垄断竞争厂商的均衡条件。

能力目标

（1）能够对不同市场结构的优缺点进行比较。

（2）能够对现实生活中的不同行业所处的市场做出正确判断，并给出合适的竞争策略。

（3）能够解决不同类型市场中的厂商均衡问题。

（4）能够在工作与生活中合理应用博弈论。

德育目标

（1）通过了解生活中不同厂商定价的原因，提高学习经济学的兴趣，培养经济思维。

（2）通过学习不同市场的相关知识，理解政府的各种产业政策，树立制度自信。

任务一 走进市场

任务导入

打开电视，我们经常看到化妆品、家用电器、洗涤用品等轻工业产品的广告，却从来没有看到过石油、煤炭、钢铁等重工业产品的广告，也没有看到过大米、面粉等农产品的广告（公益广告除外）。这是为什么？轻工业产品、重工业产品和农产品三类产品所处的市场有什么不同？

知识准备

一、市场的概念

市场是指进行物品买卖的交易场所或接洽点。市场可以是有形的场所，也可以是利用网络和通信工具建立的虚拟接洽点。从本质上讲，**市场是商品买卖双方相互作用，进而得以决定其交易价格和数量的一种组织形式或制度安排**。按照交易商品的不同，市场可以分为生产要素市场和产品市场两类。本项目研究产品市场，项目六研究生产要素市场。

二、市场的划分

根据市场结构特征的不同，市场可以划分为完全竞争市场、垄断市场、寡头市场和垄断竞争市场四种类型。划分依据主要有以下四点：

（1）市场上厂商的数目。一个行业所处的市场的厂商数目越多，其竞争程度就越激烈。

（2）厂商所生产产品的差别程度。这种差别既包括产品的质量、规格和商标的不同，也包括购物环境、售后服务等方面的不同。产品差别会引起垄断，产品差别越大，垄断程度越高。

市场壁垒

（3）单个厂商对市场价格的控制程度。单个厂商的定价能力越强，市场的竞争程度越弱。

（4）厂商进入或退出市场的难易程度，也称“市场壁垒”。一般来说，进入市场越难，即市场壁垒越高，市场的竞争程度越弱。

思考与讨论

（1）市场进入和退出壁垒包括哪些？

（2）汽车市场的市场壁垒高吗？猪肉市场呢？请说明理由。

四种市场类型的相应特征可以用表 5-1 来概括。

表 5-1　市场类型的特征

市场类型	厂商数目	产品差别程度	对价格的控制程度	进入难易程度	举例
完全竞争市场	很多	完全无差别	没有	很容易	一些农产品
垄断市场	一个	唯一的产品，且无替代品	很大程度，但经常受到管制	很困难，几乎不可能	水、电
寡头市场	几个	有差别或无差别	相当程度	比较困难	钢铁、汽车、石油
垄断竞争市场	较多	有差别	有一些	比较容易	一些轻工业产品、食品

为什么要区分不同的市场结构呢？通过之前的学习我们知道，厂商的利润取决于收益和成本，其中收益取决于市场对其产品的需求状况。在不同类型的市场条件下，厂商所面临的对其产品的需求状况是不同的，因此需要对市场结构进行区分。

班级__________ 姓名__________ 学号__________

任务考核

1.【单选题】垄断竞争市场的主要特征是（　　）。

A．很少几个占统治地位的厂商，进入障碍较少

B．数量众多的厂商，有严格的进入限制

C．数量众多的厂商，进入障碍较少

D．很少几个占统治地位的厂商，有严格的进入限制

2.【单选题】寡头厂商的产品（　　）。

A．是同质的

B．是有差异的

C．既可以是同质的，也可以是有差异的

D．以上都不对

3.【单选题】下列选项中，（　　）市场最接近完全竞争市场。

A．钢铁行业　　B．玉米种植行业

C．糖果行业　　D．服装行业

4.【单选题】区分垄断竞争市场和完全竞争市场的主要依据是（　　）。

A．市场壁垒的大小　　B．厂商数目的多少

C．市场的大小　　D．产品的差别程度

5.【多选题】市场划分的主要依据有（　　）。

A．厂商的数目　　B．产品的差别程度

C．厂商对市场价格的控制程度　　D．进入或退出市场的难易程度

6.【多选题】下列选项中，（　　）为厂商退出壁垒。

A．资产专用性　　B．违约成本

C．信誉损失　　D．产品差别

7.【简答题】什么是市场？市场结构的划分依据有哪些？

班级______________ 姓名______________ 学号______________

8.【简答题】简述完全竞争市场、垄断市场、垄断竞争市场和寡头市场各自的特点。

任务二　认识完全竞争市场

任务导入

在农村的一些农贸市场上，我们常会看到连着多家商铺销售的商品具有如下特点：具有高度同质性，零售价格水平相近，一旦提价，商家的销售量基本上为零，降价则会带来利润损失。这些商品的价格是如何决定的？商铺如何获得利润？他们所处的市场接近哪种类型的市场？

知识准备

一、完全竞争市场的条件

完全竞争市场是一种竞争不受任何阻碍和干扰的市场结构。一个市场实现完全竞争需要满足以下四个条件：

（1）**市场上有大量的卖者和买者。**对于整个市场的总需求量和总供给量而言，每一个买者的需求量和每一个卖者的供给量都是微不足道的，因此他们对市场价格都没有任何控制力量，都只能被动地接受既定的市场价格，即都是价格接受者。

（2）**市场上每一个厂商提供的商品都是完全同质的。**对于消费者来说，购买哪个厂商的商品都是一样的。因此，如果有一个厂商单独提价，他的产品就会完全卖不出去。当然，单个厂商也没有必要单独降价，在一般情况下，他们总是可以按照既定的市场价格实现属于自己的那一份相对来说很小的销售份额。

（3）**资源具有完全的流动性。**所有的资源可以在各厂商之间和各市场之间完全自由地流动，因此，任何一个厂商都可以及时地加入能获得最大利润的生产，也能及时地从亏损的生产中退出。在这样的过程中，缺乏效率的厂商将被市场淘汰，取而代之的是效率较高的厂商。

（4）**信息是完全的。**市场上的每一个买者和卖者都掌握着与自己的经济决策有关的一切信息。因此，他们都可以根据自己所掌握的信息，做出最优的经济决策。这也就排除了由于信息不通畅而导致的买者按照较高价格或卖者按照较低价格进行交易的情况。

> **小贴士**
>
> 完全竞争市场是一个非个性化市场，所有的消费者都是相同的，所有的生产者也都是相同的，相互之间都意识不到竞争。

拓展阅读

在现实生活中，真正的完全竞争市场是不存在的，通常只是将一些农产品市场看成比较接近完全竞争市场。那为什么我们还要学习完全竞争市场呢？这是因为，从对完全竞争市场的研究中，我们可以得到关于市场机制和资源配置的一些基本原理，为其他类型市场的分析提供参照。

二、完全竞争厂商的需求与收益曲线

（一）完全竞争厂商的需求曲线

对整个市场来说，商品的需求曲线是一条向右下方倾斜的曲线，供给曲线是一条向右上方倾斜的曲线，如图 5-1（a）所示。商品的市场价格就由这种需求与供给决定。而市场对单个厂商的商品的需求状况，可以用厂商的需求曲线来表示。对单个厂商来说，需求曲线是一条由既定市场价格出发的平行线，如图 5-1（b）所示。这是因为，当商品价格确定后，对单个厂商来说，这一价格就是既定的，无论如何增加产量都不能影响市场价格。

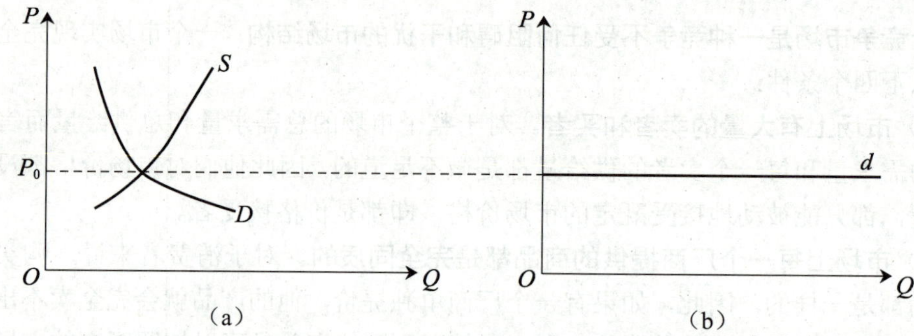

图 5-1　完全竞争厂商的需求曲线

思考与讨论

在完全竞争市场中，消费者对单个厂商的需求价格弹性是多少？

在完全竞争市场中，单个消费者和厂商无力影响市场价格，但这些并不意味着完全竞争市场的商品价格是固定不变的。在一些因素的影响下，如消费者收入水平的普遍提高、先进技术的推广、政府有关政策的作用等，都可能使众多消费者的需求量和众多厂商的供给量发生变化，此时商品供求曲线的位置就有可能发生移动，从而形成新的市场价格，进而得到由新的市场价格水平出发的厂商需求曲线，如图 5-2 所示。

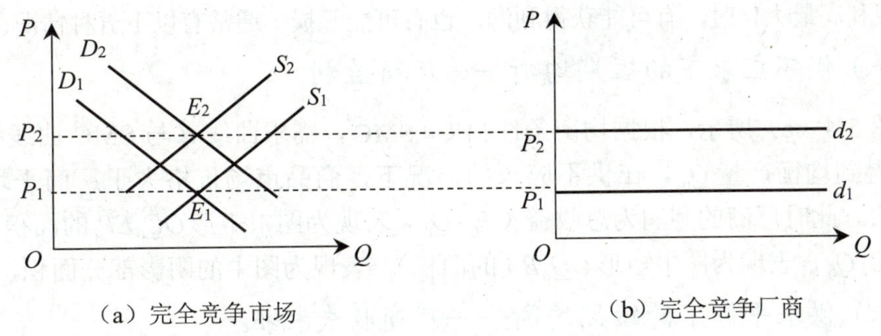

（a）完全竞争市场　　（b）完全竞争厂商

图 5-2　完全竞争厂商需求曲线的移动

（二）完全竞争厂商的收益曲线

已知完全竞争厂商在每一个销售量上的销售价格 P_0 是固定不变的，假定厂商的销售量等于需求量，则总收益是随着需求量 Q 的增加而成比例增加的。因此，完全竞争厂商的总收益 TR 曲线是一条由原点出发的斜率不变的向右上方倾斜的直线，如图 5-3（a）所示。

> **小贴士**
>
> $TR = P \cdot Q$
>
> $AR = TR / Q = P$
>
> $MR = dTR / dTQ = P$

厂商按既定的市场价格出售商品，所以 $P = AR$ 。而由于单个厂商销售量的变动并不能影响市场价格，也就是说，厂商每增加一单位产品的销售，市场价格仍然不变，因此 $P = MR$ 。

综上所述，**完全竞争厂商的平均收益 AR 曲线、边际收益 MR 曲线和需求曲线 d 三条线重合，它们都用同一条由既定价格水平出发的水平线来表示**，如图 5-3（b）所示。

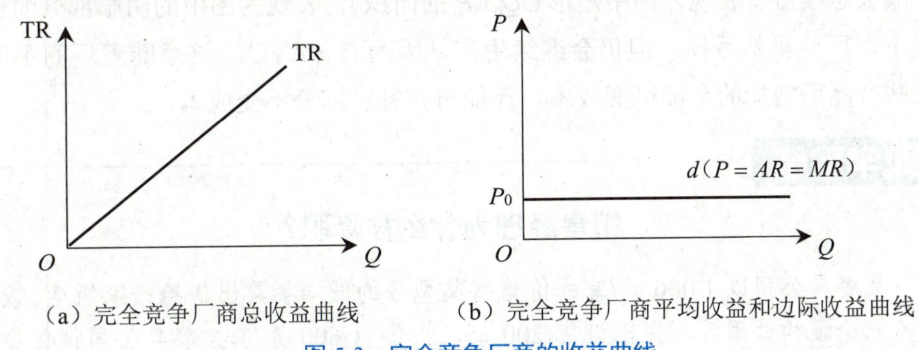

（a）完全竞争厂商总收益曲线　　（b）完全竞争厂商平均收益和边际收益曲线

图 5-3　完全竞争厂商的收益曲线

必须注意的是，对单个厂商来说，在各种类型的市场上，AR 与 P 都是相等的，但只有在完全竞争市场上，MR，AR 与 P 三者才相等。因为只有在这种情况下，单个厂商销售量的增加才不影响商品价格。

三、完全竞争厂商的短期均衡

在完全竞争厂商的短期生产中，销售价格 P_0 是给定的，生产规模也是固定的。因此，厂商只能在这些特定条件下通过调整产量来实现 MR = SMC 的利润最大化条件。完全竞争厂商实现利润最大化时，有可能获得利润，也有可能亏损，通常有以下五种情况。

（一）供不应求下的短期均衡——厂商盈利

如图5-4（a）所示，根据均衡条件MR = SMC，需求曲线d与SMC曲线相交于均衡点E，得到均衡产量Q_0。在供不应求的情况下，商品市场价格大于厂商平均成本，即$P_0 > \text{SAC}$，此时厂商的利润为总收益（$P_0 \cdot Q_0$，表现为图中矩形OQ_0EP_0的面积）减去总成本（$\text{SAC} \cdot Q_0$，表现为图中矩形OQ_0BA的面积），表现为图中的阴影部分面积，厂商盈利。

（二）供求平衡下的短期均衡——厂商收支相抵

如图5-4（b）所示，根据均衡条件，在均衡点E得到均衡产量Q_0。在供求平衡的情况下，商品市场价格等于厂商的平均成本，即$P_0 = \text{SAC}$，此时厂商的总收益等于总成本，均表现为图中矩形OQ_0EP_0的面积，厂商收支相抵。

思考与讨论

厂商收支相抵时，还能获得利润吗？

（三）供过于求下的短期均衡——厂商亏损

1. 厂商弥补不变成本

如图5-4（c）所示，根据均衡条件，在均衡点E得到均衡产量Q_0。当$\text{AVC} < P_0 < \text{SAC}$时，厂商亏损，但可弥补部分不变成本。厂商的亏损为总成本（表现为图中矩形OQ_0BA的面积）减去总收益（表现为图中矩形OQ_0EP_0的面积），表现为图中的阴影部分面积。在这种情况下，厂商虽然亏损，但仍会继续生产，因为$P_0 > \text{AVC}$，这意味着厂商不但能弥补生产这些产品所增加的全部可变成本，还能再弥补一部分不变成本。

即学即练

销售经理为什么被降职？

某餐具公司以1 000元/套的价格将某型号的低端餐具出售给一家饭店。饭店经过多方论证和试用后，提出订货200套，出价为600元/套。餐具公司销售经理通过了解，得知此型号餐具的平均成本为700元/套，认为售价低于平均成本，对公司不利，因此在与饭店的谈判中态度强硬，要求售价不得低于800元/套，而饭店坚持自己的出价，最终双方没有签署销售协议。一段时间过后，公司上层在进行财务核查时，得知此型号餐具的平均成本中，平均不变成本为300元，平均可变成本为400元，认为销售经理有明显的决策失误，将其降职。

销售经理为什么会被降职？

【答】低端餐具行业所处市场接近完全竞争市场。餐具公司如果接受了600元/套的售价，损失为$(700-600)\times 200=20\,000$元。但由于$P>\text{AVC}$，则该餐具公司不仅可以收回全部的可变成本，还可以收回一部分不变成本。收回的不变成本为$(600-400)\times 200=40\,000$元，因此销售经理的决策使本可以收回的40 000元不变成本化为泡影。

2. 厂商处于停止营业点

如图5-4（d）所示，根据均衡条件，在均衡点E得到均衡产量Q_0。当$\text{AVC}=P_0$时，厂商亏损，该均衡点被称为停止营业点。此时，厂商的亏损表现为图中的阴影部分面积。在这种情况下，厂商的总收益只能刚好弥补其所有的可变成本，所以，厂商处于生产与不生产的临界点。

停止营业点

3. 厂商停止营业

如图5-4（e）所示，根据均衡条件，在均衡点E得到均衡产量Q_0。当$\text{AVC}>P_0$时，厂商停止生产。此时，厂商的亏损表现为图中的阴影部分面积。在这种情况下，厂商会停止生产，因为若继续生产，其全部收益连可变成本都无法全部弥补，就更谈不上弥补不变成本了。

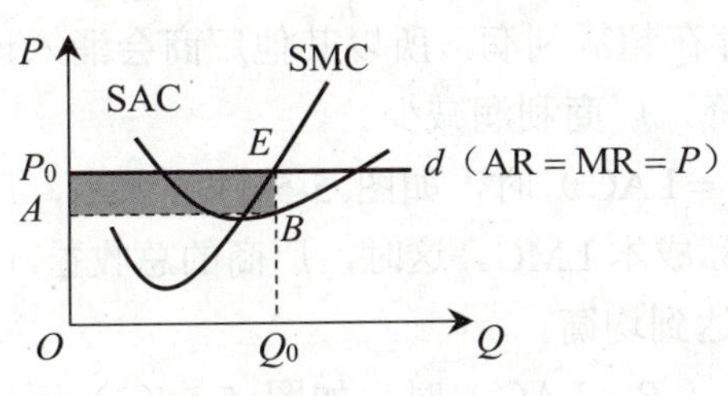

（a）盈利

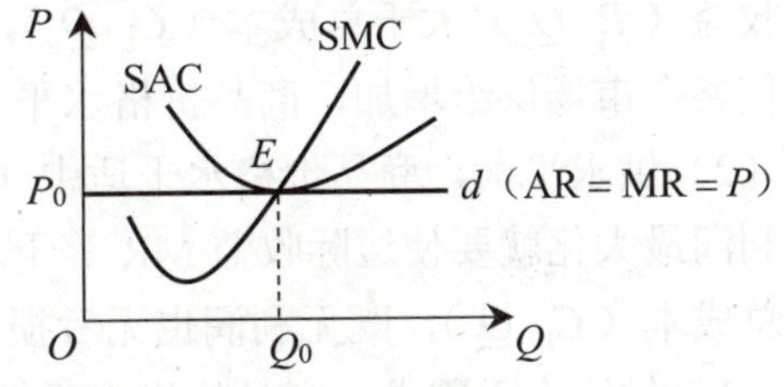

（b）收支相抵

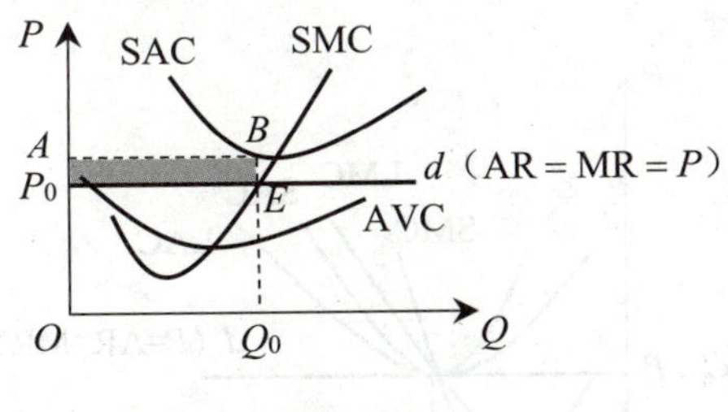

（c）弥补不变成本

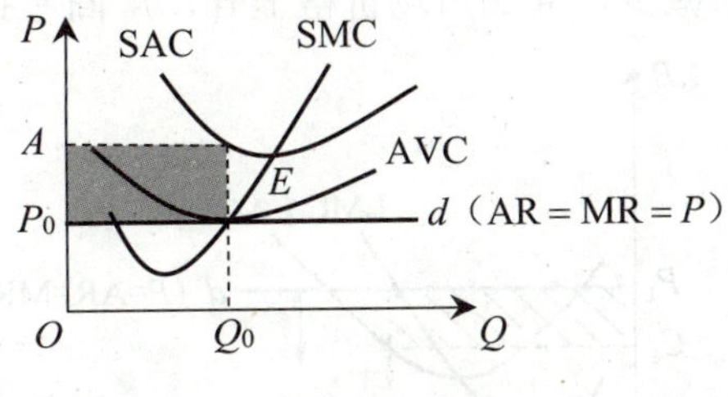

（d）停止营业点

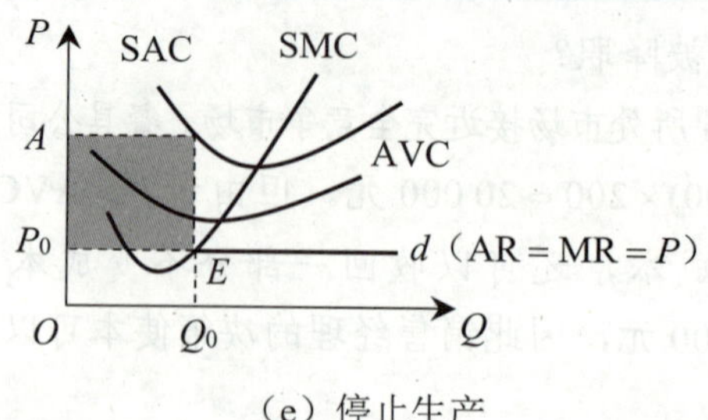

（e）停止生产

图 5-4　完全竞争厂商的短期均衡

综上所述，完全竞争厂商短期均衡的条件是

$$MR = SMC \tag{5-1}$$

式（5-1）中，MR = AR = P，由于 SAC 曲线高低的不同，厂商可能盈利、亏损或利润为零。

四、完全竞争厂商的长期均衡

在长期中，完全竞争市场的生产规模是不确定的。旧的厂商可以轻易退出市场或者调整自己的生产规模，新的厂商可以轻易进入市场。因此，厂商在长期中要做出两个决策：生产多少，以及退出还是进入这一市场。各个厂商的各种决策会影响整个市场的供给，从而影响市场价格。总的来说，不同价格水平下完全竞争厂商的长期均衡通常有以下三种情况：

（1）供给小于需求，商品价格水平偏高（$P_1 > LAC$）时，如图 5-5（a）所示，厂商为了实现利润最大化就要使边际收益 MR 等于边际成本 LMC，得到产量 Q_1。这时，厂商的总收益（$P_1 \cdot Q_1$）大于总成本（$C_1 \cdot Q_1$），存在超额利润，所以其他厂商会涌入该市场，从而使整个市场供给增加，商品价格水平下降，厂商利润减少。

（2）供求平衡，商品价格水平适中（$P_1 = LAC$）时，如图 5-5（b）所示，厂商为了实现利润最大化就要使边际收益 MR 等于边际成本 LMC。这时，厂商的总收益（$P_1 \cdot Q_1$）等于总成本（$C_1 \cdot Q_1$），既无利润也无亏损，达到均衡。

（3）供给大于需求，商品价格水平较低（$P_1 < LAC$）时，如图 5-5（c）所示，厂商无论在哪一点进行生产，都出现亏损。由于亏损，旧的厂商会退出该市场，导致整个市场供给减少，商品市场价格上升，厂商亏损减少。

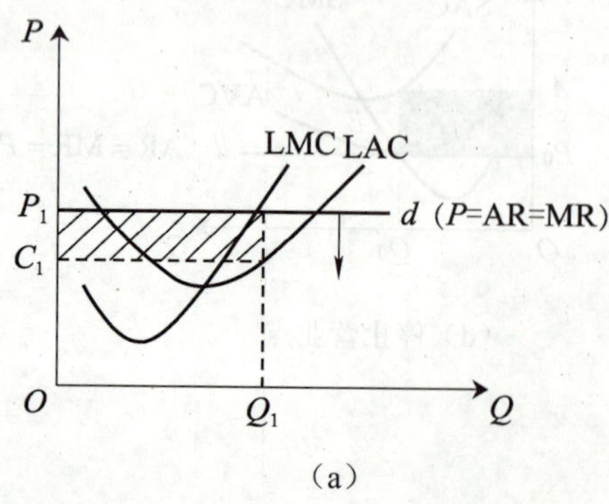

（a）

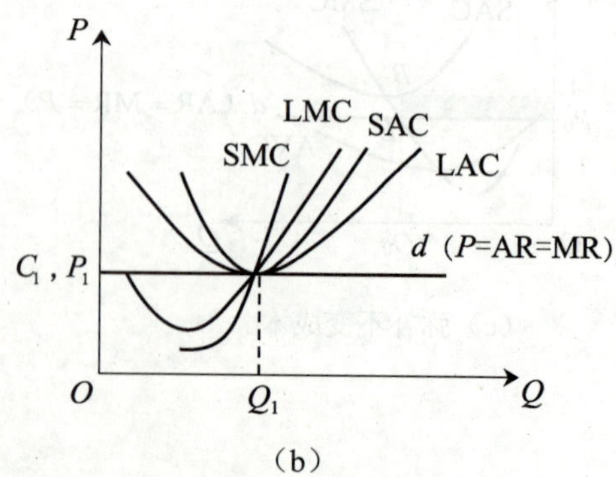

（b）

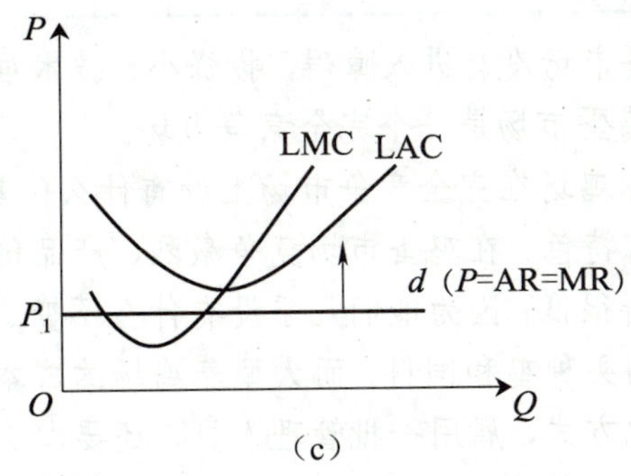

(c)

图 5-5　完全竞争厂商的长期均衡

综上所述，不管厂商如何调整，最终一定会使市场价格处于 LAC 曲线的最低点，厂商既无利润，也无亏损，失去了进入和退出该市场的动力，市场内每个厂商都实现了均衡。

长期平均成本 LAC 曲线的最低点与短期平均成本 SAC 曲线最低点相切，而 SAC 曲线的最低点就是与短期边际成本 SMC 曲线的交点。因此，完全竞争厂商的长期均衡条件是

$$\mathrm{MR}=\mathrm{LMC}=\mathrm{SMC}=\mathrm{LAC}=\mathrm{SAC} \tag{5-2}$$

其中，$\mathrm{MR}=\mathrm{AR}=P$。

五、完全竞争市场的评价

完全竞争市场通常被认为是经济效率最高的市场结构，其优越性主要表现在以下三个方面：① 市场的供给与需求相等，从而资源得到了最优配置，生产者的成本不会有不足或过剩，消费者的需求也得到了满足；② 在长期均衡时，厂商的平均成本处于最低点，说明通过完全竞争与资源的自由流动，生产要素得到了最有效率的利用；③ 商品价格趋于生产成本，这对消费者是有利的。

完全竞争市场也有缺点，包括：① 产品无差别，消费者的多种需求无法得到满足；② 生产者的规模都很小，且只能获得正常利润，这使他们没有能力和动力去实现重大的科学技术突破，从而不利于技术的发展。

> **小贴士**
>
> 正常利润是企业家才能的价格。

案例巩固

政府办的大型养鸡场为什么赔钱？

在 20 世纪 80 年代，许多大城市为了保证居民的菜篮子，由政府投资修建大型养鸡场，结果大多竞争不过农民养鸡专业户，最后以破产告终。政府办大型养鸡场失败的原因很多，重要的一点在于鸡蛋市场是一个完全竞争的市场结构。

从经济学的角度看，鸡蛋市场有许多买者和卖者，每一个生产者（包括大型养鸡场）在市场上占的份额都是微不足道的，难以通过产量来控制市场价格；而且，普通鸡蛋是无差别产品，厂商不能以产品差别形成自己的垄断地位，只能接受市场

供求决定的价格；鸡蛋市场没有进入障碍，投资小，技术难度不高，谁想进入都可以，这些特点决定了鸡蛋市场是一个完全竞争市场。

政府建立的大型养鸡场在完全竞争市场上没有什么优势，它的规模不足以大到控制市场，产品也没有特色。在鸡蛋市场竞争激烈、产品价格很低的情况下，养鸡的农户可以把成本压得很低，因为他们几乎没有什么不变成本，也不向自己支付工资，成本支出主要是购买种鸡和饲料。而大型养鸡场的成本则压不下来，养鸡场要建大鸡舍，采用机械化方式，雇用一批管理人员，还要向工人支付工资，这使养鸡场的成本远远高于市场平均成本。因此，当销售价格等于市场平均成本时，养鸡场的破产就是必然的。

班级__________ 姓名__________ 学号__________

任务考核

1.【单选题】在完全竞争市场上，厂商短期内继续生产的条件是（　　）。

A. SAC = AR　　B. AVC ≤ AR

C. AR ≤ AVC　　D. SMC = MR

2.【单选题】在完全竞争的条件下，市场价格处于厂商平均成本曲线的最低点，则厂商将（　　）。

A. 获得超额利润　　B. 获得小额利润

C. 亏损　　D. 获得正常利润

3.【单选题】在完全竞争市场上，已知某厂商的产量是500单位，总收益是500元，总成本是800元，不变成本是200元，边际成本是1元，按照利润最大化原则，他应该（　　）。

A. 增加产量　　B. 停止生产

C. 减少产量　　D. 视具体情况而定

4.【单选题】为了使收益最大化，完全竞争厂商将以（　　）销售其商品。

A. 低于市场的价格　　B. 高于市场的价格

C. 市场价格　　D. 略低于竞争对手的价格

5.【多选题】完全竞争厂商在短期均衡状态下，可能存在（　　）。

A. 最大利润　　B. 最小利润

C. 利润为零　　D. 最小亏损

6.【多选题】完全竞争厂商在长期均衡状态下，可能存在（　　）。

A. 经济利润为零　　B. 市场供求平衡

C. 平均成本最低　　D. 资源配置最优

7.【简答题】为什么在完全竞争市场上，单个厂商的需求曲线、边际收益曲线和平均收益曲线是同一条线？

班级____________ 姓名____________ 学号____________

8.【简答题】在完全竞争市场上，厂商在短期内何种情况下获取超额利润？在何种情况下亏损？

9.【简答题】简述完全竞争厂商的长期均衡条件。

10.【简答题】为什么完全竞争厂商是价格的接受者？完全竞争市场的商品价格还会变吗？

11.【计算题】已知某完全竞争市场中某单个厂商的短期成本函数为 $STC = 0.1Q^3 - 2Q^2 + 15Q + 10$。试求：

（1）当市场上产品的价格 $P = 55$ 时，厂商的短期均衡产量和利润；

（2）当市场价格下降为多少时，厂商必须停产？

任务三 认识不完全竞争市场

任务导入

现实生活中的市场，或多或少都带有一定的垄断因素，即都是不完全竞争市场。但由于垄断程度不同，因此均衡条件及盈利策略也有所不同。例如，电力公司实行阶梯定价以获取更大的利润，石油公司相互“勾结”、共同协商确定价格，服饰公司不断更新款式以吸引消费者。这些现象产生的原因是什么？

知识准备

一、垄断市场

（一）垄断市场概述

1. 垄断市场的特征

垄断市场是指整个市场中只有唯一的一个厂商的市场结构，它具备以下特征：① 市场上只有唯一的一个厂商生产和销售商品；② 该厂商生产和销售的商品没有任何替代品；③ 其他任何厂商进入该市场都极为困难或不可能。在垄断市场中，唯一的厂商控制了整个市场的生产和销售，因此可以控制和操纵市场价格。

思考与讨论

哪些市场属于垄断市场？

2. 垄断市场的形成原因

市场形成垄断的原因主要有以下几点：

（1）经济垄断。某厂商控制了生产某种商品的全部资源或基本资源的供给。这种对生产资源的独占，排除了其他厂商生产同种产品的可能性。

（2）权利垄断。某厂商拥有生产某种商品的专利权，这使得该厂商可以在一定的时期内垄断该产品的生产。

（3）国家垄断。国家为了保障国家安全、增加国家财政收入或促进社会整体利益，依法对特定领域的商品或服务进行排他性控制，如铁路运输、供电供水等。

（4）自然垄断。在有些市场，厂商只有在生产要素的投入和产量达到一定规模时，才可能实现规模效益，以至于整个市场的产量只有由一个厂商来生产时才有可能达到这样的生产规模。同时，只要发挥这一厂商在这一生产规模上的生产能力，就可以满足整个市场对该种产品的需求。在这类产品的生产中，市场内总会有某个厂商凭借雄厚的经济实力和其他优势最先达到这一生产规模，从而垄断了整个市场的生产和销售。

（二）垄断厂商的需求与收益曲线

1．垄断厂商的需求曲线

由于垄断市场中只有一个厂商，因此**垄断厂商的需求曲线就是市场的需求曲线，它是一条向右下方倾斜的曲线**。假定厂商的销售量等于市场的需求量，于是向右下方倾斜的需求曲线表示垄断厂商的销售量与市场价格呈反方向变动。因此，垄断厂商虽然可以控制和操纵市场价格，但提高价格，其销量必然会下降。

2．垄断厂商的收益曲线

我们先来分析垄断厂商的平均收益 AR 曲线和边际收益 MR 曲线。由于厂商的平均收益 AR 总是等于商品价格 P，所以垄断厂商的 AR 曲线和需求曲线 d 仍然重叠，如图 5-6（a）所示。而由于在垄断市场上，商品的价格会因为销售量的增加而降低，因此边际收益曲线 MR 不会与需求曲线重叠，而是位于需求曲线下方，即在每一个需求量上，$\mathrm{MR}<\mathrm{AR}$。

垄断厂商的总收益曲线是呈倒“U”形，如图 5-6（b）所示，表明随着产量的不断增加，垄断厂商的收益从零开始先上升，后下降。

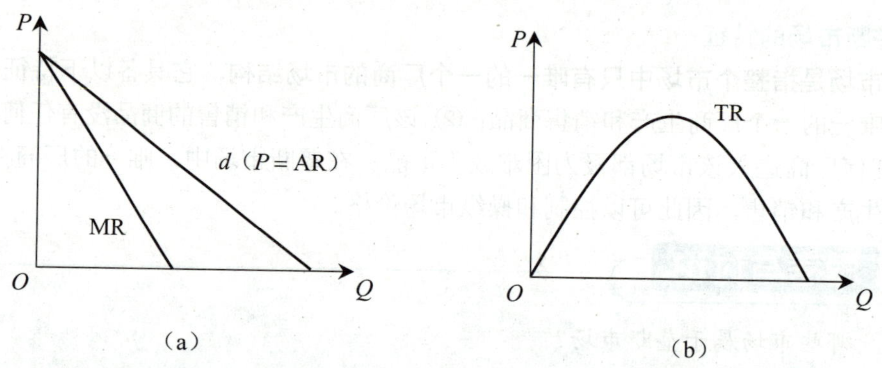

图 5-6　垄断厂商的需求与收益曲线

思考与讨论

垄断厂商的总收益与边际收益有什么关系？

（三）垄断厂商的短期均衡

在短期内，垄断厂商无法改变不变生产要素投入量，因此只能在既定的生产规模下通过调整产量和价格来实现 $\mathrm{MR}=\mathrm{SMC}$ 的利润最大化条件。

如图 5-7 所示，d 曲线和 MR 曲线代表垄断厂商的需求和收益状况。垄断厂商根据

MR = SMC 的利润最大化的条件，将产量调整到 Q_1 的水平，对应的价格为 P_1。在短期均衡点 E 上，垄断厂商的平均收益为 P_1，平均成本为 H，平均收益大于平均成本。垄断厂商获得的总利润等于总收益减去总成本，相当于图中阴影部分的面积。

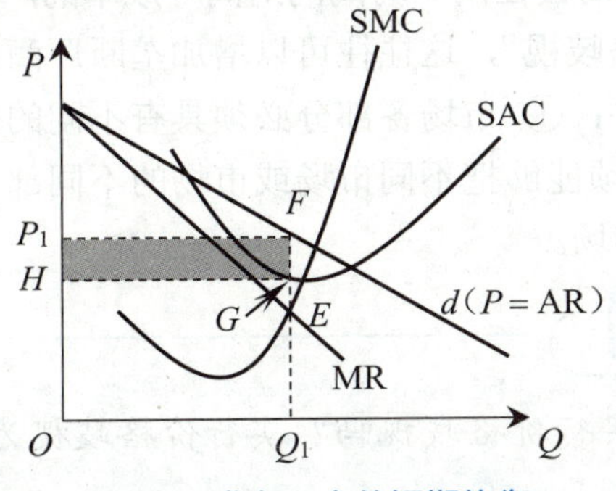

图 5-7　垄断厂商的短期均衡

和完全竞争厂商相似，由于 SAC 高低不同，垄断厂商在短期均衡点既可能盈利（最大的利润），也可能亏损（最小的亏损）或利润为零。造成垄断厂商短期亏损的原因，可能是既定生产规模的成本过高，也可能是垄断厂商所面临的市场需求过小。同时，垄断厂商也只有在 AR > AVC 时，才会选择继续生产，从而弥补一部分不变成本；当 AR < AVC 时，一般停止生产；在 AR = AVC 时，收益正好弥补可变成本，生产与否都无所谓。

思考与讨论

参考完全竞争市场，尝试画出不同情况下垄断厂商的短期均衡图。

综上所述，垄断厂商短期均衡的条件是

$$MR = SMC \tag{5-3}$$

（四）垄断厂商的长期均衡

在长期中，垄断厂商可以调整生产规模，从而实现 MR = LMC，取得最大利润。与完全竞争厂商不同的是，垄断厂商不用担心其他厂商进入市场而导致利润下降。因此，垄断厂商在长期内是可以保持利润的。垄断厂商在长期内对生产的调整一般有以下三种可能：

（1）垄断厂商在短期内是亏损的，在长期内继续亏损，该厂商退出该市场。

（2）垄断厂商在短期内是亏损的，在长期内，通过选择最优生产规模或产量，摆脱亏损状况。

（3）垄断厂商在短期内利用既定的生产规模获得盈利，长期内通过调整生产规模获得更大的利润。

> **小贴士**
>
> 垄断厂商可以操纵市场价格，于是在可能获得高额垄断利润时，其商品价格不仅高于长期边际成本，而且高于长期平均成本，即 $P > LAC > LMC$。

综上所述，垄断厂商的长期均衡条件是

$$MR = LMC = SMC \quad (5\text{-}4)$$

（五）垄断厂商的价格歧视

在某些情况下，**垄断厂商会在同一时间内对同一成本的产品向不同顾客收取不同的价格，这种行为被称为“价格歧视”**，这往往可以增加垄断厂商的利润。垄断厂商实行价格歧视必须具备以下两个条件：① 市场各部分必须具有不同的需求价格弹性，即市场的消费者有不同的偏好；② 必须能够把不同市场或市场的不同部分有效地分割开，否则，产品将由低价市场流向高价市场。

思考与讨论

竞争市场可以实行价格歧视吗？实行价格歧视为什么要具备上述两个条件？

垄断厂商实行价格歧视，通常有三种类型，如表 5-2 所示。

表 5-2　价格歧视

类型	定价策略	举例
一级价格歧视	根据每个消费者对买进产品愿意并能够支付的最高价格，即需求价格来逐个确定产品售价	医术高明的医生根据前来就诊的患者的经济状况收取医疗费
二级价格歧视	根据不同的消费数量段实行不同的价格	用户的通话时间在一定范围内时话费标准较高，超过这个范围则可以享受话费折扣
三级价格歧视	对同一种产品在不同的市场上（或对不同的消费群）实行不同的价格	同样的火车票，学生购买更优惠

拓展阅读

二级价格歧视对于一般商品来说，消费的数量越多，价格就越低。但对于一些紧缺商品或政府限制消费的商品则正好相反，政府为了限制消费，通常采用消费越多，价格越高的做法。例如，一些地区的用电收费，便是用得越多，收费越高。

（六）垄断市场的评价

垄断市场通常被认为是经济效率最低、资源浪费最严重的一种市场结构，这是因为：① 垄断市场的平均成本高、价格高而产量低，即存在资源浪费和经济效率低下的情况；② 垄断厂商实行价格歧视，消费者付出的价格较高，造成消费者剩余减少，这种减少也是社会福利的损失。

但是，任何事物都有两面性，垄断也有其有利的一面。首先，垄断厂商可以实现规模经济；其次，垄断厂商可以凭自己雄厚的资金与人才实力实现重大的技术突破，有利于技术进步；最后，尽管垄断厂商在一国内是垄断的，存在效率损失，但在国际上有竞争力，有利于一国世界竞争力的提高。

二、寡头市场

（一）寡头市场概述

1. 寡头市场的特征

寡头市场是指由少数几家厂商垄断了某一行业的市场结构。寡头市场具有以下特征：

（1）厂商数量少，只有几家厂商。在此市场上，每家厂商的产量都占有相当大的市场份额，因而每家厂商对整个行业价格和产量的决定都有举足轻重的影响。

（2）存在许多进出障碍。由于投入成本较大，同时受到规模、资金、信誉、市场等因素的限制，使得其他厂商很难进入，另外，寡头厂商退出市场也较难。

（3）寡头厂商相互依存，相互竞争，操纵价格。每家寡头厂商在作价格与产量的决策时，不仅要考虑自身的成本与收益情况，而且还要考虑这一决策对市场的影响，以及其他厂商可能做出的反应。他们在竞争中达成妥协，在妥协中展开竞争。

拓展阅读

寡头厂商生产的产品既可同质，也可存在差别，人们依此把寡头行业分为纯粹寡头行业和差别寡头行业两类：产品是同质的、没有差别的行业为纯粹寡头行业，如钢铁、铜、水泥等；产品是异质的、存在差别的行业为差别寡头行业，如汽车、飞机、重型机械以及电器制造等。差别寡头行业的产品用途类似，但存在许多型号，且质量、外观以及售后服务等方面存在不同。

2. 寡头市场的形成原因

一般来说，寡头市场的形成原因有四点：① 寡头厂商只有在大规模生产时才能获得好的经济效益，即规模经济的效益，这就决定了在一个行业中只需要少数几家厂商就足以满足市场的需求；② 行业所需的巨大投资以及生产和技术的特殊要求使得新的厂商很难进入；③ 市场中的几家厂商控制生产资源的供给，采取排他措施；④ 政府的扶持。

寡头的形成

（二）寡头市场的价格决定

各寡头厂商之间存在勾结和不勾结两种情况，它们的价格决定方法是不同的。在不勾结的情况下，价格决定的方法有价格领先制和成本加成法；在勾结的情况下，则是卡特尔。

1. 价格领先制

价格领先制又称“价格领袖制”，是指市场价格由某一寡头率先制定，其余寡头追随其后确定各自的价格，价格可能是相同的，也可能有所差别。

作为价格领袖的寡头厂商往往是自然形成的，一般有三种类型，如表 5-3 所示。

表 5-3　价格领袖的类型

类型	介绍
支配型价格领袖	市场中最大的、最具有支配地位的厂商
效率型价格领袖	市场中成本最低、效率最高的厂商
“晴雨表”型价格领袖	在掌握市场行情变化或其他信息方面明显占优的厂商

2. 成本加成法

成本加成法是指在估算的平均成本基础上加一个固定百分率的利润的定价方法。例如，某产品的平均成本为 100 元，利润率为 20%，则该产品的价格就可以定为 120 元。平均成本可以根据长期内成本变动的情况确定，所加的利润率可参照全行业的利润率情况确定。

这种定价方法可以使价格相对稳定，从而避免各寡头在降价竞争中两败俱伤。从长期看，这种方法接近于实现最大利润，是有利的。

3. 卡特尔

卡特尔是纯粹寡头行业的厂商就产品的价格、产量分配、市场划分等方面订立协定而形成的同盟。通过建立卡特尔，寡头厂商共同制定价格，就有可能像垄断厂商一样使利润达到最大。但是，由于卡特尔各成员之间的矛盾，有时达成的协议很难兑现，或引起卡特尔解体。即使在不存在公开勾结的卡特尔的情况下，各寡头还能通过暗中勾结来确定价格。

拓展阅读

欧佩克和世界石油市场

欧佩克即石油输出国组织（OPEC），是一个由世界主要产油国自愿结成的政府间组织，现有的 13 个成员国是：阿尔及利亚、安哥拉、刚果、赤道几内亚、加蓬、伊朗、伊拉克、科威特、利比亚、尼日利亚、沙特阿拉伯、阿拉伯联合酋长国和委内瑞拉。这些国家的石油总储量约占世界石油储量的 80%，控制着全球约 50%的石油出口，对国际石油市场具有很强的影响力。

欧佩克力图对其成员国的石油政策进行协调，以通过控制产量来维持石油价格的稳定，从而保证各成员国在任何情况下都能获得稳定的石油收入。为此，欧佩克对石油生产实行配额制。如果石油需求上升，或某些产油国石油产量减少，欧佩克将增加其石油产量，以阻止石油价格飙升；如果石油价格下滑，欧佩克将根据市场形势减少石油产量。

然而，欧佩克并不能完全控制国际石油市场。首先，自实行原油生产配额制以来，欧佩克从未有效杜绝过其成员国的超产行为。欧佩克的成员国受到增加生产可得到更大利润份额的诱惑，常常就减少产量达成协议，然后又私下违背协议。为限制成员国超产，欧佩克不得不一再调低生产限额，因此形成了一个“超产—限产—再超产—再限产”的怪圈。其次，欧佩克成员国的财政预算绝大部分依赖以美元结算的财政收入，在美元汇率持续下滑的情况下，虽然欧佩克毅然决定按期履行减产承诺，但为减少美元汇率下跌造成的巨大损失，并非每个欧佩克成员国都愿意买单。

（三）博弈论在寡头市场中的运用

在寡头市场上，厂商既相互勾结，又相互欺瞒，他们经常考虑的是采取什么策略打败对手。经济学中用博弈论来分析寡头厂商在价格、产量、广告、研发等方面的策略，我们以“囚徒困境”这一经典例子来进行讲解。

> **小贴士**
>
> 博弈论是研究具有斗争或竞争性质现象的理论和方法。

囚徒困境是指虽然合作对双方都有利，但理性和不相信对方使他们选择打击对手而使自己利益最大化的最优策略。囚徒困境的假设条件是，两个犯罪嫌疑人 A 和 B 被警方抓获，警方怀疑他们合谋偷窃，但证明他们偷窃的证据并不充分。他们每一个人都被单独囚禁并进行审讯，警方的政策是“坦白从宽，抗拒从严”，如果一方坦白，另一方不坦白，则坦白者从宽处理，判刑 1 年，不坦白者从重处理，判刑 7 年；如果两人都坦白，则每人都各判刑 5 年；如果两人都不坦白，则警方由于证据不足，只能对每个人各判刑 2 年，如图 5-8 所示。

在图 5-8 中，每个数字组合代表对应选择组合下两个囚徒的结局，第一个数字属 A，第二个数字属 B。通过观察，我们可以发现对两个囚犯最有利的单独选择都是坦白，因为对 A 囚犯来说，如果 B 坦白，那他选择坦白要获刑 5 年，不坦白则要获刑 7 年；如果 B 不坦白，那他选择坦白要获刑 1 年，不坦白则要获刑 2 年。同理，对 B 囚犯也一样。总之，无论对方做出任何选择，自己的最优选择都是坦白，坦白符合个人理性需求，结果就是都坦白构成均衡，这种均衡被称为**“纳什均衡”，即任何参与人单独改变策略都不会得到好处**。而这种**无论对手选择哪种战略，自己都选择唯一的以不变应万变的最优策略被称为“占优策略”**。

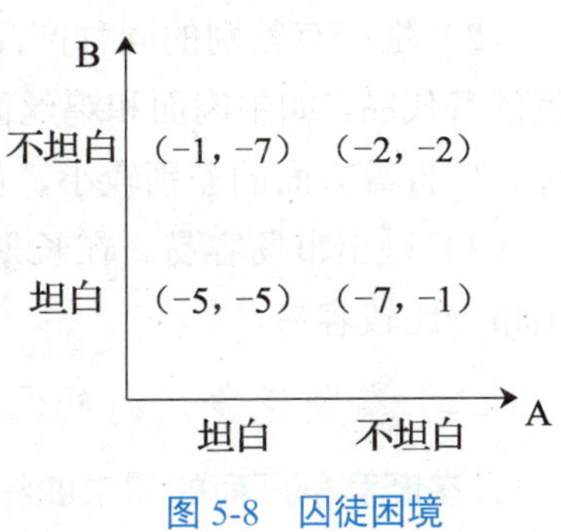

图 5-8　囚徒困境

但值得注意的是，对于两个人来讲，最佳结果是同时选择不坦白，每人只被判刑 2 年，这种选择是**帕累托最优，即偏离这个选择组合的任何其他选择组合都至少会使一个人的境况变差**。但由于两个人都追求自己利益的最大化，且不敢相信对方，所以只能得到不理想的结果。在现实中，寡头厂商也常像处于困境的囚徒一样进行博弈，对他们来说，共同合作造成垄断是最有利的，假定是（3 000，3 000），但每个寡头厂商都有违背协议的激励（例如违背方得 4 500，未违背方得 1 000），最终造成两败俱伤（比如都是 1 500）。

思考与讨论

生活中哪些地方会用到博弈论？

（四）寡头市场的评价

寡头市场对经济发展具有很大的推动作用：① 可以实现规模经济，降低成本，提高效益；② 有利于技术进步，因为各寡头为了获取更多利润，就要进行技术创新，以提高生产率，创造新产品；③ 寡头厂商实力雄厚，抗风险能力强。

寡头市场的缺点也是很明显的，各寡头往往会相互勾结抬高市场价格，损害消费者利益和社会福利。

三、垄断竞争市场

（一）垄断竞争市场的特征

垄断竞争市场是有许多厂商生产和销售有差别的同种产品的市场结构。在现实生活中，垄断竞争市场在零售业和服务业中比较普遍，如电器市场、糖果市场等。垄断竞争市场中既有垄断因素，又有竞争因素，但以竞争为主。垄断竞争市场通常具备以下三个特征：

（1）厂商很多，且规模不大。即垄断竞争市场上有大量的厂商，每个厂商的规模都有限，他们各自对市场的影响都很小。

（2）生产有差别的同种产品。有差别的同种产品首先指这些产品彼此之间都是非常接近的替代品，如牛肉面和鸡丝面；其次指这些产品在质量、构造、外观、销售服务条件、商标、广告等方面的差别较小，如不同品牌的香烟、饮料和方便面。

（3）进出市场容易。在长期中，由于垄断竞争厂商的生产规模比较小，因此进入或退出市场比较容易。

（二）垄断竞争厂商的需求与收益曲线

1. 垄断竞争厂商的需求曲线

由于垄断竞争厂商可以在一定程度上控制自己产品的价格，即通过改变自己产品的销售量来影响产品价格，所以，如同垄断厂商一样，垄断竞争厂商所面临的需求曲线也是向右下方倾斜的。不同的是，由于各垄断竞争厂商的产品相互之间都是很接近的替代品，市场中的竞争因素又使得垄断竞争厂商的需求具有较大的弹性。因此，**垄断竞争厂商向右下方倾斜的需求曲线是比较平坦的，接近完全竞争厂商水平形状的需求曲线。**

2. 垄断竞争厂商的收益曲线

由于厂商的平均收益 AR 总是等于商品的价格 P，所以，垄断竞争厂商的 AR 曲线和需求曲线 d 仍然重叠，如图 5-9 所示。与垄断市场相似，在垄断竞争市场上，商品的价格也会因为销售量的增加而降低。因此，边际收益 MR 曲线也位于 AR 曲线的下方，且也向右下方倾斜。

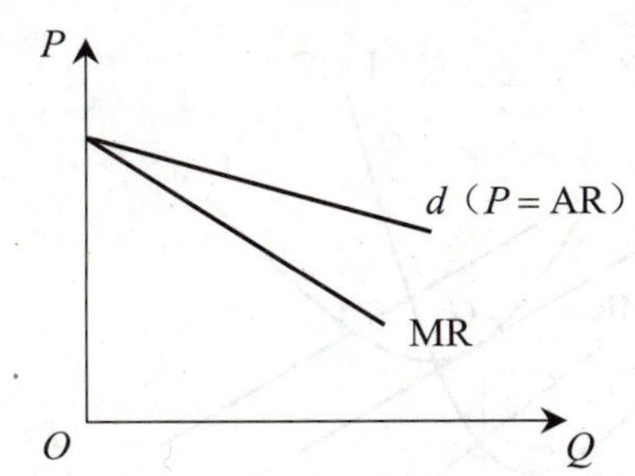

图 5-9 垄断竞争厂商的需求与收益曲线

（三）垄断竞争厂商的短期均衡

垄断竞争厂商的短期均衡条件依旧为MR = SMC，分析垄断竞争厂商的短期均衡和分析完全竞争厂商与垄断厂商的方法相同。分析时要注意以下三个方面：

（1）关于产量。垄断竞争厂商根据MR = SMC决定产量。

（2）关于价格和收益。在既定的产量水平下，垄断竞争厂商的产品价格和平均收益由需求曲线的位置决定。按照利润最大化的原则，最优产量在MR曲线与SMC曲线的交点上，该产量对应的价格即为最优产品价格。

（3）关于利润。与垄断厂商类似，垄断竞争厂商的短期均衡存在三种情况：如果$P>\text{SAC}$，则盈利；如果$P<\text{SAC}$，则亏损；如果$P=\text{SAC}$，则经济利润为零，只获得正常利润。由此可见，垄断竞争厂商的盈亏取决于SAC曲线的高低。

（四）垄断竞争厂商的长期均衡

和完全竞争厂商相似，垄断竞争厂商可能在短期获得相当可观的利润，但不能长久，因此在实现长期均衡时，需求曲线d也必定与LAC曲线相切。但由于垄断竞争厂商的需求曲线是向右下方倾斜的，因此在实现长期均衡的过程中又有着自己的特点。

假设垄断竞争厂商在短期内有利润，利润吸引新厂商加入，新老厂商成本相同，但新厂商的产品会瓜分一定的市场份额。因此，老厂商的产品需求曲线会向左移动。最终的结果是，厂商不断进入，直到利润为零。与之相反，垄断竞争厂商在短期内亏损，则老厂商退出，进而使未退出的老厂商的需求曲线向右移动，最终的结果是，亏损减少直到利润为零。总之，垄断竞争厂商进入和退出市场的过程会持续到经济利润为零为止。

接下来我们用图说明垄断竞争厂商的长期均衡。如图5-10所示，需求曲线d_1随进入者的增加向左移动，直到与LAC曲线相切，即到达d_2位置。点G是长期均衡点，这时，没有厂商企图进入或被迫退出该市场。

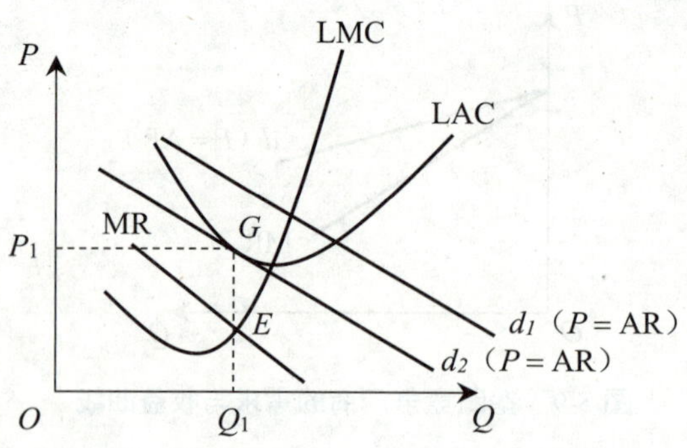

图 5-10　垄断竞争厂商的长期均衡

综上所述，垄断竞争厂商长期均衡的条件是

$$MR = LMC \text{ 且 } AR = LAC \tag{5-5}$$

其中，$P = AR > MR$。由于垄断竞争厂商面临的需求曲线是向右下方倾斜的，所以在长期均衡时的需求曲线只能与长期平均成本 LAC 曲线相切于最低点的左边。这意味着垄断竞争厂商所提供的产量低于完全竞争厂商，但高于垄断厂商。

在垄断竞争市场上，长期均衡时，$P = LAC > LMC$，与完全竞争相比，价格高些，而产量低些，但厂商没有经济利润这一点与完全竞争市场相同。

（五）垄断竞争市场的评价

在垄断竞争厂商处于长期均衡时，市场价格高于厂商的边际成本，等于厂商的平均成本但高于平均成本最低点。这就决定了垄断竞争市场的经济效率低于完全竞争市场，高于垄断市场。其利弊如表 5-4 所示。

表 5-4　垄断竞争市场的评价

利弊	对消费者	对生产者
利	可以满足多样化的市场需求，充分体现消费者的消费个性	厂商面临较大的外部压力，有利于技术进步
	厂商会不断地提高品牌质量，改善售后服务	
弊	与完全竞争市场相比，消费者被迫支付较高的价格	资源利用效率比完全竞争市场低，存在着一定的资源浪费

班级________ 姓名________ 学号________

任务考核

1.【单选题】垄断厂商处在短期均衡时，可能（　　）。

A．盈利　　B．亏损

C．收支相抵　　D．以上都可能发生

2.【单选题】要使消费者剩余最小，垄断厂商应该实行（　　）。

A．一级价格歧视　　B．二级价格歧视

C．三级价格歧视　　D．无差别定价

3.【单选题】厂商之间关系最密切的市场是（　　）。

A．完全竞争市场　　B．寡头市场

C．垄断竞争市场　　D．垄断市场

4.【多选题】垄断竞争厂商实现最大利润的途径有（　　）。

A．价格竞争　　B．品质竞争

C．服务竞争　　D．广告竞争

5.【多选题】在停止营业点上，厂商持续经营时，（　　）。

A．亏损 TFC　　B．亏损 TVC

C．收回 TFC　　D．收回 TVC

6.【简答题】为什么在完全竞争市场上平均收益等于边际收益，在垄断市场上却是平均收益大于边际收益？

7.【计算题】已知某垄断厂商的成本函数为$STC=0.6Q^2+3Q+2$，且$P=8-0.4Q$。试求：

（1）该厂商实现收益最大化时的产量、价格、收益和利润；

（2）该厂商实现利润最大化时的产量、价格、收益和利润。

班级＿＿＿＿＿＿ 姓名＿＿＿＿＿＿ 学号＿＿＿＿＿＿

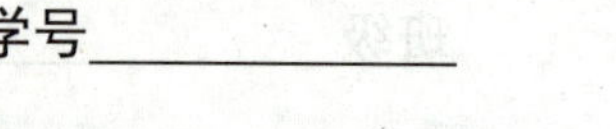

项目实训——帮助企业提升竞争力

一、实训目标

让学生通过企业调研，增加对行业竞争状况的了解，能够帮助企业制定竞争策略。

二、实训内容和要求

1. 准备工作

学生自由分组，以组为单位进行调研和讨论，确定调研的企业。

2. 小组调研及讨论

（1）小组到选定的企业进行调研，结合各类型市场的条件与特征，分析所选企业属于哪种类型。

（2）了解企业所在行业的发展现状以及其他企业（1～2 个即可）的市场行为与竞争策略，再结合所选企业自身的发展状况和特点，分析其竞争优势和劣势。

（3）在以上调研的基础上，为选定的企业制定竞争策略。

3. 班级交流

全班组织开展一次交流研讨，每组派一名代表发言，其他小组成员可以进行评价、提问，或针对发言内容发表自己的观点并阐述理由。发言人及本组成员可针对提问进行答辩。

4. 考核

每个小组提交所选企业的介绍及制定的竞争策略，学生和教师根据学生平时课堂表现、提交的总结、班级交流发言情况在表 5-5 中进行评估打分，综合评定本项目的成绩。

表 5-5 项目考核表

项目名称	评价内容	分值	评价分数	
			自评	师评
个人素养考核项目（20%）	日常考勤	5 分		
	仪容仪表	5 分		
	课堂纪律和学习态度	10 分		
专业能力考核项目（80%）	积极参与教学活动并正确理解任务要求	10 分		
	知识准备中每个知识点的学习效果	20 分		
	任务考核题目的正确率	25 分		
	项目实训准备充分，策略内容完整、准确	25 分		
综合分数（自评×30%+师评×70%）				
教师评语	教师（签名）：			

思维导图

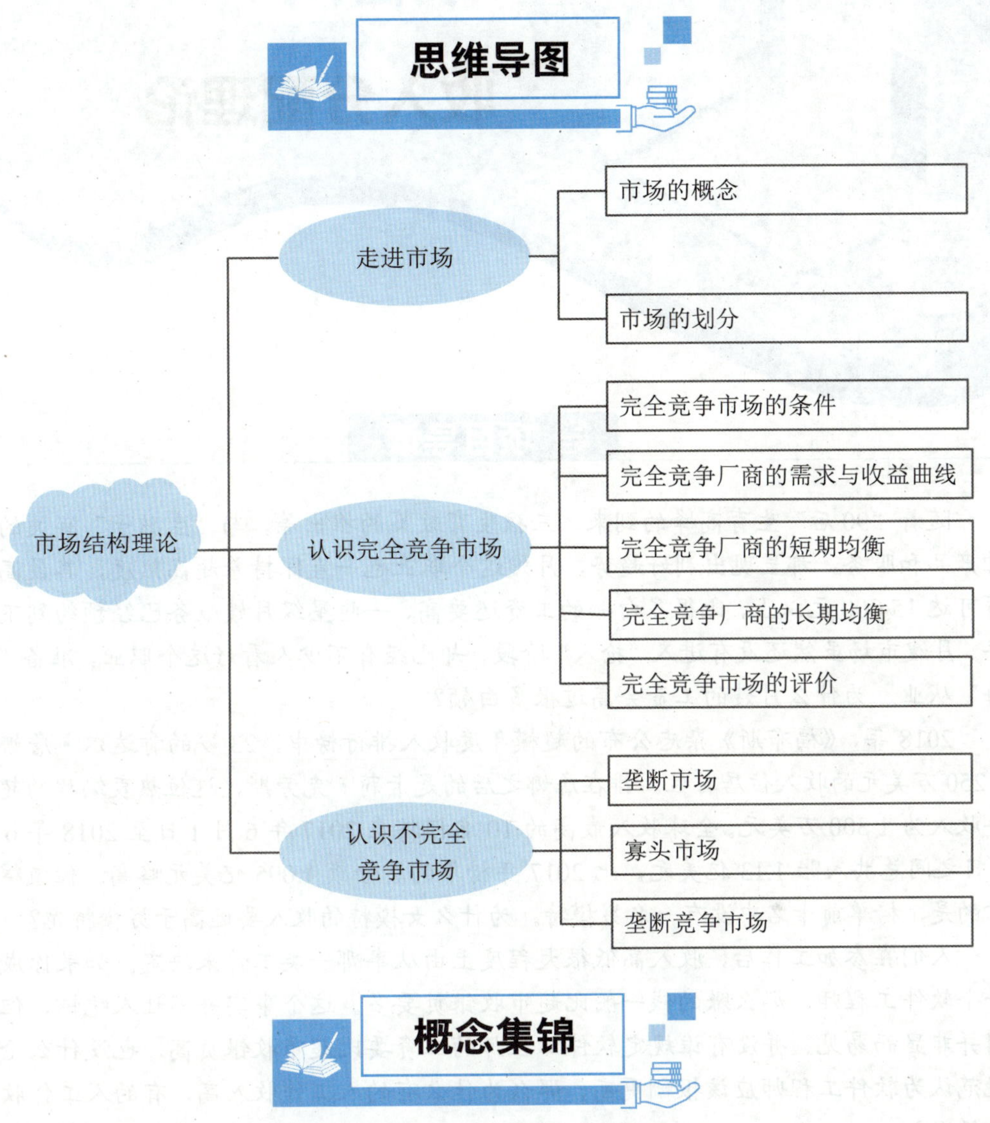

概念集锦

（1）完全竞争市场：竞争不受任何阻碍和干扰的市场结构。

（2）垄断市场：整个市场中只有唯一的一个厂商的市场结构。

（3）寡头市场：只有少数几家厂商垄断了某一行业的市场结构。

（4）垄断竞争市场：有许多厂商生产和销售有差别的同种产品的市场结构。

（5）卡特尔：纯粹寡头行业的厂商就产品的价格、产量分配、市场划分等方面订立协定而形成的同盟。

（6）停止营业点：厂商的总收益只能弥补其所有的可变成本，厂商生产与不生产的临界点。

（7）价格歧视：垄断厂商在同一时间内对同一成本的产品向不同顾客收取不同的价格。

（8）价格领先制：市场价格由某一寡头率先制定，其余寡头追随其后确定各自的价格。

项目六

收入分配理论

项目导读

随着“90后”生育高峰的到来、三孩生育政策的推出等，与“生孩子”有关的各种产品和服务，都呈现出利好趋势，月嫂这个职业也一直保持着超高热度，其最高月薪可达15 000元以上，比很多白领的工资还要高，一些星级月嫂服务已经预约到下一年。月嫂市场虽然还没有进入“抢人”阶段，却已经有不少人看好这个职业，准备“下海”从业。为什么月嫂的工资会高过很多白领？

2018年，《福布斯》杂志公布的超模年度收入排行榜中，23岁的肯达尔·詹娜以2 250万美元的收入位居首位。排在詹娜之后的是卡莉·克劳斯，这位热衷编程的超模年收入为1 300万美元。全球收入最高的10名模特在2017年6月1日至2018年6月1日之间总共入账1.13亿美元，比2017年榜单的总金额1.095亿美元略高。但值得注意的是，榜单前十名中没有一名男模特。为什么女模特的收入要远高于男模特呢？

人们在参加工作后，收入高低很大程度上由从事哪一类工作来决定。如果你成为一个软件工程师，那么赚的钱一般比超市收银员要多。这个事实并不让人吃惊，但原因并非显而易见。并没有谁规定软件工程师的工资要比超市收银员高，也没什么伦理规范认为软件工程师应该报酬更高，那么为什么有的人工作收入高，有的人工作收入就低呢？

本项目主要介绍生产要素的相关概念以及要素价格是如何决定的，内容包括生产要素的供给与需求、工资理论、地租理论、利率理论、利润理论、洛伦兹曲线、基尼系数等，通过这些知识来解释要素市场的经济现象，分析收入差距的原因及收入再分配政策。

学习目标

知识目标

（1）理解各生产要素需求与供给的概念。

（2）掌握工资、地租、利率的决定方式。

（3）理解洛伦兹曲线、基尼系数的概念与收入再分配政策。

能力目标

（1）能根据要素需求曲线和供给曲线确定要素的均衡数量和均衡价格。

（2）能够用工资理论、地租理论和利率理论解释现实生活中常见的经济现象。

德育目标

（1）通过了解生活中要素市场价格是如何决定的，提高学习经济学的兴趣，培养经济思维。

（2）能够理解政府征收税款和实施社会保障的原因与意义。

（3）能够针对现行的经济形势对国家的收入分配政策做出合理的解释、分析与评价。

任务一　走进生产要素市场

任务导入

近年来，虽然北京、上海、深圳等大城市的土地价格非常高，但是没有任何一个厂商放弃对土地的需求。建筑商虽然选择了用更多的资本代替土地，楼越盖越高，但是没有建筑商能用资本完全代替土地，将楼房建在空中。这些说明了生产要素的需求具有哪些特点？为什么？

知识准备

一、生产要素市场概述

生产要素市场是指以各种生产要素为交易对象的市场。在生产要素市场中，要素所有者出售生产要素，厂商购买生产要素，劳动、土地、资本、企业家才能等生产要素通过要素市场从所有者流向厂商，同时厂商向所有者支付工资、地租、利息和利润。

> **小贴士**
>
> 生产要素所有者可以是个人、家庭、厂商甚至政府。

生产要素市场与产品市场非常相似，在完全竞争条件下，生产要素市场中的每一种生产要素都会通过价格和数量的不断调节实现市场的均衡状态。生产要素的价格和使用量是决定家庭收入水平的重要因素，所以要素价格理论在西方经济学中又被称为“分配理论”。于是，这也意味着我们的研究内容从价格理论转到了分配理论。

二、生产要素的需求

（一）生产要素需求的性质

我们通过对比产品需求来介绍生产要素需求。产品需求来自消费者，通常是指消费者为了直接满足自己的吃、穿、住、行等需要而购买产品，是一种直接需求。而生产要素需求和产品需求是不同的，主要表现在以下几个方面：

（1）生产要素需求来自厂商，通常是厂商为了生产和出售产品以获得收益而购买生产要素。例如，厂商为了增加生产能力而雇用10名工人。

（2）厂商对生产要素的需求是从消费者对产品的直接需求中派生出来的，可以说，如果不存在消费者对产品的需求，则厂商也就不会去购买生产要素。例如，如果没有消费者对汽车的需求，就不会有厂商对汽车生产工人的需求。因此，**生产要素需求是一种派生需求**。

（3）生产要素的需求是一种联合需求或相互依存的需求。这就是说，任何生产行为所需要的都不是一种生产要素，而是多种生产要素，这样，各种生产要素之间就是互补的。而且，在一定的范围内，各种生产要素也可以互相代替，它们之间的需求是相关的。

（二）影响生产要素需求的因素

生产要素需求的大小除了受要素价格的影响之外，还受到以下三个因素的影响。

1. 市场对产品的需求及产品的价格

市场对某种产品的需求越大，产品的价格自然就越高，那么这种产品的生产要素的需求也越大，生产要素的价格也会越高，反之就越小。

案例巩固

项目导读中女模特的收入高于男模特，其中最大的一个原因是在时装产业中，女装产业比男装产业规模大得多。为了占有市场和获取利润，女装厂商需要能展现女装之美的女模特，并愿意在她们身上花大价钱。我们可以看到，在很多时尚杂志中，每一期都刊登许多女模特的照片，以此来吸引读者的眼球，从而引导消费。所以，女模特的身价自然较高。反之，男装产业规模小，杂志在男性生活中所占的比重也比较小，因此市场对男模特的需求也就小了，男模特的身价自然会受到影响。

2. 其他生产要素的价格

厂商是否会用机器来代替劳动力，很重要的一个考量因素是这两种生产要素的价格。从成本和利润的角度出发，如果产出一样，那么厂商会选择用价格低的生产要素来代替价格高的生产要素。

3．生产技术状况

如果技术是资本密集型的，则对资本的需求大；如果技术是劳动密集型的，则对劳动的需求大。

（三）生产要素的需求曲线

我们以完全竞争市场为例，讨论厂商生产要素的需求情况。完全竞争的要素市场中，有大量的生产要素出售者和购买者，生产要素也没有区别，每个人都是生产要素的价格接受者。生产要素的购买者即厂商要追求利润最大化，必须遵循利润最大化原则，即要素使用原则为“边际收益”等于“边际成本”，以此可以推出生产要素的需求曲线。

1．生产要素的边际收益——边际产品价值

生产要素的边际产品价值（VMP）是指增加使用一单位生产要素所增加的收益。以劳动（L）为例，则公式为

$$\mathrm{VMP}(L)=\mathrm{MP}(L)\cdot P \tag{6-1}$$

式（6-1）中，MP(L) 为**生产要素的边际产品，即增加使用一单位生产要素所增加的产量**；P 表示既定的产品价格。由于边际收益递减规律，生产要素的边际产品是递减的，即 MP(L) 曲线向右下方倾斜，因此 VMP(L) 曲线也是向右下方倾斜的曲线。

2．生产要素的边际成本——要素价格

生产要素的边际成本是指增加使用一单位生产要素所增加的成本，是生产要素数量的函数。但在完全竞争市场中，生产要素的边际成本就是所使用的生产要素的价格。以劳动为例，生产要素的边际成本也就是劳动的工资（W），即每增加一单位劳动就需要多支付一单位工资。

3．生产要素的使用原则

利润最大化要求生产要素的边际产品价值 VMP 等于要素价格 W，公式为

$$\mathrm{VMP}(L)=\mathrm{MP}(L)\cdot P=W \tag{6-2}$$

式（6-2）确定了生产要素价格 W 与生产要素使用量 L 的一个函数关系，即确定了完全竞争厂商对生产要素的需求函数。如果 W 过高，则只能通过提高 MP(L) 使该公式平衡，也就是说，需要调整 L。因为边际产品是递减的，想要提高 MP(L)，就应该减少 L，反之亦然。因此可以得出生产要素的需求曲线是一条向右下方倾斜的曲线，如图 6-1 所示，表示随着生产要素价格的上升，厂商的生产要素需求量将下降。

此外，由 $\mathrm{MP}(L)\cdot P=W$ 可以说明，在只使用一种生产要素的情况下，完全竞争厂商的生产要素需求曲线 d 和生产要素的边际收益曲线 VMP 重合。

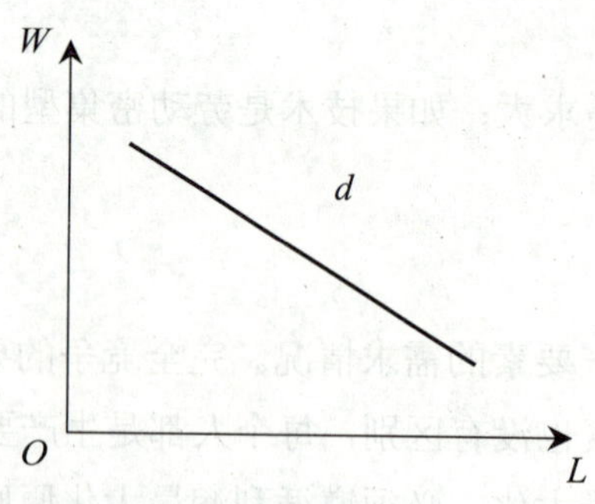

图 6-1　生产要素的需求曲线

小贴士

在不完全竞争市场上，生产要素的需求曲线也是一条向右下方倾斜的曲线，差别在于两条曲线的斜率不同。一般而言，不完全竞争市场上的生产要素的需求量小于完全竞争市场上的需求量。

三、生产要素的供给

（一）生产要素供给的特点

社会上有各种各样的生产要素，供给的特点也有所不同。一般来说，生产要素供给有以下三个特点：

（1）供给固定。主要指土地等自然资源，在经济分析中假定这类资源的供给是固定的。

（2）与价格同方向变动。例如资本，资本是利用其他资源生产出来的，也是和其他产品一样的产品。因此，这种生产要素的供给曲线与一般产品一样，向右上方倾斜。

（3）先随着价格的增加而增加，然后随着价格的增加而不变或者减少，如劳动。

（二）生产要素供给的有限性

如果从较短的时间来看，一个生产要素所有者拥有的生产要素有一个明显的特点，就是它的数量是有限的。假设一个生产要素所有者拥有 20 亩地，每年的收入是 12 万元，每天可以支配的时间只有 16 小时（另外 8 小时需要睡觉、吃饭）。所以他对生产要素的供给只能在这有限的范围内进行，比如，可以出租的土地不会超过 20 亩，每年的新增储蓄不可能超过 12 万元（除非获得别人的馈赠），每天用于劳动的时间不可能超过 16 小时。

（三）生产要素供给的原则

生产要素所有者对于他所拥有的生产要素的用途可以归为两类：第一类是提供给市场，从而获得地租、工资、利息、利润等收入；第二类是保留自用，比如把时间用于娱乐，把收入用于自身消费，把土地修成花园供自己欣赏等。这两种用途都可以带来效用，而生产要素所有者使用生产要素的目的是实现效用最大化。他把生产要素提供给市场，可以获得收入带来的效用；他把生产要素保留自用，比如把时间用于闲暇，是因为闲暇本身就可以给他带来效用。所以要素所有者实际是在要素的两种用途之间进行权衡，使其将生产要素提供给市场的边际效用和保留自用的边际效用相等。

班级________ 姓名________ 学号________

任务考核

1.【单选题】在劳动市场上，厂商是劳动的（　　）。

A．需求者　　B．供给者

C．替代者　　D．协作者

2.【单选题】下列不属于生产要素需求的性质的是（　　）。

A．生产要素需求来自厂商

B．生产要素需求是一种派生需求

C．生产要素需求是一种联合需求

D．生产要素需求是一种最终需求

3.【单选题】在完全竞争市场上，生产要素的边际收益取决于（　　）。

A．该要素的边际产品　　B．该要素的平均收益

C．该要素的价格水平　　D．该要素的边际成本

4.【单选题】在完全竞争市场上，厂商对劳动的需求主要取决于（　　）。

A．劳动的价格　　B．劳动的边际生产力

C．劳动在生产中的重要性　　D．劳动的供给数量

5.【多选题】生产要素的供给者具体有可能是（　　）。

A．个人　　B．家庭

C．企业　　D．政府

6.【多选题】影响生产要素需求的因素主要有（　　）。

A．产品需求及价格　　B．生产技术状况

C．其他生产要素价格　　D．市场结构

7.【简答题】生产要素的需求有何特点？影响生产要素需求的因素有哪些？

班级____________　姓名____________　学号____________

8.【简答题】在完全竞争市场中，单个厂商的生产要素需求曲线是怎么形成的？

9.【计算题】设某厂商的生产函数为$Q=-0.01L^3+L^2+38L$，其中，Q为每日产量，L为每日投入的劳动小时数。所有市场（劳动市场及产品市场）都是完全竞争的，单位产品的价格为0.1，小时工资为5。厂商要实现利润最大化，每天要雇用多少小时劳动？

任务二　掌握要素价格的决定方式

任务导入

最低工资保障制度是我国的一项劳动和社会保障制度。截至 2022 年 1 月，上海、北京、广东、天津、江苏、浙江、湖北、山东 8 个省市的月最低工资标准超过了 2 000 元。其中，最高的为上海，达到 2 590 元。在小时最低工资标准方面，北京、上海、天津、内蒙古、安徽、广东、浙江、江苏、山东的小时最低工资标准超过 20 元大关，其中，标准最高的是北京，为 25.3 元。那么，工资是由什么决定的呢？它的影响因素有哪些？

知识准备

一、劳动与工资

（一）劳动的需求曲线

工资是人们提供劳动所获得的报酬，即劳动的价格。**劳动的需求是指在各种可能的工资下，厂商愿意雇用的劳动数量**。劳动的需求受许多因素的影响，如市场对劳动密集型产品的需求、工会的能力、其他生产要素的价格、新技术的采用、经济社会总需求的变化等。一般来说，劳动的需求曲线是一条向右下方倾斜的曲线，表明了劳动的需求量与工资呈反方向变动。

（二）劳动的供给曲线

劳动的供给是指在各种可能的工资下，人们愿意提供的劳动数量。劳动的供给不仅取决于工资，也取决于既定时间资源的分配，或闲暇时间的多少，当然也受到其他因素的影响，如劳动者拥有的财富状态、社会习俗、人口总量及其构成情况等。

劳动者能够提供的总劳动数量是既定的，这包含两层含义：首先，每天只有 24 小时，这是不会改变的；其次，在这固定的 24 小时之中，有一部分用于睡眠而不能挪为他用，这里假定劳动者每天必须保证 8 个小时的睡眠时间，则其每天可以自由支配的时间资源为固定的 16 小时，即劳动者可能的劳动供给量最多是 16 小时。设一个劳动者的劳动供给量为 6 小时，则剩余 10 小时就称为“闲暇”。闲暇包括除必需的睡眠时间和劳动供给量之外的全部活动时间，比如用于吃、喝、玩、乐、干家务活的时间。

闲暇能直接增加效用，而劳动能带来工资收入，即间接增加效用。劳动者在不同的工资水平下提供的劳动数量取决于他对工资及闲暇的评价。一般来说，当一个人的工资水平较低时，如果工资提高，他会减少闲暇，增加劳动的供给量；但当工资提高到一定水平的时候，工资相对于闲暇来说，吸引力会不断下降，劳动者会希望减少劳动，享受闲暇时光。所以，劳动的供给曲线如图 6-2（a）所示，工资水平上升到足够高的程度后，货币的边际效用开始递减，劳动的供给不但不会增加反而会减少，人们希望多享受闲暇来代替劳动的时间。

尽管个人的劳动供给曲线可能因收入效应和替代效应而向后弯曲，但整个劳动市场总会有新劳动的加入，因此供给曲线还是随着工资上升而向右上方倾斜，如图 6-2（b）所示。

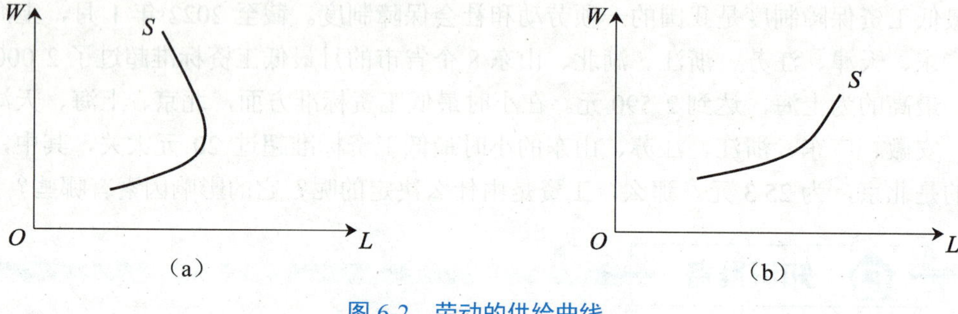

图 6-2　劳动的供给曲线

拓展阅读

向后弯曲的单个劳动者的供给曲线可以用替代效应和收入效应进行解释：工资越高，人们就越愿意放弃闲暇而选择更长的工作时间，这是替代效应；在其他条件不变的情况下，收入增多会使人们增加对大多数物品的需求，闲暇也是其中之一，因此收入增加引起了对闲暇的需求增加，减少了劳动供给，这是收入效应。当收入水平较低时，替代效应大于收入效应，因此劳动供给与工资水平呈正方向变动；当收入水平到达一定程度后，收入效应大于替代效应，劳动供给与工资水平呈反方向变动。

（三）工资的决定

工资最终由厂商对劳动的需求与劳动所有者的劳动供给共同作用来决定。如图 6-3 所示，劳动的需求曲线 D 与劳动的供给曲线 S 相交于均衡点 E，此时，均衡的工资水平为 W_1，劳动的均衡数量为 L_1。

如果工资高于 W_1，假设工资提高到 W_2，那么一般情况下，劳动的供给会增加，大量的劳动力充斥市场，这将导致劳动力供过于求，如果劳动的需求不变，那么会导致劳动的工资开始下跌；如果工资低于 W_1，人们又会减少对劳动的供给，导致劳动力供不应求，那么工资将不得不提升。总之，工资始终围绕着均衡点上下波动。

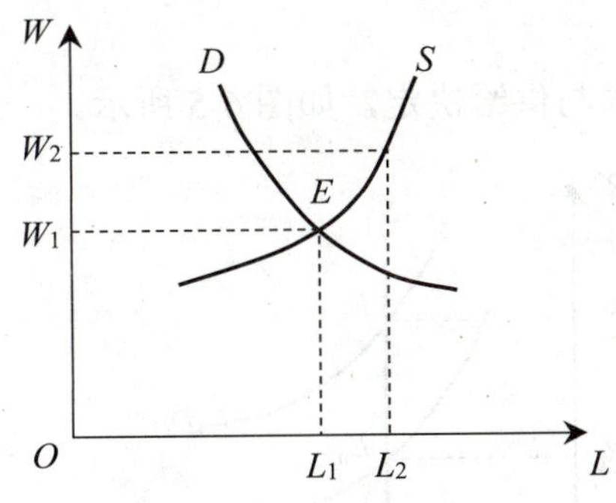

图 6-3　工资的决定

思考与讨论

影响劳动供给和需求曲线变动的原因有哪些？它们是如何影响的？均衡工资会有什么变化？

二、土地与地租

（一）土地的需求与供给曲线

经济学中的土地泛指一切自然资源，这些自然资源既不能被生产出来，又不会被毁灭。也就是说，土地的“自然供给”是固定不变的。土地的使用价格称为“地租”。需要注意的是，这里的价格是使用的价格，而不是买卖的价格。

土地的供给曲线有着自己的特点，由于供给是固定的，在每个地区，可以利用的土地总有一定的限度。所以，土地的供给曲线 S 是一条与横轴垂直的线，如图 6-4 所示，其中，R 代表地租，N 代表土地数量。土地的需求取决于土地的边际生产力，土地的边际生产力也是递减的，所以，土地的需求曲线 D 是一条向右下方倾斜的曲线，表示地租越高，人们对土地的需求量越小；地租越低，人们对土地的需求量越大。

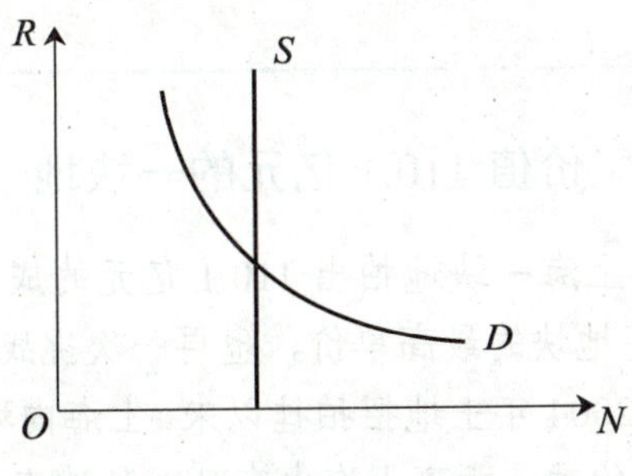

图 6-4　地租的需求与供给曲线

（二）地租的决定

地租的高低由土地的需求与供给决定，如图 6-5 所示。

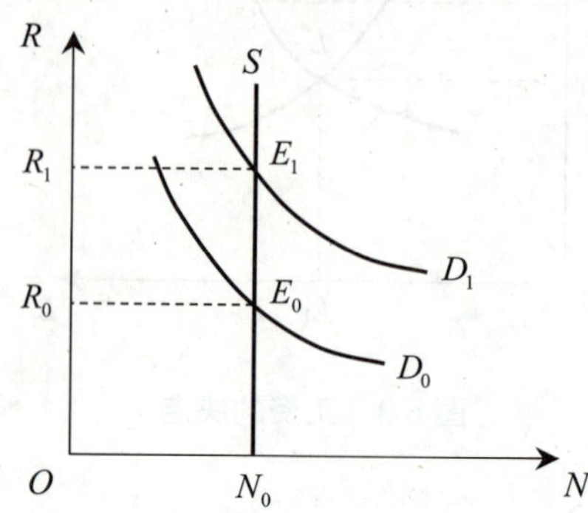

图 6-5　地租的供给与需求曲线

在图 6-5 中，土地需求曲线 D_0 与土地供给曲线 S 的交点 E_0 是土地市场的均衡点，对应的地租为 R_0。由于生产技术不断进步、城镇化不断推进等，土地被不断占用，人们对土地需求的增加使需求曲线由 D_0 上升到 D_1，地租也由 R_0 上升到 R_1。

思考与讨论

在哪些情况下，地租会下降？

（三）级差地租

以上关于地租决定的分析是假定所有土地都是同质的，即不考虑土地在肥沃程度、地理位置等方面所存在的差异。但实际上，土地可以按照这些差异被分为不同的等级，不同等级的土地所要缴纳的地租也会有所不同，这种**由土地的差异而引起的地租在经济学上称为“级差地租”**，它等于土地收益与生产成本的差值。

级差地租有两个必要条件：一是土地的有限性；二是土地肥沃程度和位置不同，等量投资的回报率就会不一样。土地的差异影响着承租人的营业，同时也就影响了地租的高低。

案例巩固

价值 110.1 亿元的一块地

2016 年 8 月 17 日，上海一块地拍出 110.1 亿元的成交价，楼板价每平方米超 10 万元，刷新了全国住宅地块的最高单价，也再一次挑战了公众对中国房地产行业的心理承受能力。这是自 2004 年土地招拍挂以来，上海内环内首次出让的住宅地块，它不但面积大，而且地段优越，距离上海火车站、外滩直线距离均 2 000 米左右。

该地块起拍价就已经高达 46 亿元，可是一经推出，依然吸引了 18 家开发商的参与，竞拍过程中，实际上很快就已经打破了全国单价地王纪录，而后每一次加价，都在不断刷新该纪录。经过 400 多轮竞价后，融信集团最终以 110.1 亿元拿下这块地，溢价率高达 139%。

三、资本与利率

（一）资本与利率的概念

> **小贴士**
>
> 劳动与土地是“自然”给定的，资本是生产出来的。

1. 资本的概念

资本是由经济制度本身生产出来的、可以用作投入要素以生产更多的商品和劳务的物品，如资金、厂房、设备等。资本具有以下特点：① 资本是通过人们的经济活动生产出来的，它的数量是可以改变的；② 资本被生产出来是为了以此获得更多的商品和劳务；③ 资本在生产过程中通常作为投入要素使用。

2. 利率的概念

资本可以和其他生产要素一样被租借出去，因此资本也有价格，称为“利息”。利息与工资的计算方式不同，它不是用货币的绝对量来表示，而是用利率来表示。所谓**利率是指在一定时期内一定量的资本所获得的收入与资本价值的比例**，用 I 表示。例如，一台机器的价值为 1 000 元，使用一年得到的收入为 150 元，则利率 $I=150\div1\,000=15\%$。这 15%便是这一台机器在一年内提供生产性服务的价格。

单利与复利

拓展阅读

为什么对资本应该支付利息？有些经济学家认为，人具有一种时间偏好，即在未来的消费和现期消费中，人们更偏好现期消费。因为人们认为生命是有限的，未来的情况不可预测。在人们眼中，同一种物品未来的效用总是低于现期的效用。因此人们对于目前所拥有的财物的估价要比对将来拥有这些财物的估价高，那么利息就产生了。利息的高低取决于人们对时间的偏好，对时间的偏好越大，利息就越高；对时间的偏好越小，利息就越低。

还有的经济学家认为，资本所有者把资本借出去，是牺牲了当前的消费。而当人们牺牲当前消费时，就相当于牺牲了当前欲望的满足。当欲望得不到满足的时候便会产生痛苦，而利息就是对节制欲望所产生痛苦的补偿。在节欲过程中，产生的痛苦越大，利息越高；产生的痛苦越小，利息也就越低。

为什么资本能够产生利息？一些经济学家认为，现代生产方式的基本特点就在于

迂回生产，即人们先生产机器设备和生产工具等资本品，然后利用这些资本品去生产消费品。比如，以前人们都用手工去纺纱，发明了纺织机器设备后，人们就用这些设备去制成各种织物。在迂回生产中，由于资本而提高的生产效率就是资本的净生产力，而资本的净生产力是资本能带来利息的根源。

（二）资本的需求与供给曲线

1. 资本的需求曲线

资本的需求是指在各种可能的利率下，厂商对资本的需求量。厂商使用资本投资，是为了实现利润最大化，因此投资的需求就取决于利润率与利率之间的差额。利润率越高于利率，纯利润就越大，厂商也就越愿意投资；反之，利润率越接近于利率，纯利润就越小，厂商也就越不愿意投资。这样，在利润率既定时，利率就与投资呈反方向变动，从而资本的需求曲线是一条向右下方倾斜的曲线。

2. 资本的供给曲线

资本的供给是指在各种可能的利率下，人们愿意提供的资本数量。和“自然给定”的土地与劳动不同，单个人拥有的资本量可以在不影响其他人资本拥有量的情况下增加，这就是“储蓄”。资本数量由于储蓄而增加，而资本所有者进行储蓄是为了得到更多的收入。因此，一般来说，利率越高，人们越愿意增加储蓄；利率越低，人们越愿意减少储蓄，从而资本的供给曲线向右上方倾斜。

（三）利率的决定

利率是由资本的需求和资本的供给共同决定的。如图 6-6 所示，K 为资本量，D 为资本的需求曲线，S 为资本的供给曲线，两条曲线相交于均衡点 E，对应的均衡利率为 I_0，资本量为 K_0。

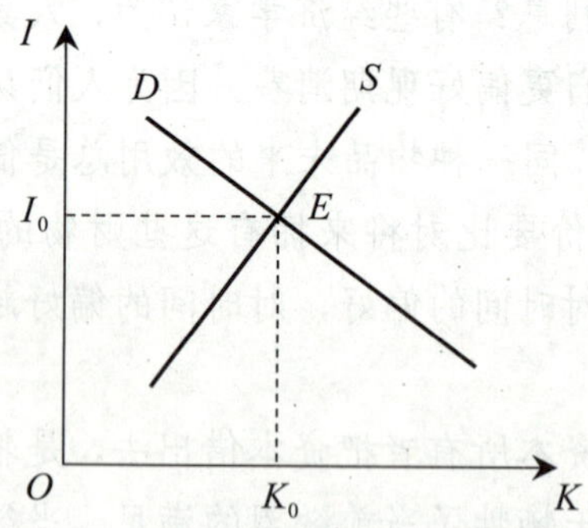

图 6-6 利率的需求与供给曲线

需要注意的是，这里由供求关系决定的利率是“纯利率”，它反映的是资本的净生产力。但在资本市场上，债权人对债务人所收取的利息中还包括贷款的风险收入，如不能偿还的风险、通货膨胀使货币贬值的风险等。将这些风险计算在内而收取的利息称为“借贷利息”，它与纯利息在量上是有差别的。

经济指向标

均衡利率水平也受到多种因素的影响，如经济发展水平、国民收入水平等。2020 年 8 月 20 日起施行的《最高人民法院关于修改〈关于审理民间借贷案件适用法律若干问题的规定〉的决定》规定：“出借人请求借款人按照合同约定利率支付利息的，人民法院应予支持，但是双方约定的利率超过合同成立时一年期贷款市场报价利率 4 倍的除外。”以 2021 年 10 月 20 日发布的一年期贷款市场报价利率 3.85%的 4 倍计算，民间借贷利率的司法保护上限为 15.4%，相较于过去的 36%有较大幅度下降。

四、企业家才能与利润

企业家不仅从事企业生产经营中的管理工作，而且要进行创新，并且承担风险。企业家才能的报酬为利润，一般可分为正常利润与超额利润。

（一）正常利润

正常利润是企业家才能的价格，也是企业家才能这种生产要素所得到的收入。它包括在成本之中，其性质与工资相类似，是由企业家才能的需求与供给决定的。厂商对企业家才能的需求是很大的，因为企业家才能是生产好坏的关键，是使劳动、资本与土地结合并生产出更多产品的决定性因素。而企业家才能的供给又是很少的，培养企业家才能所耗费的成本很高。企业家才能的需求与供给的特点，决定了企业家才能的收入，即正常利润必然是很高的。可以说，正常利润是一种特殊的工资，其特殊性就在于其数额远远高于一般劳动所得到的工资。

企业家座谈会

案例巩固

同是一个公司的员工，为什么报酬差距这么大？

一天，车间的小李见到公司人事部的主管说：“我每天在车间这么辛苦地干活，流那么多汗，而你在办公室里坐在椅子上吹空调，可我的工资还不到你的四分之一，同是一个公司的员工，为什么报酬差距这么大？”人事主管笑着说：“公司老总的工资比你我都高出好多倍，你去问他啊。”

报酬取决于付出，车间员工付出的是一般劳动力，而管理人员付出的是心智才能，即管理才能（特别是企业老总，他付出的叫企业家才能）。前者属于一般资源，而后者属于稀缺资源，按照供求关系，当然后者的报酬要高于前者。

（二）超额利润

超额利润是指超过正常利润的那部分利润，又称“纯粹利润”或“经济利润”。在完全竞争的条件下不会有这种利润产生，不完全竞争条件下，即存在创新、风险和垄断，才会产生这种利润。

1. 创新产生的超额利润

创新是指企业家对生产要素实行新的组合。它包括五种情况：① 引入新产品；② 采用新的生产方法；③ 开辟新市场；④ 获得原料的新来源；⑤ 采用新的企业组织形式。创新是社会进步的动力，因此，由创新所获得的超额利润是合理的，是社会进步必须付出的代价，也是社会对创新者的奖励。

2. 风险产生的超额利润

风险是指从事某项事业遭遇失败的可能性。由于未来具有不确定性，因此人们对未来的预测有可能发生错误，风险的存在就是普遍的。比如在生产中，供求关系发生难以预料的变动，发生自然灾害、政治活动等，这些偶然事件都是风险，而且并不是所有的风险都可以用保险的方法加以弥补。这样，从事具有风险的生产就应该以超额利润的形式得到补偿。

3. 垄断产生的超额利润

由垄断产生的超额利润，又称为“垄断利润”。垄断利润是垄断者对消费者、生产者或生产要素供给者的剥削，是不合理的。例如，垄断者可以压低收购价格，以损害生产者或生产要素供给者的利益而获得垄断利润，或者可以抬高销售价格以损害消费者的利益而获得超额利润。

知行合一

当今社会对企业家才能的需求越来越大，作为大学生的我们，在学习阶段既要把基石打深、打牢，掌握事物发展规律，丰富学识，增长见识，又要做到知行合一、以知促行、以行求知，还应不断调整心态，变革自己的思维，培养奋斗精神，做到理想坚定、信念执着、不怕困难、勇于开拓、顽强拼搏、永不气馁。

班级________ 姓名________ 学号________

任务考核

1.【单选题】随着工资水平的提高，劳动供给可能（　　）。

A．增加　　B．减少

C．不变　　D．以上情况都有可能

2.【单选题】地租不断上升的原因可能是（　　）。

A．土地的供给与需求共同增加

B．土地的供给与需求共同减少

C．土地的供给不断减少，而需求不变

D．土地的需求日益增加，而供给不变

3.【单选题】关于利率，下列表述不正确的是（　　）。

A．利率是资本的使用价格

B．人们对时间的偏好越小，利率就越高

C．人们牺牲当前消费产生的痛苦越大，利率越高

D．资本的净生产力是资本能带来利率的根源

4.【单选题】如果政府大力提倡用机器替代人力，这将导致劳动的（　　）平移。

A．需求曲线向右　　B．需求曲线向左

C．供给曲线向右　　D．供给曲线向左

5.【单选题】正常利润是（　　）的一个组成部分。

A．经济利润　　B．可变成本

C．隐性成本　　D．显性成本

6.【多选题】利润的主要来源有（　　）。

A．创新　　B．承担风险

C．垄断　　D．机遇

7.【简答题】劳动的供给曲线有几种情况？

班级______________　　姓名______________　　学号______________

8.【简答题】利率是如何决定的？

9.【简答题】地租是如何决定的？

10.【计算题】某劳动市场的供给曲线为 $S_L = 4\,000 - 50W$，需求曲线为 $D_L = 50W$，试求：

（1）均衡工资；

（2）假如政府对每个工人征收 10 元的税，则新的均衡工资为多少？

任务三　了解收入分配

任务导入

消除贫困、改善民生是我们党的重要使命。党的十八大以来，党中央实施精准扶贫、精准脱贫，加大扶贫投入，创新扶贫方式，扶贫开发工作呈现新局面，脱贫攻坚战取得了全面胜利。为什么在现实生活中，存在着贫富差距等收入不平等的现象呢？国家还可以采取哪些措施促进社会的公平与正义？

知识准备

一、收入分配不平等程度的衡量

（一）洛伦兹曲线

洛伦兹曲线是用来衡量一个国家收入分配不平等程度的曲线，由美国统计学家M. O.洛伦兹于1905年提出。洛伦兹首先将一国总人口按收入由低到高的顺序排列，然后计算出收入最低的任意百分比人口所得到的收入百分比，例如，收入最低的20%人口所得到的收入比例为3%，收入较低的20%人口所得到的收入比例为4.5%……（见表6-1），最后将得到的人口累计百分比和收入累计百分比的对应关系在图中描绘出来，得到**洛伦兹曲线**，如图6-7所示。

表6-1　某国的收入水平分类

单位：%

收入水平分组	人口所占比重	累计人口比重	收入所占比重	收入累计比重
最低收入者	20	20	3	3
较低收入者	20	40	4.5	7.5
中等收入者	20	60	21.5	29
较高收入者	20	80	20	49
最高收入者	20	100	51	100

在图 6-7 中，横轴表示人口（按收入由低到高分组）的累计百分比，纵轴表示收入的累计百分比，曲线 OL 为绝对平均曲线，曲线 ODL 为该图的洛伦兹曲线。由该曲线（或表 6-1）可知，在这个国家中，收入最低的 20%人口所得到的收入仅占总收入的 3%；而收入最高的 20%人口所得到的收入超过了总收入的一半。

显而易见，洛伦兹曲线的弯曲程度反映了收入分配的不平等程度，当洛伦兹曲线 ODL 与曲线 OL 重合时，收入分配是完全平等的，其弯曲程度越大，收入分配越不平等。

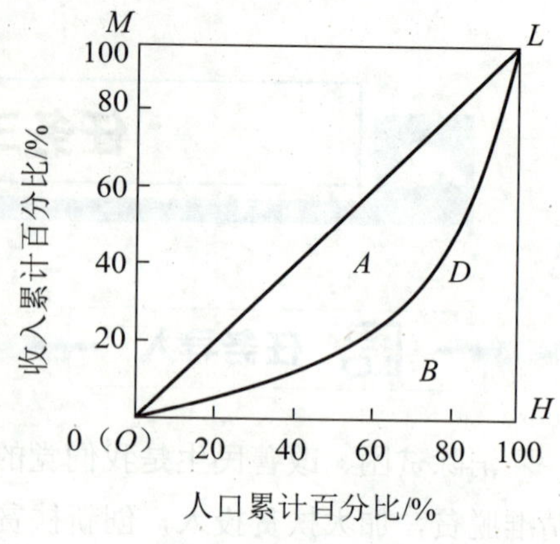

图 6-7　洛伦兹曲线

思考与讨论

当所有收入都集中在某个人手中时，对应的洛伦兹曲线是什么形状？

（二）基尼系数

由图 6-7 可知，收入分配越不平等，洛伦兹曲线就越凸向横轴，从而它与绝对平等曲线 OL 形成区域的面积就越大。因此，可以将洛伦兹曲线 ODL 与曲线 OL 形成区域的面积 A 叫作“不平等面积”；当收入分配达到完全不平等时，洛伦兹曲线 ODL 与折线 OHL 重合，折线 OHL 与曲线 OL 形成区域的面积 $A+B$ 是“完全不平等面积”。不平等面积与完全不平等面积之比，称为“**基尼系数**”，用 G 表示，则

$$G=\frac{A}{A+B} \tag{6-3}$$

基尼系数

显然，基尼系数不会大于 1，也不会小于 0，即有 $0\leqslant G\leqslant 1$。基尼系数越大，说明一个国家收入分配越不平等，即贫富差距越大；基尼系数越小，说明一个国家的收入分配越平等。国际上并没有一个组织或教科书给出最适合的基尼系数标准，但有不少人认为基尼系数小于 0.2 表示过于平等，0.2～0.3 表示比较平等，0.3～0.4 表示比较合理，0.4～0.5 表示差距过大，0.5 以上表示收入差距悬殊。

二、收入分配不平等的原因

在任何一个社会都存在不同程度的收入分配不平等，市场经济社会中这一问题更突出。引起收入分配不平等的原因主要有以下几点：

（1）初始财产的不平等。一般情况下，投机收入、大量的自然资源的开发、新产品和新科技的发明等可以为人们带来高收入，而由于财产的拥有具有无限性与可继承性，这

使得初始财产成为影响收入分配公平的重要因素。

（2）劳动力的差异。之前的劳动力市场分析中，是假设市场为完全竞争市场，即劳动力之间没有差别。然而实际上，每个人的能力、勤奋程度、机遇甚至运气都有所不同。就能力而言，既有先天的才能不同，也有后天受教育程度的不同。

（3）要素报酬率的差异。现实生活中，生产要素自由流动很难实现，例如，工会的集体谈判可能会使已就业工人的工资高于由完全竞争市场决定的均衡工资，地理上或专业上的固定性阻碍生产要素转移到可能获得更高收入的经济部门等。

（4）工种、权力、制度、习俗等方面的差异。例如，风险大的工作要比风险小的工作收入多，垄断行业收入比竞争行业收入多，户籍制度、受教育权利的不平等等。

思考与讨论

（1）导致收入分配不平等的原因还有哪些？

（2）收入不平等有哪些危害？

三、收入再分配

（一）收入分配标准

经济学家认为，收入分配有三种标准，如表 6-2 所示。

表 6-2 收入分配标准

分配标准	内容	优点	缺点
贡献	按社会成员的贡献分配国民收入，即按生产要素的价格进行分配	保证经济效率，鼓励每个社会成员在竞争中充分发挥自己的能力	由于各成员能力、机遇的差别，会引起收入分配的不平等
需要	按社会成员对生活必需品的需要分配国民收入	收入分配更加公平	不利于提高经济效率
平等	按公平的准则分配国民收入		

三种分配标准各有利弊，有利于经济效率则会不利于公平，有利于公平则会有损于经济效率，这就是经济学中公平与效率的矛盾。

效率优先、兼顾公平是许多国家收入分配的原则。效率优先，即以贡献为收入分配的基本标准；兼顾公平，则需要借助政府的相关政策来实现。

经济指向标

“治天下也，必先公，公则天下平矣。”公平正义是中国特色社会主义的内在要求，实现公平正义是我们党的一贯主张。新时代坚持和发展社会公平正义，首先要做大“蛋糕”。经济社会发展是实现社会公平正义的决定性因素，必须紧紧抓住经济建设这个中心，推动经济高质发展，进一步把“蛋糕”做大，为保障社会公平正义奠定更加坚实的物质基础。

收入分配制度改革

实现社会公平正义，还要分好“蛋糕”，经济发展是基础，但并不是说要等着经济发展起来了再解决社会公平正义问题。不断做大“蛋糕”的同时，还要把“蛋糕”分好。

学生通过扫描“二维码”和查阅相关资料，可以详细了解我国在促进社会公平正义方面做出的努力，同时树立制度自信和爱国情怀。

（二）收入再分配政策

1. 税收政策

政府运用税收来实现收入分配的公平，主要手段是征收个人所得税，此外还有征收遗产税、财产税、赠与税等。

个人所得税是税收的一项重要内容，它通过累进所得税制度来调节社会成员收入分配的不平等状况。累进所得税制就是根据收入的高低确定不同的税率，对高收入者按高税率征税，对低收入者按低税率征税。这种累进所得税有利于纠正社会成员之间收入分配不平等的状况，从而有助于实现收入的平等化。但这种累进所得税不利于有能力的人充分发挥自己的才干，对社会来说也是一种损失。此外在个人所得税方面，还区分了劳动收入税与非劳动收入税。对劳动收入按低税率征税，而对非劳动收入（股息、利息等收入）按高税率征税。

2. 社会福利政策

如果说税收政策是通过对富人征收重税来实现收入分配平等化的话，那么，社会福利政策则是通过给穷人补助来实现收入分配平等化。社会福利政策主要包括各种形式的社会保障与社会保险、向贫困者提供就业机会与培训、医疗保险与医疗援助、对教育事业的资助、各种保护劳动者的立法、改善住房条件等。

思考与讨论

在我国，这些社会福利政策有哪些具体内容？

班级________ 姓名________ 学号________

任务考核

1.【单选题】洛伦兹曲线用于衡量社会（　　）的程度。

A．贫困　　B．保障

C．收入分配不平等　　D．收入透明

2.【单选题】下列关于基尼系数说法，正确的是（　　）。

A．基尼系数越大，贫富差距越大

B．基尼系数越小，贫富差距越大

C．基尼系数无法衡量贫富差距

D．以上说法均不正确

3.【单选题】如果收入是完全平等分配的，则洛伦兹曲线与（　　）。

A．横轴重合　　B．45°对角线重合

C．纵轴重合　　D．难以确定

4.【单选题】一般以基尼系数（　　）为收入差距过大的警戒线。

A．0.2　　B．0.4　　C．0.6　　D．0.8

5.【单选题】如果收入是完全平等分配的，则基尼系数等于（　　）。

A．1　　B．0.8　　C．0.5　　D．0

6.【单选题】2016年，中国的基尼系数为0.465，这说明中国的收入分配（　　）。

A．差距过小　　B．差距过大

C．比较合理　　D．差距悬殊

7.【多选题】下列选项中，属于收入再分配政策的是（　　）。

A．征收个人所得税　　B．就业培训

C．建立医疗保险　　D．资助教育事业

8.【简答题】收入不平等的原因有哪些？

班级__________ 姓名__________ 学号__________

项目实训——了解我国精准扶贫

一、实训目标

让学生通过了解我国近几年在精准扶贫中实施的政策与取得的成就，将理论与实践相结合，理解国家采取这些措施的原因，进而树立制度自信，提升爱国情怀。

二、实训内容和要求

1. 小组工作

（1）学生自由分组，以组为单位查询我国近几年有关精准扶贫的政策文件、采取的措施以及取得的成就。

（2）通过小组讨论和总结，制作出一份介绍精准扶贫的 PPT。

2. 班级交流

全班组织开展一次交流研讨，每组派一名代表展示 PPT，其他小组成员可以进行评价、提问，或针对发言内容发表自己的观点并阐述理由。发言人及本组成员可针对提问进行答辩。

3. 考核

每个小组提交一份 PPT，学生和教师根据学生平时课堂表现、提交的 PPT、班级交流发言情况在表 6-3 中进行评估打分，综合评定本项目的成绩。

表 6-3 项目考核表

<table>
<tr><th rowspan="2">项目名称</th><th rowspan="2">评价内容</th><th rowspan="2">分值</th><th colspan="2">评价分数</th></tr>
<tr><th>自评</th><th>师评</th></tr>
<tr><td rowspan="3">个人素养
考核项目
（20%）</td><td>日常考勤</td><td>5 分</td><td></td><td></td></tr>
<tr><td>仪容仪表</td><td>5 分</td><td></td><td></td></tr>
<tr><td>课堂纪律和学习态度</td><td>10 分</td><td></td><td></td></tr>
<tr><td rowspan="4">专业能力
考核项目
（80%）</td><td>积极参与教学活动并正确理解任务要求</td><td>10 分</td><td></td><td></td></tr>
<tr><td>知识准备中每个知识点的学习效果</td><td>20 分</td><td></td><td></td></tr>
<tr><td>任务考核题目的正确率</td><td>25 分</td><td></td><td></td></tr>
<tr><td>项目实训准备充分，PPT 内容完整、准确</td><td>25 分</td><td></td><td></td></tr>
<tr><td colspan="2">综合分数（自评×30%+师评×70%）</td><td colspan="3"></td></tr>
<tr><td>教师评语</td><td colspan="4">

教师（签名）：</td></tr>
</table>

思维导图

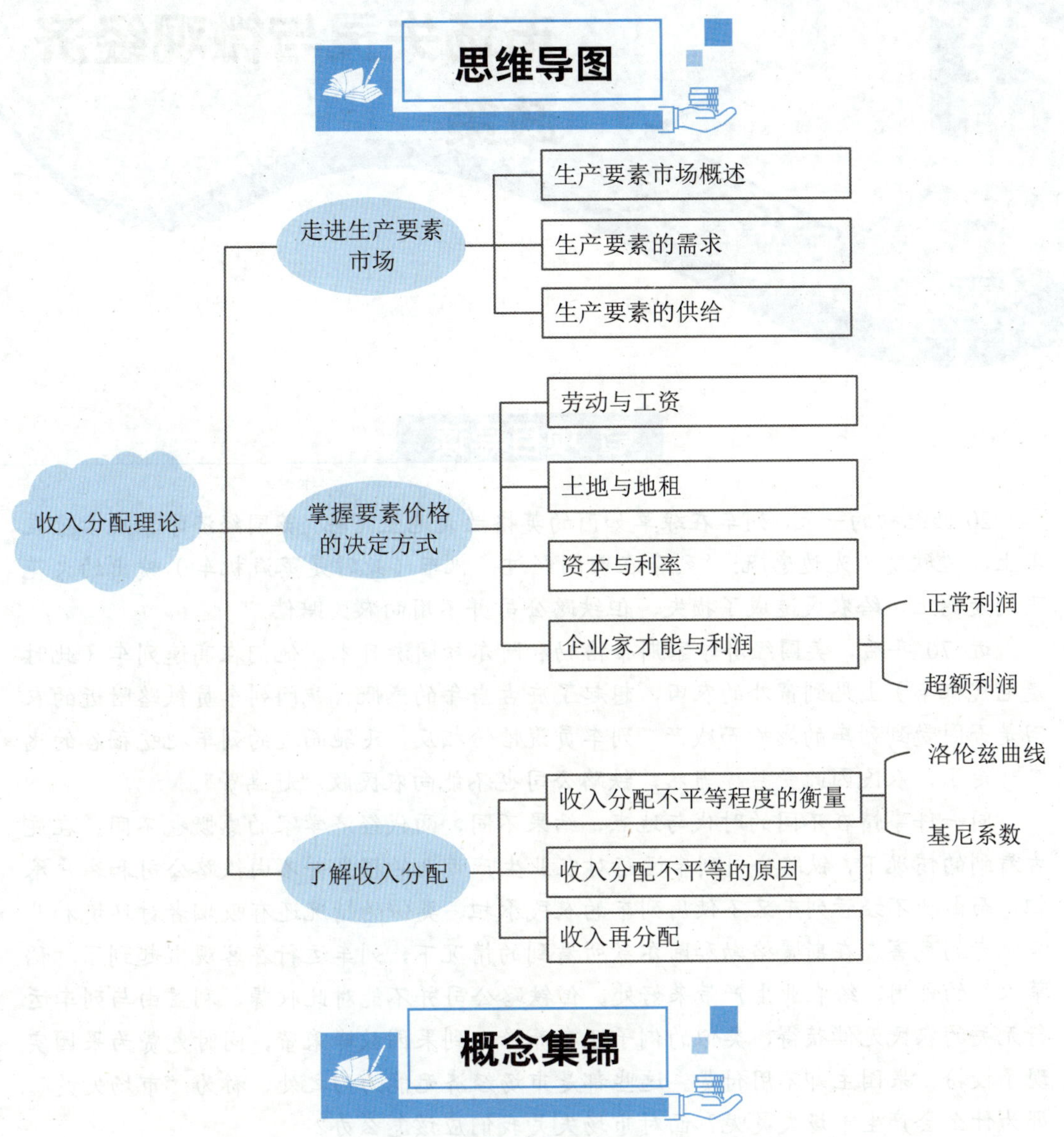

概念集锦

（1）生产要素市场：以各种生产要素为交易对象的市场。

（2）生产要素的边际产品价值：增加使用一单位生产要素所增加的收益。

（3）资本：由经济制度本身生产出来的、可以用作投入要素以生产更多的商品和劳务的物品。

（4）利率：在一定时期内一定量的资本所得的收入与资本价值的比例。

（5）级差地租：由土地的差异而引起的地租。

（6）洛伦兹曲线：用来衡量一个国家收入分配不平等程度的曲线，以“最贫穷的人口计算起一直到最富有人口”的人口百分比对应各人口百分比的收入百分比的点形成的曲线。

（7）基尼系数：不平等面积与完全不平等面积之比。

项目七 市场失灵与微观经济政策

项目导读

20世纪初的一天，列车在绿草如茵的英格兰大地上飞驰。英国经济学家庇古坐在车上，边欣赏风光边感慨："列车在田间经过，机车（此时是蒸汽机车）喷出的火花飞到麦穗上，给农民造成了损失，但铁路公司并不用向农民赔偿。"

近70年后，美国经济学家斯蒂格勒和阿尔钦同游日本。他们在高速列车（此时是电气机车）上见到窗外的农田，想起了庇古当年的感慨，就问列车员铁路附近的农田是否因受到列车的影响而减产。列车员说恰恰相反，飞驰而过的列车把吃稻谷的飞鸟吓走了，农民因此受益。当然，铁路公司也不能向农民收"赶鸟费"。

同一件事情在不同的时代与地点，结果不同，两代经济学家的感慨也不同。在庇古看到的情况下，铁路公司列车运行对农业生产带来的损失并不由铁路公司和客户承担，而由既不经营列车又不使用列车的农民承担，类似的情况还有吸烟者对环境和非吸烟者的危害。在斯蒂格勒和阿尔钦所看到的情况下，列车运行在客观上起到了"稻草人"的作用，给农业生产带来好处。但铁路公司并不能对此收费，利益由与列车运行无关的农民无偿获得，类似的例子还有养蜂人到果园放蜂采蜜，同时免费为果园实现了授粉，果园主却不用付费。这些都是市场经济无能为力之处，称为"市场失灵"。那为什么会产生市场失灵呢？面对市场失灵我们应该怎么办？

本项目主要介绍市场失灵的原因以及政府的应对措施，内容包括垄断、外部性、公共物品、信息不对称等，通过这些知识来解释市场机制不能有效配置资源以及政府一些经济政策的原因。

学习目标

知识目标

（1）理解市场失灵的概念。

（2）理解垄断、外部性、公共物品和信息不对称与市场失灵的关系。

（3）了解政府应对市场失灵采取的治理措施。

能力目标

（1）能够在现实生活中辨别市场失灵现象并分析原因及其影响。

（2）能够了解我国政府治理市场失灵的相关政策。

德育目标

（1）通过了解现实生活中市场资源无法有效配置的原因，提高学习经济学的兴趣，培养经济思维。

（2）通过学习政府干预的相关知识，初步理解政府在市场中的作用，体会社会主义市场经济体制的优越性，树立制度自信。

任务一　认识市场失灵

任务导入

公共牧场向公众开放，这本来是一件好事，但是由于每个牧民都想多放养，因此牛羊的数量便无节制地增加。而牧场的承载能力是有限的，最终，公共牧场因过度放牧而沦为不毛之地。单独来看，明明每一个牧民都是理性人，都在追求最大的利益，那为什么还会造成“公地的悲剧”？

知识准备

一、市场失灵的概念

前述各项目的主旨在于论证所谓“看不见的手”的原理，即市场经济在一些理想化假定条件下，可以使整个经济达到一般均衡，资源配置达到最优。但在现实市场经济中，那些理想化假定并不能实现，私人成本与社会成本也不相一致，从而私人成本的最优导致社会的非最优。因此，“看不见的手”的原理一般来说并不成立。换句话说，**市场机制在很多领域不能导致资源的有效配置，这种情况被称为“市场失灵”。**

二、市场失灵的原因

一般认为，导致市场失灵的主要原因为垄断、外部性、公共物品和信息不对称。

（一）垄断

垄断是指对市场的直接控制或操纵，垄断程度越高，市场失灵的程度就越大。垄断导致的市场失灵主要有以下几种表现。

1. 效率低下

通过项目五的学习我们知道，垄断厂商可以形成垄断价格且保持利润。因此，厂商在边际收益 MR 与边际成本 MC 相等的均衡点进行生产时，市场价格 P 是大于 MC 的。与竞争市场相比，垄断市场的价格更高，且产量更低。

这样，一方面，垄断厂商丧失了降低成本、提升效率的动力，在管理上比较松懈，从而降低了经济效率；另一方面，垄断价格扭曲了正常的成本价格关系，其供不应求的假象使得更多的资源流向该行业，导致资源配置不合理，造成资源浪费。

> **小贴士**
>
> 只要厂商的需求曲线不是水平的，而是向右下方倾斜，就会出现低效率的资源配置状态。

2. 社会福利损失

由于垄断的存在，消费者支付了较高的价格，因而消费者剩余减少，造成社会福利损失，如图 7-1 所示。

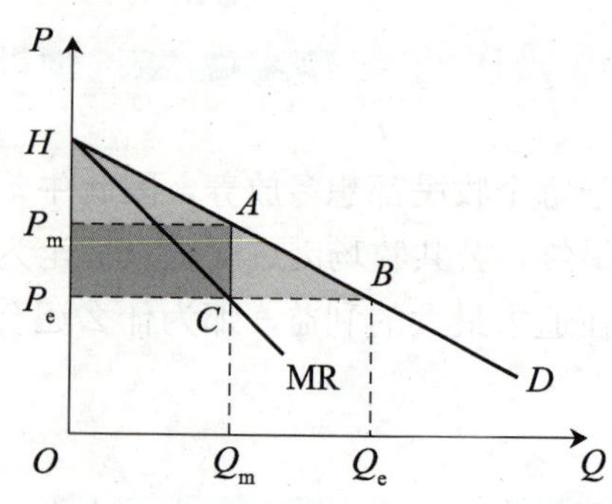

图 7-1　垄断造成的社会福利损失

图 7-1 中，Q 代表产量，P 代表价格，D 是厂商需求曲线，MR 是边际收益曲线。在完全竞争条件下，消费者剩余为均衡价格 P_e 的价格水平线以上、需求曲线 D 以下的部分，即三角形 HP_eB 的面积。在垄断条件下，消费者剩余为垄断价格 P_m 的价格水平线以上、需求曲线 D 以下的部分，即三角形 HP_mA 的面积。显然，前者大于后者，二者之差为梯形 AP_mP_eB 部分的面积，其中，AP_mP_eC 部分为厂商获得的垄断利润，而三角形 ABC 部分就是社会福利损失，也称为“无谓损失”。

3. 社会不公平

垄断扼杀了竞争，剥夺消费者剩余，加剧了收入分配不平等及贫富两极分化。此外，在垄断条件下，厂商为了能一直获得垄断利润，常常采取一些非生产性寻利活动来保持垄断地位，称为“寻租”。**寻租通常是指那些通过公共权力参与市场经济从而谋取非法收益的非生产性活动。**例如，游说政府或贿赂政府官员以规避政府的管制。寻租往往容易造成官员腐败、社会不公甚至动乱。

（二）外部性

1. 外部性的概念与分类

外部性是指一个经济主体的活动给与这项活动无关的主体带来的影响，且这种影响所带来的利益或损失不由经济主体本身承担。换句话说，如果一个人的行为影响了他人的福利，但相应的成本和收益并没有通过市场价格反映出来，就意味着出现了外部性。例如项目导读中讲到的列车对农田的影响。

根据外部性发生的领域以及对其他主体带来的影响的不同，外部性可以分为四类，如表 7-1 所示。

表 7-1　外部性的分类

类型	概念	举例
生产的正外部性	一个生产者的经济行为给社会其他成员带来了利益，自己却不能从中得到补偿	一个企业对其所雇用的工人进行培训，而这些工人未来可能到其他单位去工作，该企业并不能从其他单位得到补偿
生产的负外部性	一个生产者的经济行为使社会其他成员付出了代价，自己却未给其他成员以补偿	企业扩大生产可能造成交通拥挤及对环境的破坏
消费的正外部性	一个消费者的经济行为给社会其他成员带来了利益，自己却不能从中得到补偿	一个人对自己的孩子进行教育，把他培养成更优秀的公民，这显然也使其邻居甚至整个社会都得到了好处
消费的负外部性	一个消费者的经济行为使社会其他成员付出了代价，自己却未给其他成员以补偿	吸烟者的行为危害了被动吸二手烟者的身体健康

2. 外部性与市场失灵

为什么外部性会导致市场失灵？一般而言，在存在正外部性的条件下，社会成本低于私人成本，社会收益大于私人收益，即私人活动的水平常常要低于社会所要求的最低水平；相反，在存在负外部性的情况下，私人活动的水平常常要高于社会所要求的最优水平。因此，外部性的存在使私人利益与社会利益产生背离，当个人实现自身利益最大化时，往往会忽略其行为带给他人与社会的收益或成本，从而使市场机制变得没有效率，资源配置达不到最优，最终使整个社会福利下降。

作弊的负外部性

知行合一

“不诚信”也具有外部性。人们通常认为，一个人诚信与否是个人品德问题，与他人无关。但实际上，个人品德会因为外部性而产生社会效果，一个人的不诚信，最终可能导致整个社会的不信任。例如，一个不慎摔倒的老人诬陷好心扶他的路人，除了他自己会遭受道德谴责之外，还会使其他好人受到“威慑”，长此以往，便没有好人再去愿意扶起摔倒的老人，这对摔倒的老人也是一种伤害。因此，我们在平时生活中要注意自己的言行举止，诚信做人，公正做事。

（三）公共物品

1. 公共物品的概念与分类

在介绍公共物品前，我们先来介绍一下私人物品。**私人物品是指具有排他性和竞争性**

的物品。排他性是指只有对物品支付价格的人才能够使用该物品。竞争性是指如果某人已经使用了某个物品，则其他人就不能再同时使用该物品。到目前为止，我们讨论的对象主要是私人物品，市场机制只有在具备私人物品的场合才能真正起作用。

然而在现实中，还存在着很多**不满足排他性或竞争性特点的物品，我们称为“公共物品”**。公共物品一般私人不愿意生产或无力生产，所以需要由政府提供。根据公共物品排他性和竞争性的不同，我们可以将公共物品进行分类，如表7-2所示。

表7-2　公共物品的分类

类型	排他性	竞争性	特点	举例
纯公共物品	无	无	用金钱买不到，只能由政府提供	国防、外交、法律
准公共物品	有	无	一般通过收费实现排他性	高速公路、有线电视
	无	有	易因过度使用造成损害或枯竭	公海资源、桥梁

2. 公共物品与市场失灵

如果一件物品不具有排他性，即无法排除一些人“不支付便使用”，则它毫无疑问就会影响其他人的利益，并造成市场机制的失灵。例如，国防和公海资源都不具有排他性，也就是说，一个公民即使拒绝支付国防服务费用，也可以享受国防服务的好处，同样，渔民在公海上捕捞海鱼也很难被阻止。我们把**不支付成本就享用公共物品的人称为“搭便车者”**。可以说，公共物品的提供很难避免搭便车者的产生。

同样，如果一件物品不具有竞争性，即一些人享受了消费利益，并不减少别人的利益，在这种情况下，进行排斥是无效率的行为。例如，高速公路不付费就不能消费，虽然可以收回成本，提高生产者积极性，但是公路的社会效用得不到有效发挥，造成资源浪费。

另外，鉴于公共资源具有竞争性，每个人出于自己的利益考虑，就会尽可能多地去使用公共资源，于是公共资源会被过度消耗，从而造成灾难性的后果，带来市场失灵。

拓展阅读

“搭便车者”在我国古代就已经有了代表人物，那便是滥竽充数的南郭先生。

战国时期，齐国的宣王喜欢听乐器竽的大合奏，就命乐正组织一支三百人的大型吹竽乐队。当时有位南郭先生，既无学问又无专长，靠斗鸡赌博骗取钱财。他闻得齐宣王招聘吹竽乐师三百名后，便去应聘，并凭着三寸不烂之舌混进了乐队。但他根本不会吹竽，为了不让自己的竽发出声音，便偷偷用豆子塞住竽口。这样，他就装模作样地在乐队里吹奏起来。三百名乐师齐奏，气势宏伟，宣王甚为满意。

南郭先生不会吹竽，却混进了宫廷乐队。虽然他实际上没有参加乐队合奏这个“集体行动”，但他在表演时的装模作样仍然使他得以分享国王奖赏这个“集体行动”的成果。

（四）信息不对称

1. 信息不对称的概念与原因

信息不对称是指交易中的各方所掌握的信息不对等。一般而言，卖方比买方拥有更多关于交易物品的信息，例如在二手车的买卖中，卖方比买方更了解车辆。但相反的情况也可能存在，例如医疗保险买卖中，买方对于自身的健康状况肯定比保险公司更清楚。

产生信息不对称的原因有很多，首先，获取信息需要成本；其次，认识能力的局限性和差异性使人们不可能掌握全部需要的信息；最后，掌握信息多的一方为了自身利益，往往会隐藏信息。

2. 信息不对称与市场失灵

信息不对称会引起所谓的"逆向选择"和"道德风险"，导致市场失灵。

1）逆向选择

逆向选择普遍存在于产品市场、劳动市场和资本市场，它是指**由于买卖双方信息不对称，质量好的商品被质量差的商品驱逐出市场的现象。**例如，在二手车市场上，消费者由于不了解车辆相关信息，难以辨别车辆的质量好坏，因此就会用市场上商品的平均质量和平均价格来衡量所有车辆。而由于质量好的车辆的价格往往高于市场平均价格，因此就会出现质量好的二手车车主退出市场，只有劣质车辆成交。一旦进入恶性循环，市场上的二手车质量便会越来越差。

思考与讨论

（1）为什么假冒伪劣商品屡禁不止？

（2）试举例说明劳动市场和资本市场上的逆向选择。

2）道德风险

道德风险是指签约一方不完全承担风险后果时，会采取使自身效用最大化的自私行为。这种行为将成本转嫁给别人，从而造成他人损失的可能性。例如，在没有购买车辆失窃保险的情况下，车主通常会采取加防盗锁、报警器等多种措施保护车辆。但在购买了保险之后，由于汽车失窃的损失会由保险公司赔偿，车主就有可能不再采取那么多防范措施，从而导致失窃概率增大，即将成本转嫁给保险公司。又如，委托人与代理人之间，委托人不能确切地了解代理人的行为，代理人有可能为了追求自己的利益目标而牺牲委托人的利益，这就是"委托代理问题"。

举债道德风险

案例巩固

明厨亮灶

餐饮企业的后厨卫生状况曾饱受消费者诟病。许多宾馆和饭店的大厅、包间装饰得富丽堂皇，可后厨往往惨不忍睹，卫生脏乱差、原料乱摆乱放、厨师挥汗入菜。为此，有些“挑剔”的顾客进了饭店便直奔后厨，先看配菜间干净不干净，再决定留不留下来用餐。可饭店常常仅用一张“厨房重地，闲人莫入”的告示便将顾客拒之门外。

近几年，很多餐饮企业开始实行“明厨亮灶”，即通过联网监控或者透明的后厨装修，让食品加工过程更加公开透明。例如北京推出的“海淀阳光餐饮”App，监管人员和消费者均可通过 App 实时观看后厨操作全过程。其中，一些餐饮企业还因拒绝公示后厨，被 App 提醒“请消费者谨慎前往就餐”。

截至 2016 年底，全国实行“明厨亮灶”的餐饮服务单位的数量占总持证数量的 27.52%。截至 2019 年 10 月 14 日，全国实行“明厨亮灶”的学校食堂数量达到 31.86 万户，覆盖率占有食堂学校数的 84%；直辖市、省会城市和计划单列市实行“明厨亮灶”的学校食堂数为 5.28 万户，覆盖率占有食堂学校数的 91%。

餐饮业实行“明厨亮灶”的目的就是让餐饮服务单位后厨从幕后走到台前，消除餐饮管理部门、餐饮服务单位与公众间信息不对称的障碍，引导消费者直接参与到食品安全工作中，亲自监督，以实现食品安全问题的好转。

班级＿＿＿＿＿＿ 姓名＿＿＿＿＿＿ 学号＿＿＿＿＿＿

任务考核

1.【单选题】市场失灵是指（　　）。

A. 在私人部门和公共部门之间资源配置不均

B. 不能产生任何有用成果的市场过程

C. 以市场为基础的对资源的低效率配置

D. 商品需求对价格变化的敏感程度下降

2.【单选题】某人的行为给其他人带来利益，但其他人并没有为此利益支付费用，这种现象称为（　　）。

A. 公共物品　　B. 搭便车者

C. 正外部性　　D. 负外部性

3.【单选题】卖方比买方知道更多关于商品生产和质量信息的情况称为（　　）。

A. 道德风险　　B. 搭便车者

C. 排他性　　D. 信息不对称

4.【单选题】搭便车现象源于（　　）问题。

A. 公共物品　　B. 私人物品

C. 社会福利　　D. 信息不对称

5.【单选题】物品的非竞争性是指（　　）。

A. 只有一个消费者　　B. 只有一个生产者

C. 生产成本为零　　D. 增加一个消费者的边际成本为零

6.【单选题】某生产活动存在正外部性时，其产量（　　）帕累托最优产量。

A. 大于　　B. 小于　　C. 等于　　D. 以上都有可能

7.【多选题】纯公共物品具有（　　）。

A. 竞争性　　B. 非竞争性　　C. 排他性　　D. 非排他性

8.【多选题】下列选项中，（　　）属于市场失灵情形。

A. 竭泽而渔　　B. 假公济私

C. 环境污染　　D. 草场退化

9.【简答题】垄断是如何导致市场失灵的？

班级＿＿＿＿＿＿＿＿ 姓名＿＿＿＿＿＿＿＿ 学号＿＿＿＿＿＿＿＿

10.【简答题】外部性是如何干扰市场资源优化配置的？

11.【简答题】什么是公地悲剧？公共物品为什么不能靠市场来提供？

12.【简答题】信息不对称产生的风险包括哪些？请举例说明。

13.【计算题】设一产品的市场需求函数为$Q=500-P$，成本函数为$C=20Q$。试求：

（1）若该产品为一垄断厂商生产，利润最大时的产量、价格和利润；

（2）要达到帕累托最优，产量和价格应为多少？

任务二　治理市场失灵

任务导入

当“看不见的手”无法合理配置资源时，就需要政府这双“看得见的手”通过微观经济政策对市场加以干预。微观经济政策是指以微观经济理论为依据，以提高资源配套效率、调节微观经济行为主体关系为目的的有关政策。那么，面对垄断、外部性、公共物品和信息不对称这四个造成市场失灵的主要原因，政府可以采取哪些微观经济政策呢？这些经济政策一定可以使市场状况变好吗？

知识准备

一、垄断的管制

当市场机制本身无法消除和避免垄断时，政府主要通过管制和立法这两种方式来解决垄断造成的市场失灵。

> **小贴士**
>
> 一般按平均成本等于厂商边际成本的原则制定限价。

（一）政府管制

政府管制是指政府为达到一定的目的，凭借其法定的权力直接对市场主体经济活动进行一定程度的限制和约束的行为。政府对垄断的管制包括价格管制和产量管制，通过制定行业最高限价和最低产量约束垄断行为。在我国，政府管制主要适用于电力、天然气、自来水等垄断行业。

（二）反垄断法

制定反垄断法是政府对垄断更加强烈的反应。反垄断法又称“反托拉斯法”，是用以控制垄断活动的法律法规、行政规章、司法判例以及国际条约的总称。

公牛集团被开出近3亿元反垄断罚单

为了预防和制止垄断行为，保护市场公平竞争，提高经济运行效率，维护消费者利益和社会公共利益，促进社会主义市场经济健康发展，我国于2008年8月1日起施行《中华人民共和国反垄断法》（简称《反垄断法》）。《反垄断法》规定：具有市场支配地位的经营者，不得滥用市场支配地位，排除、限制竞争。经营者违反本法规定，达成并实施垄断协议的，由反垄断执法机构责令停止违法行为，没收违法所得，并处上一年度销售额百分之一以上百分之十以下的罚款；尚未实施所达成的

垄断协议的，可以处五十万元以下的罚款。

经济指向标

2018年9月，《中华人民共和国反垄断法》的修订纳入十三届全国人大常委会立法规划。2021年10月19日，第十三届全国人大常委会第三十一次会议对《反垄断法（修正草案）》（下称草案）进行初次审议。10月23日，草案内容正式公布，并向社会征求意见。

多位专家表示，此次修正总结了过去多年反垄断执法实践中的经验教训，回应数字经济发展提出的新挑战。草案还明确了竞争政策的基础地位，确立了公平竞争审查制度的法律地位，大幅提高了多项违法行为的处罚上限，并且首次引入实体规则违法的个人责任。同时，草案吸收国际反垄断法经验，新增了“安全港”和“停钟”制度，与欧盟等反垄断司法辖区的做法接轨。

二、外部性的纠正

纠正由外部性造成的市场失灵，基本思路便是将外部性内部化，即通过一些政策措施将通过经济活动获得的社会收益和社会成本转化为私人收益和私人成本，在某种程度上强制实现本身并不存在的货币转让。

（一）征税和补贴

政府可以对造成负外部性的企业征税，其数额应该等于该企业给社会其他成员造成的损失，从而使该企业的私人成本恰好等于社会成本。例如，在生产者污染环境的情况下，政府向污染者征税，其税额等于对受污染者的损失补偿以及治理污染所需要的费用。反之，对造成正外部性的企业，国家可以采取发放津贴的方法，使得企业的私人利益与社会利益相等。无论是何种情况，只要政府采取措施使得私人成本和私人利益与相应的社会成本和社会利益相等，资源配置便可达到帕累托最优状态。

（二）企业合并

当一个企业的生产影响到另外一个企业时，如果影响是正的，则第一个企业的生产就会低于社会最优水平；反之，如果影响是负的，则第一个企业的生产就会超过社会最优水平。但是如果把这两个企业合并为一个企业，则此时的外部性就“消失”了，即被“内部化”了。合并后的单个企业为了利益，将使自己的生产确定在边际成本等于边际收益的水平上。而由于此时不存在外部影响，故合并企业的成本与收益就等于社会的成本与收益，于是资源配置达到帕累托最优状态。

思考与讨论

有哪些厂商可以通过企业合并将外部性内部化?

（三）规定财产权

在很多情况下，外部性之所以导致资源配置失当，是因为财产权不够明确。如果财产权是完全确定的并得到充分保障，有些外部性就不会发生。例如，某条河流的上游污染者使下游用水者受到损害，如果给予下游用水者以使用一定质量水源的财产权，则上游的污染者将因把下游水质降到特定质量之下而受罚。在这种情况下，上游污染者便会同下游用水者协商，将这种权利从他们那里买过来，然后让河流受到一定程度的污染。同时，遭到损害的下游用水者也会使用通过出售污染权而得到的收入来治理河水。总之，由于污染者为其不好的外部影响支付了代价，故其私人成本与社会成本之间不存在差别。

拓展阅读

科斯定理

规定财产权的政策可以看成一般化的科斯定理的例子，甚至连使用税收和补贴这种方法也可以看成科斯定理的一个具体运用。科斯定理是指，只要财产权是明确的，并且其交易成本为零或者很小，则无论在开始时将财产权赋予谁，市场均衡的最终结果都是有效率的。下面我们举一个具体的例子来说明科斯定理。

假设有一个工厂，其烟囱冒出的烟尘使居住于工厂附近的5户居民所洗晒的衣服受到污染，由此造成的损失为每户75元，从而5户的损失总额为5×75=375元。再假设存在两种治理污染的办法：一是在工厂的烟囱上安装一个除尘器，其费用为150元；二是给每户居民提供一个烘干机，使他们不需要到外面去晒衣服，烘干机的费用为每户50元，5户的成本总和是250元。显而易见，在这两种解决办法中，第一种的成本低，代表它是最有效率的解决方案。

依照科斯定理，在上面的例子中，不论给予工厂以排放烟尘的权利，还是给予5户居民以晒衣服不受烟尘污染的权利（即财产权的分配），只要工厂与5户居民的协商费用（即交易成本）为零或者很小，那么，市场机制（即自由交易）总是可以得到最有效率的结果（即采用安装除尘器的办法）。

为什么会如此呢？因为如果把排放烟尘的权利给予工厂，那么，5户居民便会联合起来，共同给工厂的烟囱义务安装一台除尘器，因为除尘器的费用只有150元，远远低于5台烘干机的费用250元，更加低于未装除尘器时晒衣服所受到的烟尘之害375元。相反，如果把晒衣服不受烟尘之害的权利给予5户居民，那么，工厂便会自动安装除尘器，因为，在居民具有不受污染之害的财产权的条件下，工厂就有责任解决污染问题。而在两种解决污染的办法中，安装除尘器的费用较低。因此，科斯定理宣称，只要交易成本为零或者很小，则不论财产权归谁，自由的市场机制总会找到最有效率的办法，从而达到帕累托最优状态。

经济人物

罗纳德·哈里·科斯（1910—2013），英国经济学家，新制度经济学的鼻祖，产权理论创始人。

科斯的代表作《社会成本问题》主张完善产权界定可解决外部性问题。该文的发表标志着新制度经济学的诞生。由于发现和澄清了交易费用和产权对经济体制的生产制度结构及其运作的作用和意义，科斯于1991年获得诺贝尔经济学奖。

三、公共物品的提供

由于公共物品具有非排他性或非竞争性的特点，因此往往只能由政府提供。

（一）政府直接提供

政府直接提供是指政府通过征税来筹集资金，然后统一提供公共物品。这样就解决了搭便车者只享受、不购买的问题。纯公共物品和自然垄断性很高的准公共物品通常通过政府直接生产的方式来提供，如造币厂和中央银行由中央政府直接经营，电力、煤气、自来水、铁路、邮政服务等在一些国家也由中央政府直接经营。地方政府直接经营的公共物品主要有司法、消防、医院、自然资源保护、图书馆等。

由政府直接提供公共物品也存在一些缺陷，主要表现在以下三个方面：

第一，可能造成一部分人对公共物品只购买而不消费的不公平现象。因为税收具有全面性，可是公共物品的提供不可能全部地区都一样，所以可能出现部分地区居民为其他地区居民享受的公共物品买单的情况。

第二，政府长期承担公共物品提供的任务可能造成政府对经济活动的管制和干预越来越多，政府规模也变得越来越庞大，导致财政开支的规模也与日俱增。

第三，不能满足公众对公共物品的多元化需求。政府提供的公共物品往往都是单一的，但公众对公共物品的需求却越来越多元化，所以只靠政府提供公共物品，远远不能满足公众的需求。

基础设施和公用事业特许经营管理办法

（二）政府间接提供

由于缺乏竞争，政府直接提供公共物品的效率一般都比较低下，因此可以引入竞争机制，让私人部门参与公共物品的提供。政府间接提供公共物品主要有五种方式，如表7-3所示。

表 7-3　政府间接提供公共物品的方式

方式	概念	适用对象
签订合同	政府与私人企业签订公共物品的生产合同，通常采取公开招标的方式选择私人企业，并借助投标者的竞争把价格控制在合理水平	具有规模经济效益的自然垄断性行业，如各类基础设施和公共服务行业
特许经营	将公共物品的经营权授予私人企业	外部性显著的公共物品，如自来水、电话、供电、电视广播、报刊、航海灯塔
经济资助	给予私营公共物品补贴、贷款、无偿赠与、减免税收等优惠	盈利性不高或只有在未来才能盈利且风险大的公共物品，如高精尖技术的基础研究、应用技术的超前研究、教育、博物馆等
政府参股	分为政府控股和政府入股：政府控股针对那些具有举足轻重地位的项目，政府入股主要是指政府向私人企业提供资本和分散私人投资风险	适用于初始投入大的基础设施项目，如发电站、机场、港口、高速公路、桥梁等
法律保护	运用法律手段允许、鼓励并保护私人企业参与公共物品生产	医院、教育、慈善事业等

思考与讨论

由政府提供的物品一定是公共物品吗？

四、信息不对称的应对

市场机制本身能在一定程度上解决一部分信息不对称问题。例如，为了利润最大化，厂商必须根据消费者的偏好进行生产。市场机制本身解决信息不对称的另一个方法是建立“信誉”。所谓信誉是指消费者对厂商行为的一种主观评价。消费者根据自己购买某种产品的体验以及其他消费者的经验，对生产和销售该产品的厂商的诚信程度做出判断，以此来决定是否会继续购买该厂商的商品，即信誉提高了厂商诚信的收益和欺骗的成本。因此，厂商会通过市场调查、设计合理的契约和激励机制、打造品牌、公开生产过程、履行售后服务承诺等，建立信誉。这些在一定程度上减轻了信息不对称的危害。

但是，市场机制本身解决信息不对称的能力是有限的，因此就需要政府在信息方面进行调控，主要目的是提高市场透明度。例如，建立健全有关信息披露方面的法规，如药品成分、主治功能与不良反应信息披露，服装布料成分披露，上市公司财务报告披露等；培育公正、规范的中介机构；加强相关法规的宣传工作，加强监督，深入调研；加强信息基础建设和网络建设，建设以数据共享为目的的集成数据环境，例如，建立个人征信系统、提供并及时更新合法厂商基本信息、及时公布违规企业及产品等。政府还可以帮助厂商和消费者建立信誉，倡导诚信和社会责任感，如规定市场对自己出售的产品提供质量保证和保修服务，鼓励树立品牌、实现标准化生产，建立抵押制度、保证金制度、效率工资制度等。

拓展阅读

一般情况下，当买卖双方关系比较固定时，信誉更容易建立。因为厂商只要欺骗某个消费者一次，就有可能永远失去这个消费者，甚至失去更多的消费者。相反，如果是一次性、流动性的买卖，比如乘坐出租车、去路边的小餐馆吃饭，则建立信誉就比较困难，因为在这种情况下，对于厂商来说，回头客基本上不存在，也不用担心受骗者会向其他消费者揭发自己的不是。不过，即使是第二种场合，信誉有时也可以起到一定的作用。例如，当你去陌生的城市出差或旅游时，面对街头那些叫"张三""李四""王五"的饭馆，你无法确定他们提供的饭菜的味道，但能够肯定的是，当地的肯德基、麦当劳与你家乡的是完全一样的，因为他们的产品标准一样，去那里用餐不用担心受骗。所以，通过标准化，市场在一些"一锤子"买卖的场合也可以建立信誉。这也是鼓励厂商树立品牌的原因之一。

五、政府失灵

市场失灵为政府干预提供了依据，但是，政府干预并非万能，也会出现干预失效，从而产生政府失灵。**政府失灵是指政府干预经济不当，或者干预未能有效地克服市场失灵，甚至阻碍和限制了市场功能的正常发挥，从而导致经济关系扭曲，市场缺陷和混乱加重，以致社会资源最优配置难以实现的现象**。例如，前面讲到的寻租行为便是政府失灵的表现。

政府失灵有以下三种可能：① 政府干预经济活动没有达到预期目标；② 政府干预虽达到了预期目标，但成本较高；③ 干预活动达到预期目标且效率高，但引发了负面效应。

市场失灵在一定程度上可以通过政府来解决，但并不总是能够通过政府来解决，因为存在着政府失灵。所以，垄断、外部性、公共物品、信息不对称等问题在政府出面解决的同时，也要引入市场竞争机制。

经济指向标

处理好政府和市场的关系，要讲辩证法、两点论，把"看不见的手"和"看得见的手"都用好。两者关系处理得好，经济发展就会"琴瑟和鸣"；处理不好，经济发展就会"孤掌难鸣"。要坚持使市场在资源配置中起决定性作用，完善市场机制，打破行业垄断、进入壁垒、地方保护，增强企业对市场需求变化的反应和调整能力，提高企业资源要素配置效率和竞争力；要更好地发挥政府作用，不是简单下达行政命令，而是在尊重市场规律的基础上，用改革激发市场活力，用政策引导市场预期，用规划明确投资方向，用法治规范市场行为。

班级______________　姓名______________　学号______________

任务考核

1.【单选题】如果上游工厂污染了下游居民的饮用水，依据科斯定理，（　　），问题即可妥善解决。

A．不管财产权是否明确，只要交易成本为零或者很小

B．只要财产权明确，且交易成本为零或者很小

C．只要财产权明确，不管交易成本多大

D．不论财产权是否明确，交易成本是否为零或者很小

2.【单选题】某工厂因污染环境导致社会成本大于私人成本，政府对其征税额度宜为（　　）。

A．私人成本　　B．社会成本

C．污染治理费用　　D．社会成本与私人成本的差额

3.【多选题】下列选项中，（　　）为政府间接提供公共物品的方式。

A．签订合同　　B．授权经营

C．经济资助　　D．政府参股

4.【多选题】下列选项中，属于应对信息不对称问题的措施有（　　）。

A．信息公开　　B．倡导诚信

C．加强监督　　D．深入调研

5.【简答题】政府对垄断的管制包括哪些？

6.【计算题】一个养蜂人住在一个苹果园旁边。果园主人由于蜜蜂而受益，因为每箱蜜蜂大约能为一公顷果园的果树授粉，但果园主人并不为这一服务付任何钱，因为蜜蜂并不需要他做任何事就会到果园来。当养蜂人的蜜蜂不足以帮助全部果树都授粉时，果园主人必须以每公顷果树 10 元的成本完成人工授粉。已知养蜂人的边际成本 $MC=10+2Q$，其中，Q 是蜂箱数目。每箱蜜蜂能产出 20 元的蜂蜜。试求：

（1）养蜂人将会持有多少箱蜜蜂；

（2）这是不是经济上有效率的蜂箱数目；

（3）什么样的变动可以导致更有效率的运作？

班级____________ 姓名____________ 学号____________

项目实训——寻找身边的市场失灵

一、实训目标

让学生将理论与实践相结合，培养学生对市场失灵问题，以及政府干预经济政策的初步分析能力，同时，能够理解政府相关政策，进而树立制度自信，提升爱国情感。

二、实训内容和要求

1．小组工作

（1）学生自由分组，各组分别选择一个身边常见的市场失灵现象展开讨论，分析其形成的原因，讨论政府对此的干预政策以及政策的效果。

（2）各组根据自己搜集的数据和资料，整理讨论内容并总结。

2．班级交流

全班组织开展一次交流研讨，每组派一名代表发言，其他小组成员可以进行评价、提问，或针对发言内容发表自己的观点并阐述理由。发言人及本组成员可针对提问进行答辩。

3．考核

每个小组提交一份问题总结，学生和教师根据学生平时课堂表现、提交的报告、班级交流发言情况在表 7-4 中进行评估打分，综合评定本项目的成绩。

表 7-4 项目考核表

<table>
<tr><th rowspan="2">项目名称</th><th rowspan="2">评价内容</th><th rowspan="2">分值</th><th colspan="2">评价分数</th></tr>
<tr><th>自评</th><th>师评</th></tr>
<tr><td rowspan="3">个人素养考核项目（20%）</td><td>日常考勤</td><td>5 分</td><td></td><td></td></tr>
<tr><td>仪容仪表</td><td>5 分</td><td></td><td></td></tr>
<tr><td>课堂纪律和学习态度</td><td>10 分</td><td></td><td></td></tr>
<tr><td rowspan="4">专业能力考核项目（80%）</td><td>积极参与教学活动并正确理解任务要求</td><td>10 分</td><td></td><td></td></tr>
<tr><td>知识准备中每个知识点的学习效果</td><td>20 分</td><td></td><td></td></tr>
<tr><td>任务考核题目的正确率</td><td>25 分</td><td></td><td></td></tr>
<tr><td>项目实训准备充分，总结内容完整、准确</td><td>25 分</td><td></td><td></td></tr>
<tr><td colspan="3">综合分数（自评×30%+师评×70%）</td><td colspan="2"></td></tr>
<tr><td>教师评语</td><td colspan="4">教师（签名）：</td></tr>
</table>

思维导图

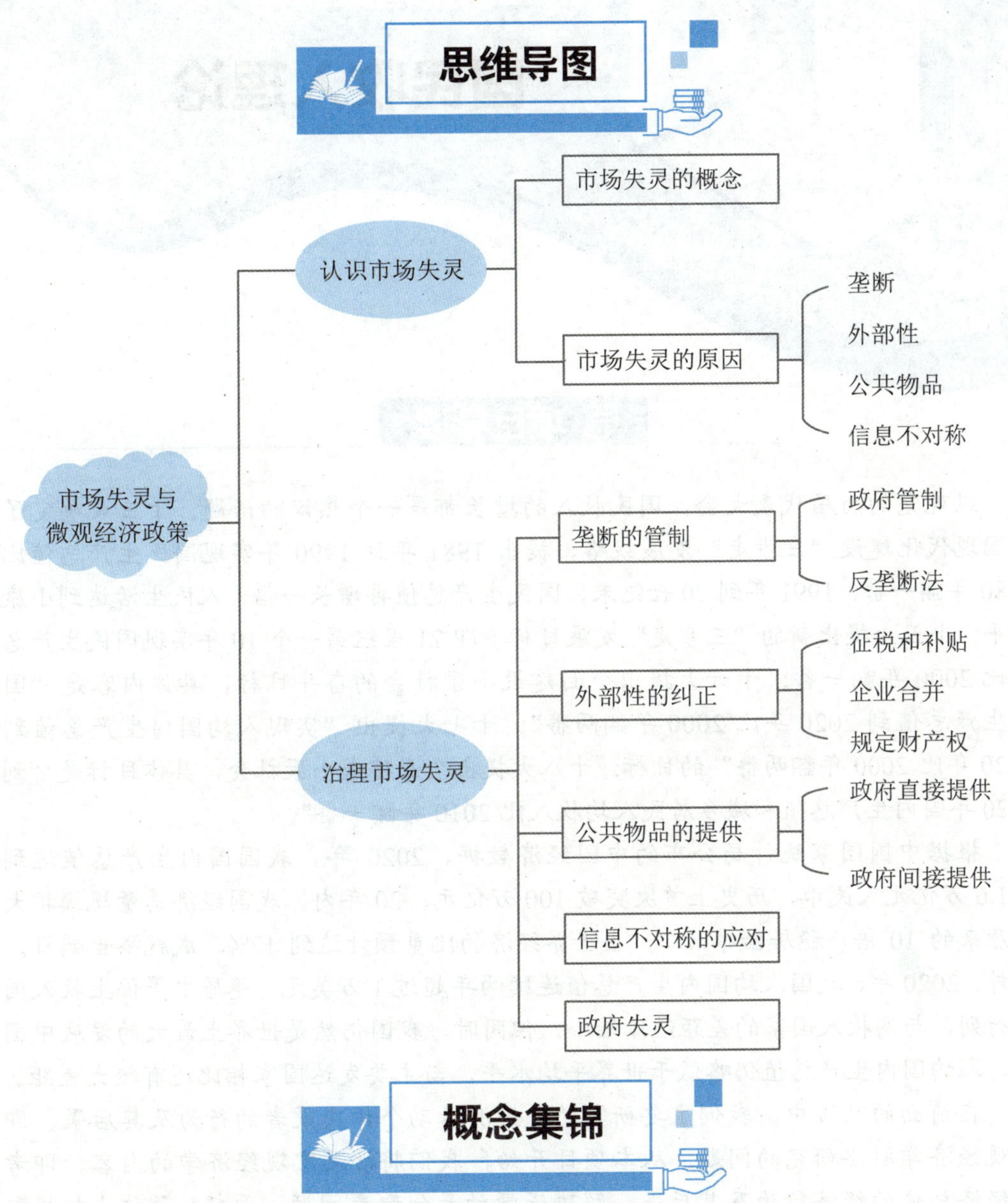

概念集锦

（1）市场失灵：市场机制在很多领域不能导致资源的有效配置。

（2）外部性：一个经济主体的活动给与这项活动无关的主体带来的影响，且这种影响所带来的利益或损失不由经济主体本身承担。

（3）排他性：只有对物品支付价格的人才能够使用该物品。

（4）竞争性：如果某人已经使用了某个物品，则其他人就不能再同时使用该物品。

（5）公共物品：不满足排他性或竞争性特点的物品。

（6）信息不对称：交易中的各方所掌握的信息不对等。

（7）科斯定理：只要财产权是明确的，并且其交易成本为零或者很小，则无论在开始时将财产权赋予谁，市场均衡的最终结果都是有效率的。

项目八

国民收入理论

项目导读

纵观党的历届代表大会，国民收入的增长都是一个热议的话题。十三大确定了我国现代化建设“三步走”发展战略，提出1981年到1990年实现国民生产总值比1980年翻一番，1991年到20世纪末，国民生产总值再增长一倍，人民生活达到小康水平；十五大提出新的“三步走”发展目标，即21世纪第一个10年实现国民生产总值比2000年翻一番；十六大提出全面建设小康社会的奋斗目标，具体内容是“国内生产总值到2020年比2000年翻两番”；十七大提出“实现人均国内生产总值到2020年比2000年翻两番”的目标；十八大提出全面建成小康社会，具体目标是“到2020年国内生产总值和城乡居民人均收入比2010年翻一番”。

根据中国国家统计局公布的中国经济数据，2020 年，我国国内生产总值达到101.6万亿元人民币，历史上首次突破100万亿元。20年内，我国经济总量规模扩大至原来的10倍，稳居世界第二，占世界经济的比重预计达到17%，成就举世瞩目。此外，2020年，我国人均国内生产总值连续两年超过1万美元，稳居中等偏上收入国家行列，与高收入国家的差距继续缩小。但同时，我国仍然是世界上最大的发展中国家，人均国内生产总值仍略低于世界平均水平，与主要发达国家相比还有较大差距。

在前面的项目中，我们主要研究的是经济活动个体决策者的行为及其后果，即微观经济学所要研究的问题。从本项目开始，我们将涉足宏观经济学的内容，即考量经济总体的经济行为及其后果，解决资源的最优配置问题。要想从总体上把握整个国民经济活动，首先必须要有定义和计量国民收入的方法。那么，什么是国民收入？它有哪些衡量指标？它是如何核算和决定的呢？

学习目标

知识目标

（1）了解国民收入核算体系的总量指标。

（2）理解国内生产总值的概念和核算方法。

（3）掌握简单的国民收入决定理论、IS—LM模型和AD—AS模型是如何决定国民收入的。

能力目标

（1）能够区分实际GDP和名义GDP、GDP和GNP。

（2）能运用支出法和收入法核算GDP。

（3）能够计算出均衡国民收入。

（4）能够运用国民收入决定理论评价经济事件对均衡国民收入的影响。

德育目标

（1）通过了解我国国民收入的核算方法及变动原因，提高学习经济学的兴趣，培养经济思维。

（2）理解我国建成小康社会的伟大与艰辛，体会社会主义市场经济体制的优越性，树立道路自信、理论自信、制度自信。

任务一 核算国民收入

任务导入

宏观经济学的研究对象是整个国民经济活动，具体研究方法是通过一些指标来衡量宏观经济的运行情况。这些指标是计量国民总产出和总收入的变量，其中，国内生产总值是最基本的指标。经济学家萨缪尔森称国内生产总值是二十世纪最伟大的发明之一。那么，什么是国内生产总值呢？它的数值是如何得出的？

知识准备

一、国内生产总值概述

（一）国内生产总值的概念

在西方经济学中，**国内生产总值（GDP）是指经济社会（一个国家或地区）在一定时期内运用市场要素所生产的全部最终产品（商品和劳务）的市场价值**。理解这一概念需要注意以下几点：

（1）GDP是一个地域的概念。GDP测度的是一国或地区范围内生产的最终产品，它有着严格的地域划分标准。例如，在我国工作的美国公民的收入，要计入我国的GDP；而在美国开公司的中国老板取得的利润，要计入美国的 GDP。

（2）GDP 是一个流量的概念，而不是存量的概念。**流量是一定时期内发生的变量，存量是一定时点上存在的变量。**例如，某人于 2021 年花 20 万元买了一套旧房子，其中旧房子价值 19.8 万元，经纪人费用为 0.2 万元。那么，19.8 万元不能计入 2021 年的 GDP，因为它在生产年份已经被计算过了，但 0.2 万元的经纪人费用可以计入 GDP，因为这笔费用是经纪人在 2021 年新获得的劳务报酬。

（3）GDP 测度的是生产的产品，而不是售卖掉的产品。例如，某厂商 2021 年生产了 200 万元的产品，卖掉了 230 万元的产品，则计入 GDP 的仍是 200 万元，另外的 30 万元只是库存减少了而已。

思考与讨论

若某厂商一年生产了 200 万元的产品，只卖掉了 120 万元的产品，则计入 GDP 的价值为多少？

（4）GDP 测度的是最终产品，而不是中间产品。**最终产品是指一定时期内生产的并由其最后使用者购买的商品和劳务，中间产品是指用于再出售以生产别种产品的产品。**例如，一件衣服从生产到销售要经过种棉、纺纱、织布、制衣和销售五个阶段，则最终价值的计算如表 8-1 所示。

表 8-1　衣服最终价值的计算　　单位：元

阶段	初始价值	最终价值	增值
种棉	0	15（棉花）	15（种植、采摘棉花）
纺纱	15（棉花）	20（纱）	5（将棉花纺成纱）
织布	20（纱）	30（布）	10（将纱织成布）
制衣	30（布）	45（衣服）	15（将布做成衣服）
销售	45（衣服）	55（消费者购买到的衣服）	10（将衣服销售出去）
合计	—	165	55

在这个过程中，棉花、纱、布是中间产品，消费者购买到的衣服为最终产品。实际计算最终产品的价值时应使用增值法或最终产品法。从表 8-1 中可以看到，在五个阶段中，这件衣服的价值增值 55 元（15＋5＋10＋15＋10＝55 元），正好等于衣服的售价。如果把中间产品的价值（15 元、20 元、30 元和 45 元）都算作这一时期生产的价值进行相加，明显会造成重复计算。因此 55 元才是这件衣服在生产中真正被创造出来的价值。

思考与讨论

现实生活中，棉花、纱、布一定是中间产品吗？如果不是，请举例说明。

（5）GDP 是一个市场价值的概念。这是因为所有产品的价值都是以市场价格衡量的。例如，某地区一年生产 10 万件上衣，每件上衣售价 100 元，那么该地区一年生产上衣创造的 GDP 为价格和产量的乘积，即 1 000 万元。

（6）GDP 仅指市场活动创造的价值，不包括非市场活动（如家务劳动、自给自足）和非生产性活动（如购买债券等纯粹金融市场交易）带来的价值。

拓展阅读

总产出不仅等于增值的总和，而且等于总收入以及总支出。

为什么总产出总是等于总收入呢？我们仍以衣服为例，它的每一个生产环节都能产生增值，因为农民种出棉花、纺纱厂把棉花纺成纱等活动，都需要投入劳动、土地、资本等生产要素。增值就是由这些生产要素共同创造的，而使用生产要素必须支付代价，例如工资、地租、利息等。因此，增值会转化为生产要素所有者的收入。一个厂商的产出等于收入，一个国家的总产出也必然等于收入。

为什么总产出总是等于总支出呢？这是因为，最终产品的销售收入，就是最终消费者的支出。例如，一件衣服卖 55 元，既是生产和经营上衣的五个阶段的厂商创造了 55 元的价值，也是消费者支出了 55 元。衣服是这样，其他产品也是这样。因此，从整个国家看，总产出就总是等于总支出。但是，如果一国某年生产了 2 万亿元的产品，只卖掉 1.5 万亿元怎么办呢？在国民收入核算中，剩下的 0.5 亿元产品被看作厂商在存货方面的投资支出，因此总支出仍为 2 万亿元。

总产出等于总收入以及总支出的结论，对于学习如何核算 GDP 有着重大意义。

（二）国内生产总值的分类

由于 GDP 是用货币来计算的，所以商品和劳务的数量变动或价格变动都会导致一国 GDP 的变动。为了分清楚国内生产总值的变动究竟是由产量变动还是价格变动引起的，我们需要区分名义 GDP 和实际 GDP。

名义 GDP 也称货币 GDP，是指用生产商品和劳务的当年价格计算的全部最终产品的市场价值。实际 GDP 是指用之前某一年作为基期的价格计算的全部最终产品的市场价值。二者的区别可以用表 8-2 来说明。

表 8-2 名义 GDP 和实际 GDP

项目	2003 年的名义 GDP	2013 年的名义 GDP	2013 年的实际 GDP
香蕉	15 万单位×1 元=15 万元	20 万单位×1.5 元=30 万元	20 万单位×1 元=20 万元
衣服	5 万单位×40 元=200 万元	6 万单位×50 元=300 万元	6 万单位×40 元=240 万元
合计	215 万元	330 万元	260 万元

从表 8-2 中可以看出，2013 年的名义 GDP 是 2013 年的实际 GDP 的 126.9%（330÷260＝126.9%），说明从 2003 年到 2013 年，该国价格水平上升了 26.9%。在这里，

126.9%称为“GDP 折算系数”，它是名义 GDP 与实际 GDP 的比率。

显然，由于价格的变动，名义 GDP 变动并不能完全反映实际产出的变动。因此，如果不做特殊说明，以后内容中提到的 GDP 总是指实际 GDP。

二、国内生产总值的核算

在经济社会中，总产出等于总收入，也等于总支出。由此，除了求产品增加值之和的生产法之外，我们还得到了核算 GDP 的另外两种方法：支出法和收入法。这三种方法算出的结果理论上应该是一致的。

（一）支出法

支出法是指通过计算在一定时期内整个社会购买各项最终产品的总支出（即最终产品的总卖价）来核算 GDP 的方法。在现实生活中，产品的最终支出包括消费、投资、政府购买及净出口。

1. 消费

消费（*C*）是指居民个人消费，包括购买耐用消费品（如小汽车、电视机、洗衣机）、**非耐用消费品**（如食物、衣服）**和劳务**（如医疗、旅游）**的支出。**

2. 投资

投资（*I*）是指增加或更换资本资产的支出，包括固定资产投资和存货投资两个部分。

固定资产投资包括新厂房、新居民住房、新商业用房和新机器设备等支出。需要注意的是，由于住宅和其他固定资产一样，是被长期使用、慢慢消耗的，因此新增住宅属于投资而不是消费。

存货投资是指厂商存货的增加或减少。例如，年初全国厂商存货为 1 万亿元，年末为 1.2 万亿元，则存货投资为 0.2 万亿元。存货投资可能是正值也可能是负值。

思考与讨论

（1）为什么用于生产的厂房、机器是投资品而不是中间产品？

（2）购买股票和债券属于投资吗？

资本品由于损耗造成的价值减少称为“折旧”，它不仅包括在使用过程中的有形磨损，还包括资本老化、过时带来的无形磨损。如果某国一年内投资 10 万亿元，而机器和厂房等折旧为 3 万亿元，则净投资只有 7 万亿元。这里的 3 万亿元是用于重置资本设备的，称为“重置投资”。故总投资等于净投资加重置投资。用支出法计算 GDP 时的投资，是指总投资。

3. 政府购买

政府购买（*G*）是指政府在最终产品上的支出，如政府在科学研究、教育、卫生、国防、警察、公益事业及其他领域的经常性支出。需要注意的是，政府购买和政府支出是有区别的。政府购买只是政府支出的一部分，政府还有一些支出并不计入 GDP，比如政府对个人的转移支付（如给残疾人发放救济金）、公债利息等，因为这些并没有相应的产品或劳务的交换发生。

4. 净出口

净出口是指出口（X）与进口（M）的差额，用（$X-M$）表示。这里加上出口，是因为出口表示从外国流入的收入用于购买本国产品，是对本国产品的支出；减去进口，是因为进口表示收入没有用于购买本国产品，而是流到了国外，因此不算作对本国产品的支出。净出口可能是正值也可能是负值。

因此，将上述四个项目进行加总，得到用支出法核算 GDP 的公式为

$$GDP = C + I + G + (X - M) \tag{8-1}$$

我国 2016—2020 年用支出法计算的 GDP 如表 8-3 所示。

表 8-3 我国 2016—2020 年用支出法计算的 GDP 单位：亿元

年度	最终消费		投资（I）		净出口（$X-M$）	GDP
	消费（I）	政府购买（G）	固定资产投资	存货投资		
2016 年	288 668.2	122 138.3	310 144.8	8 053.7	16 975.6	745 980.5
2017 年	320 689.5	135 828.7	348 300.1	9 586.0	14 578.4	828 982.8
2018 年	354 124.4	152 010.6	393 847.9	8 737.3	7 054.2	915 774.3
2019 年	387 188.1	165 443.6	422 451.3	4 227.4	11 397.9	990 708.4
2020 年	387 176.1	169 810.3	435 682.6	6 718.0	26 529.5	1 025 916.6

（二）收入法

收入法是指通过计算一定时期内整个社会所有生产要素获得的收入来核算 GDP 的方法。严格来讲，最终产品的市场价值除了生产要素收入之外，还包括一些非要素收入，如间接税、企业转移支付、折旧等。因此，用收入法核算的国内生产总值包括以下项目：

1. 工资、利息、租金和利润

工资包括工作酬金、津贴、福利，也包括个人缴纳的个人所得税和社会保险费等；利息是指人们提供货币资金所获得的收入，如银行存款利息、企业债券利息等；租金包括出租土地、房屋等获得的租赁收入和转让专利、版权等获得的收入；利润是指企业的税前利润，包括企业所得税、股东红利及未分配利润等。

2. 间接税和企业转移支付

间接税是指发生在企业经营过程中的税收支出，如消费税、城市维护建设税等；企业转移支付包括对非营利组织的捐款和消费者坏账。间接税和企业转移支付不是要素收入，但往往都会转嫁给消费者，也就是说二者都是最终产品价格的组成部分，故计入 GDP。

3. 折旧

折旧不属于要素收入，但是包含在总投资中，故也计入 GDP。

综上所述，按收入法核算GDP的公式为

$$\text{GDP} = \text{工资} + \text{利息} + \text{租金} + \text{利润} + \text{间接税和企业转移支付} + \text{折旧} \quad (8\text{-}2)$$

三、国内生产总值的评价

GDP 作为官方分析经济形势的主要参考依据，从总体上代表了一国国民经济福利水平，可以用来表明国家经济周期变化，衡量国家经济力量大小并据此进行国家间的比较。但GDP也并非一个完美指标，原因有以下几点：

拥有一身“武艺”的GDP为啥搞不定这几位？

（1）GDP不能完全反映一国的真实产出。GDP的统计数据是通过市场交换获得的，因此至少有两个方面的产出得不到反映。一是自给自足和家务劳动等非市场性经济活动。举个例子，如果一名男士雇用一名保姆，那么保姆的工资将计入GDP；如果这位男士与保姆结婚，虽然她仍然做着和以前一样的事情，但是没有了工资，那么GDP就会减少。二是地下经济活动，包括赌博、走私、黑市交易等非法活动，以及流动贩卖、无证经营等通过现金交易，避开政府税务系统的逃税行为。可见，一国国民的实际产出有可能比国内生产总值高。

（2）GDP不能反映社会成本。GDP反映的是新创造的总价值，却不能反映所花费的成本，如能耗、污染等。采伐树木时，GDP在增加，企业把污染排放到空气和水中时，GDP也在增加。然而这些GDP付出了巨大的社会成本。

知行合一

绿色 GDP

环境和生态是一个国家综合经济的一部分，因此，人们引入了绿色GDP这一概念。绿色GDP概念的基础是，只有当全部的资本存量随时间保持不变或增长时，这种发展途径才是可持续的。例如，昆明的滇池在过去几十年内严重污染，周围的农田、化工厂是主要污染源。如果将这些农田和化工厂几十年来的利润汇总，有几十亿元。它们虽然创造了物质财富，但同时也造成了严重的环境污染。如果要使滇池水恢复清澈，最起码要投入几百亿元。这样算下来，即使不包括滇池内许多原有的鱼类和微生物的灭绝，以及昆明气候变化所造成的影响成本，滇池周围几十年来的经济活动也亏大了。

绿色GDP将经济活动中所付出的资源耗减成本和环境降级成本从GDP中予以扣除，实质上代表了国民经济增长的净正效应。绿色GDP占GDP的比重越高，表明国民经济增长的正面效应越高，负面效应越低，反之亦然。

我国现阶段的发展也十分重视绿色GDP。全社会已形成了“绿水青山就是金山银山”的共识，既要GDP，又要绿色GDP，努力实现经济发展和生态建设双赢，建设环境友好型社会，让生态文化在全社会扎根。因此，在日常生活中我们应自觉注意环境卫生、善待地球上的所有生命。善待环境，环境是友好的；污染环境，环境总有一天会翻脸，会毫不留情地报复。

（3）GDP不能完全反映人们的生活水平与质量。例如，两辆汽车静静驶过，一切平安无事，它们对GDP的贡献几乎为零。但是，一起恶性交通事故使驾驶人员蒙受了巨大损失，随之而来的医疗服务、汽车修理或买新车、损失赔偿等却会导致GDP增加。又如，人们天天加班能生产更多的商品和劳务，GDP就在增长，但这并没有反映出人们对闲暇、健康的身体和良好的工作环境的需求是否得到满足。

（4）GDP不能反映收入分配状况。通过增加的GDP，可以推断居民收入增加了，但是这些收入的增加可能只是在一部分人的身上。

尽管GDP存在着种种缺陷，但这个世界上本来就不存在包罗万象、反映一切的经济指标。在我们现在使用的所有描述和衡量一国经济发展状况的指标体系中，GDP无疑是最重要的一个指标。

四、国民收入的其他衡量指标

国民收入是一个总括性的概念，它有着一系列的衡量指标，除了国内生产总值外，还包括国民生产总值、国内生产净值、国民收入、个人收入和个人可支配收入等。

（一）国民生产总值

如前所述，GDP是一个地域概念。**国民生产总值（GNP）则是一个国民概念，是指一国国民所拥有的全部生产要素在一定时期内所生产的最终产品的市场价值**。例如，受雇于中国国家足球队的前意大利主教练马尔切洛·里皮的收入要计入中国的GDP，同时也计入意大利的GNP，但不计入意大利的GDP，也不计入中国的GNP。因此，当某国一定时期内的GNP超过GDP时，说明该时期该国公民从外国获得的收入超过了外国公民从该国获得的收入。

（二）国内生产净值

国内生产净值（NDP）是指一个国家或地区在一定时期内所生产的最终产品按市场价格计算的净值，可从国内生产总值中扣除折旧得到。公式为

$$NDP = GDP - \text{折旧} \quad (8\text{-}3)$$

从一定意义上说，国内生产净值能够更加确切地衡量一个国家的产出。

（三）国民收入

国民收入（NI）是指按生产要素报酬计算的国民收入，即一个国家或地区在一定时期内用于生产的各种生产要素的全部收入，为工资、利息、租金和利润的总和，可由国内生

产净值扣除间接税和企业转移支付，再加上政府补助金得到。公式为

$$NI = NDP - 间接税和企业转移支付 + 政府补助金 \quad (8\text{-}4)$$

企业间接税和转移支付虽然构成产品价格，但是不成为要素收入；相反，政府给企业的补助金虽不列入产品价格，但成为要素收入。因此，应扣除前者，加入后者。

（四）个人收入

个人收入（PI）是指一个国家或地区的所有个人在一定时期内所得全部收入的总和。个人收入的来源主要有三个，分别是企业、职工和政府。

（1）企业在得到利润收入后，要拿出一部分缴纳企业所得税，还要留下一部分作为投资，只有一部分利润会以红利和股息形式分给个人，成为个人收入；

（2）职工得到收入后，要拿出一部分缴纳社会保险费，剩余的部分为个人收入；

（3）政府会通过转移支付的方式把一部分财政收入转化成个人收入，例如发放退伍军人津贴、工人失业救济金、职工养老金和职工困难补助等。

因此，从国民收入中减去公司未分配利润、企业所得税及社会保险费，再加上政府给个人的转移支付，就得到了个人收入。公式为

$$PI = NI - 公司未分配利润 - 企业所得税 - 社会保险费 + 政府转移支付 \quad (8\text{-}5)$$

（五）个人可支配收入

个人可支配收入（DPI）是指一个国家或地区在一定时期内所有个人可以直接支配的收入总额。从个人收入中减去缴纳的个人所得税即可得到个人可支配收入，公式为

$$DPI = PI - 个人所得税 \quad (8\text{-}6)$$

班级____________ 姓名____________ 学号____________

任务考核

1.【单选题】从经济学的角度看，投资不包括（ ）。

A．购买股票　　B．购买厂房

C．购买新建住房　　D．产品库存增加

2.【单选题】今年的名义 GDP 大于去年的名义 GDP，说明（ ）。

A．今年物价水平一定比去年高了

B．今年生产的商品和劳务的总量一定比去年增加了

C．今年的物价水平和产品产量一定都比去年提高了

D．以上说法都不一定正确

3.【单选题】下列选项中，价值应当计入当年国内生产总值的是（ ）。

A．面包店用来生产面包的面粉　　B．居民用来自己食用的面粉

C．粮店用来为居民加工面条的面粉　　D．艺术品店用来制作工艺品的面粉

4.【单选题】下列选项中，价值应当计入当年国内生产总值的是（ ）。

A．当年生产的果汁　　B．今年出售的去年生产的衣服

C．拍卖一幅古画的收入　　D．当年卖出的二手房

5.【单选题】下列选项中，（ ）不计入国内生产总值。

A．出口到外国的一批货物

B．政府给农民发放的种粮补贴

C．经纪人收取的一栋旧房买卖的佣金

D．银行办理转账收取的手续费

6.【单选题】名义国内生产总值与实际国内生产总值的比率是 GDP（ ）。

A．物价指数　　B．产量指数

C．折算指数　　D．经济增长率

7.【多选题】下列选项中，（ ）为居民消费支出。

A．生活用品支出　　B．住房租金支出

C．教育支出　　D．购买新房支出

8.【多选题】下列选项中，（ ）为国民收入衡量指标。

A．GNP　　B．NDP　　C．NI　　D．PI

9.【简答题】什么是 GDP？它的核算方法有哪些？

班级＿＿＿＿＿＿＿＿ 姓名＿＿＿＿＿＿＿＿ 学号＿＿＿＿＿＿＿＿

10.【计算题】假设某国某年发生了以下活动：① 一金矿公司支付了 50 万元工资给矿工，开采了 40 千克金子，将金子卖给一个金器制造商，售价 70 万元；② 金器制造商支付 10 万元工资给工人，将金子加工成一批项链卖给消费者，售价 100 万元。试求：

（1）用最终产品生产法计算 GDP；

（2）在生产过程中赚得的工资和利润；

（3）用收入法计算 GDP。

11.【计算题】假定某国的国民收入统计资料如表 8-4 所示。

表 8-4　某国的国民收入统计资料　　单位：亿元

国内生产总值	总投资	净投资	消费	政府购买	政府预算盈余
4 800	800	300	3 000	960	30

试求：（1）国内生产净值；

（2）净出口；

（3）政府税收减去转移支付后的收入；

（4）个人可支配收入；

（5）个人储蓄。

任务二 掌握国民收入的决定

任务导入

荷兰经济学家伯纳德·曼德维尔在《蜜蜂的寓言》一书中讲过这么一个有趣的故事。一群蜜蜂追求奢华的生活，大肆挥霍，结果这个蜂群很快兴旺起来。后来，这群蜜蜂改变了习惯，开始崇尚节俭，结果整个蜂群却逐渐衰败。众所周知，节俭是一种美德，是人们积累财富最常用的方式，那么，为什么开始崇尚节俭的蜂群却走向了没落呢？

知识准备

一、简单的国民收入决定理论

国民收入决定理论涉及四个市场：产品市场、货币市场、劳动市场和国际市场。仅包括产品市场的国民收入决定理论被称为“简单的国民收入决定理论”。

（一）均衡产出

根据凯恩斯主义理论，经济社会的总量即国民收入取决于总需求，这是因为，当生产超过需求时，厂商的非意愿存货就会过多，进而厂商就会减少生产；当生产低于需求时，厂商就会增加生产。总之，经济社会的收入正好等于居民和厂商想要有的支出时，社会达到均衡，与总需求相等的产出称为“均衡产出”。需要注意的是，非意愿存货是指厂商由于错误估计形势而多生产的产品，这部分存货在国民收入核算中是投资支出的一部分，在国民收入决定理论中，均衡产出与计划需求相一致，因此，非意愿存货为零。

（二）两部门经济中国民收入的决定

两部门经济是指假设一个经济社会里只有消费者和企业两个部门。消费者是生产要素所有者，企业是生产要素的使用者。在两部门经济中，不存在税收、政府支出及国际贸易。

从支出的角度看，在均衡产出的条件下，经济社会总收入刚好等于整个社会对产品与劳务的总需求。由于两部门经济中的总需求只包括居民的消费需求和厂商的投资需求，因此，均衡产出公式为

$$y=c+i \tag{8-7}$$

式（8-7）中，y，c，i 都用小写字母表示，分别为剔除价格变动的实际收入、实际意愿消费和实际意愿投资，而不是任务一中用大写字母表示的名义收入、名义实际消费和名义实际投资。

从收入的角度看，经济社会总收入一部分用作消费，其余部分则当作储蓄，则有

$$y = c + s \tag{8-8}$$

联立式（8-7）和式（8-8）可得到均衡条件的公式为

$$i = s \tag{8-9}$$

即经济社会要达到均衡，投资必须等于储蓄。

拓展阅读

在国民收入核算中，两部门经济的情况下，用支出法计算的国民收入为消费加投资，即$C+I$，而国民收入一部分是消费，一部分是投资，即$C+S$，因此也可以得到$I=S$的“储蓄-投资恒等式”。但这里的恒等指的是实际发生的投资（包括计划和非计划存货投资在内）始终等于实际储蓄。这是根据定义得到的，此时经济并不一定处在均衡状态。在三部门经济和四部门经济中也是同样的道理。

1．消费函数与国民收入决定

影响消费支出的因素包括收入、财富、商品价格、个人偏好、社会风尚、利率以及收入分配状况等，其中，收入是决定性因素。假设收入以外的因素给定不变，则消费函数公式为

$$c = c(y)$$

简单起见，我们假设消费函数是线性函数，公式为

$$c = \alpha + \beta y \quad (\alpha > 0,\ 0 < \beta < 1) \tag{8-10}$$

式（8-10）中，α **为自主消费，表示全部消费支出中不随收入的变化而变化的那部分消费支出**，即收入为零时也会有的消费支出。它在坐标轴中表现为消费曲线纵轴的截距，如图 8-1 所示。β **为边际消费倾向**（MPC），**即增加一单位收入中用于增加消费部分的比例**，也是消费曲线的斜率。

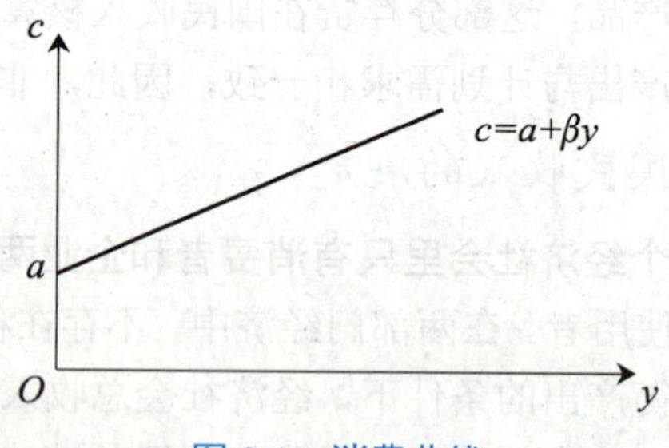

图 8-1 消费曲线

在两部门经济社会中，依据消费函数来求均衡国民收入，即联立式（8-7）和式（8-10）可得均衡国民收入公式为

$$y = \frac{\alpha + i}{1 - \beta} \tag{8-11}$$

即学即练

某国的消费函数 $c=1000+0.8y$，自发的计划投资始终为 600 亿元，求均衡收入。

【答】该国的均衡收入 $y=\dfrac{1\,000+600}{1-0.8}=8\,000$ 亿元。

2. 储蓄函数与国民收入决定

在凯恩斯宏观经济模型中，储蓄被视为收入的函数，公式为

$$s=s(y)$$

又因为储蓄是收入中未消费的部分，故可表示为

$$s=y-c=y-(\alpha+\beta y)=-\alpha+(1-\beta)y \tag{8-12}$$

式（8-12）中，（$1-\beta$）为边际储蓄倾向（MPS）。将式（8-9）与式（8-12）联立可得均衡收入公式为

$$y=\frac{\alpha+i}{1-\beta} \tag{8-13}$$

即学即练

某国的储蓄函数 $s=-1\,000+0.2y$，自发的计划投资始终为 800 亿元，求均衡收入。

【答】该国的均衡收入 $y=\dfrac{1\,000+800}{0.2}=9\,000$ 亿元。

以上两种方法是从同一种关系中引申出来的，所以无论是使用消费函数还是储蓄函数，求得的均衡收入都是一样的。在其他条件不变的条件下，投资增加或者储蓄减少都会导致均衡国民收入增加。

3. 乘数论

如上所述，当自发投资是 600 亿元时，均衡国民收入为 8 000 亿元；若投资增加到 800 亿元时，均衡国民收入就会增加到 9 000 亿元，增加的收入是增加的投资的 5 倍。如果以 k 代表倍数，那么我们称其为“投资乘数”，**指收入的变化与带来这种变化的投资变化的比率**，公式为

$$k=\frac{\Delta y}{\Delta i}=\frac{1}{1-\beta} \tag{8-14}$$

可见，投资乘数的大小与边际消费倾向 MPC 有关，MPC 越大（或者说 MPS 越小），投资乘数就越大。

思考与讨论

请用相同的原理推出消费乘数的概念与公式。

知行合一

以上的讲解可以解释任务导入中蜜蜂的故事的困惑。根据凯恩斯主义理论，经济社会的总量，即国民收入取决于总需求，因此，节俭虽然对个人是好事，但是当社会上每个人都节俭的时候，国民收入往往会下降，从而导致每个人生活水平都下降。我们将这一现象称为“节俭悖论”。明白节俭悖论的内涵对于我国这样一个崇尚节俭的社会具有积极的意义。人们应该根据自身的收入水平适当消费，而不是一味地去节俭。这样对自身、对社会都具有积极作用。但是，节俭悖论并不是要求我们选择一种奢侈的生活方式，我国是一个人口众多的国家，自然资源尤其是能源非常紧缺，所以理性的节俭是有选择的节俭，而不是一味的、不分场合的节俭。

（三）三部门经济中国民收入的决定

在三部门经济中，我们引入了政府部门。从支出的角度看，国民收入包括消费、投资和政府购买（g），公式为

$$y=c+i+g \tag{8-15}$$

从总收入的角度看，国民收入包括消费、储蓄和税收（t），公式为

$$y=c+s+t \tag{8-16}$$

这里的税收是指总税收减去转移支付后的净纳税额。联立式（8-15）和式（8-16）可得均衡条件公式为

$$s+t=i+g \tag{8-17}$$

拓展阅读

在国民收入核算中，通过公式也可以推出

$$S+T=I+G$$

变换形式后可得

$$I=S+(T-G)$$

这里，$(T-G)$ 可以看作是政府储蓄，因此三部门仍满足“投资-储蓄恒等式”。

在三部门经济中，决定消费的收入不再是总收入 y，而是由税后收入和政府转移支付（t_r）组成的可支配收入（y_d），因此消费函数公式为

$$c=\alpha+\beta(y-t+t_r) \tag{8-18}$$

在三部门经济社会中，依据消费函数来求均衡国民收入，联立式（8-15）和式（8-18）可得

$$y=\frac{\alpha+i+g-\beta t+\beta t_{\mathrm{r}}}{1-\beta} \tag{8-19}$$

可见，在三部门经济中，政府行为也对均衡国民收入的决定产生重大影响。在其他条件不变的条件下，均衡国民收入随着政府购买的增加而增加，随着税收的增加而减少。

即学即练

某国消费函数 $c=1\,600+0.75y_{\mathrm{d}}$，计划投资 1 000 亿元，政府计划税收 800 亿元，政府计划购买支出 2 000 亿元，求均衡收入。

【答】该国的均衡收入 $y=\dfrac{1\,600+1\,000+2\,000-0.75\times 800}{1-0.75}=16\,000$ 亿元。

思考与讨论

请推出政府购买乘数、税收乘数和政府转移支付乘数的概念与公式。

二、IS-LM 模型

四部门经济中国民收入的决定

简单的国民收入决定理论仅包括产品市场，即不论需求量为多少，市场总能以不变的价格提供相应的供给量。但市场经济不但有产品市场，还有货币市场。IS-LM 模型便是说明产品市场与货币市场同时达到均衡时国民收入与利率决定的模型，其中，I 指投资，S 指储蓄，L 指货币需求，M 指货币供给。这一模型被认为是凯恩斯主义宏观经济学的核心。

（一）产品市场的均衡：IS 曲线

在简单的国民收入决定理论中，投资被看作一个既定的外生变量。而在现实生活中，投资是企业从自身利益出发加以决定的内生变量。因此，要研究均衡国民收入如何决定，就必须考虑投资是如何决定的。

1. 投资函数

在影响投资的因素中，利率是决定性因素。这里的利率是**实际利率，等于名义利率减通货膨胀率**。投资的预期收益既定时，是否进行投资首先取决于实际利率的高低。实际利率上升时，投资需求就会减小；实际利率下降时，投资需求就会增加。这是因为，企业用于投资的资金，大多是借来的，利息是投资的成本。即使是自有资本，投资者也会把利息看作投资的机会成本。因此，利率上升时，投资者自然会减少对投资产品的购买。所以，投资函数是关于利率的减函数，公式为

$$i=i(r)$$

简单起见，我们通常把投资函数表示为线性函数（见图 8-2），公式为

$$i = e - dr \tag{8-20}$$

式（8-20）中，e 为自发投资；d 为利率对投资的影响系数。

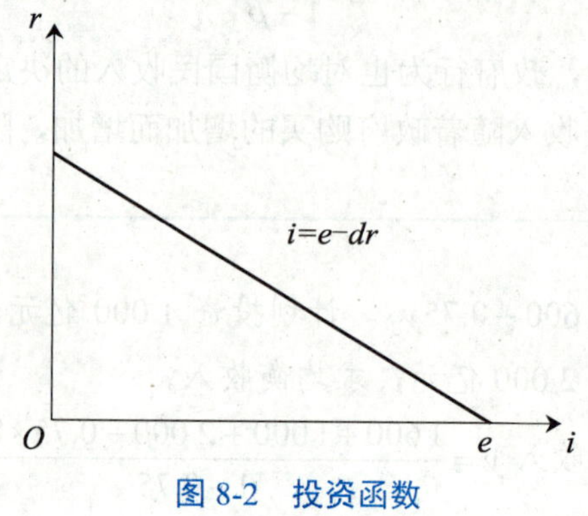

图 8-2　投资函数

2．IS 曲线的推导

由于在两部门经济中，产品市场的均衡条件为 $i(r) = s(y)$，因此，我们将**在产品市场达到均衡时，表示利率 r 与收入水平 y 之间关系的曲线，称为“IS 曲线”**。为了简单起见，我们以两部门经济为例进行推导。

> **小贴士**
>
> 在三部门、四部门经济中，IS 曲线也是成立的。

在产品市场中，两部门经济的均衡国民收入公式为

$$y = \frac{\alpha + i}{1 - \beta}$$

由于在两部门经济中加入了货币市场，投资不再是一个既定的量，而是关于利率的函数，因此，均衡国民收入公式变为

$$y = \frac{\alpha + e - dr}{1 - \beta} \tag{8-21}$$

整理可得 IS 曲线公式为

$$r = \frac{\alpha + e}{d} - \frac{1 - \beta}{d} y \tag{8-22}$$

IS 曲线（见图 8-3）是一条向右下方倾斜的曲线。它有以下经济含义：

（1）均衡国民收入与利率之间存在着反向变化的关系，即利率提高时收入水平趋于减少，利率降低时收入水平趋于增加。

（2）IS 曲线上的任意点都表示 $i = s$，偏离曲线的任意点都表示产品市场没有实现均衡。

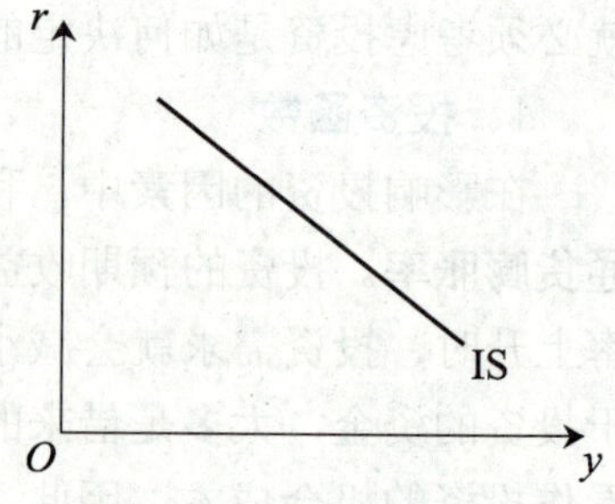

图 8-3　IS 曲线

（3）如果某一点处于 IS 曲线右边，则表示 $i < s$，即现行的利率水平过高，从而导致投资规模小于储蓄规模，产品市场供大于求；如果某一点

处于 IS 曲线的左边，则表示$i>s$，即现行的利率水平过低，从而导致投资规模大于储蓄规模，产品市场供小于求。

（二）货币市场的均衡：LM 曲线

货币市场是否达到均衡，关键在于货币需求与供给的关系。

1. 货币需求与供给

1）货币需求

货币需求又称“流动性偏好”，由凯恩斯首先提出，**是指由于货币具有使用上的灵活性，人们选择牺牲利息而持有不生息的货币来保持财富的心理倾向。**那么人们为什么会放弃货币能带来的收益而选择持有它呢？凯恩斯主义经济学家认为人们持有货币有三种动机，分别是交易动机、预防动机和投机动机。

交易动机是指人们持有货币是为了方便进行日常交易。出于交易动机的货币需求取决于交易量，交易量越大，所需要的货币越多。而交易量的大小又取决于人们的收入水平，收入越高，进行的交易量越大，所需要的货币也就越多。

预防动机又称“谨慎动机”，是指人们持有货币是为了应付意外事件。在这个充满不确定性和风险的世界，出现意外事件总是难免的，为应付这种事件，人们需要货币。预防动机所需要的货币也取决于收入，收入越多，用于预防的货币越多，对货币的需求就越大，即货币需求与收入同方向变动。

投机动机是指人们持有货币是为了抓住有利的购买有价证券的机会。出于投机动机的货币需求与利率相关，利率越高，即有价证券价格越低，人们会认为其很快就会回升，便用货币购买有价证券以备日后以更高的价格卖出，货币需求就会减少；反之，货币需求就会增加。当利率极低时，人们会认为这时利率不大可能再下降，或者说有价证券价格只会下降，故**不管手中有多少货币都只愿意持在手中，这种情况被称为“凯恩斯陷阱”或“流动性偏好陷阱”**。综上所述，货币需求与利率呈反方向变动关系。

基于交易动机和预防动机的货币需求取决于收入水平，投机动机的货币需求取决于利率水平。因此，凯恩斯的货币需求函数公式为

$$L = L_1 + L_2 = L_1(y) + L_2(r) \tag{8-23}$$

式（8-23）中，L_1 为基于交易动机和预防动机的货币需求，是收入 y 的函数；L_2 为基于投机动机的货币需求，是利率 r 的函数。如图 8-4 所示，货币需求曲线是关于 r 的向右下方倾斜的曲线。

简单起见，我们通常把货币需求函数表示为线性函数，公式为

$$L = ky - hr \tag{8-24}$$

式（8-24）中，k 和 h 均为正的常数。

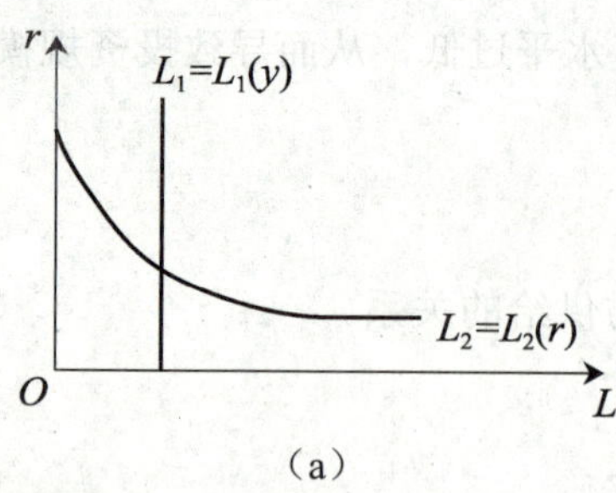

（a）

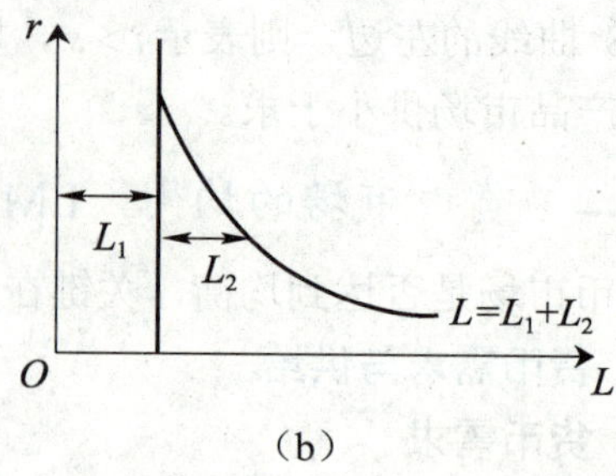

（b）

图 8-4　货币需求曲线

2）货币供给

货币供给是指一个国家在某一时点上所持有的不属于政府和银行所有的硬币、纸币和银行存款的总和。这里的货币供给量是名义货币量，即仅仅计算票面价值，不考虑购买力。把名义货币量折算成具有不变购买力的实际货币量，公式为

$$m=\frac{M}{P} \tag{8-25}$$

式（8-25）中，m 为实际货币量；M 为名义货币量；P 为价格指数。

货币供给是由国家货币当局加以控制和调节的，因而是一个外生变量，大小与利率无关。

2. LM 曲线的推导

当货币市场到达均衡时，有 $L=m$，从而

$$ky-hr=\frac{M}{P} \tag{8-26}$$

整理可得 LM 曲线公式为

$$r=\frac{k}{h}y-\frac{1}{h}\left(\frac{M}{P}\right) \tag{8-27}$$

LM 曲线（见图 8-5）是一条向右上方倾斜的曲线。它有以下经济含义：

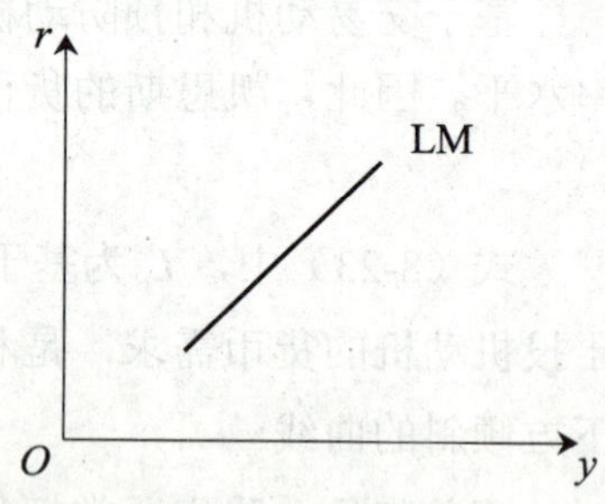

图 8-5　LM 曲线

（1）在 LM 曲线上的任一点都代表一定利率和收入的组合，在这样的组合下，货币需求与供给都是相等的，即货币市场是均衡的。

IS-LM 曲线

（2）位于 LM 曲线右方的任意点，都是 $L>m$ 的非均衡组合；位于 LM 曲线左方的任意点，都是 $L<m$ 的非均衡组合。

（3）当货币供给增加时，要使货币需求等于供给，需求也要增加。而货币需求增加的前提是收入增加或者利率下降。如果利率不变，则收入增加；如果收入不变，则利率下降，这些都意味着 LM 曲线向右移动。反之，LM 曲线向左移动。

（三）国民收入的决定：IS-LM 模型

通过前面的分析我们已经知道，在 IS 曲线上，有一系列利率与收入的组合使产品市场达到均衡；在 LM 曲线上，又有一系列利率和收入的组合使货币市场达到均衡。但能够使产品市场和货币市场同时达到均衡的利率和收入组合只有一个，即 IS 曲线和 LM 曲线的交点，如图 8-6 所示。

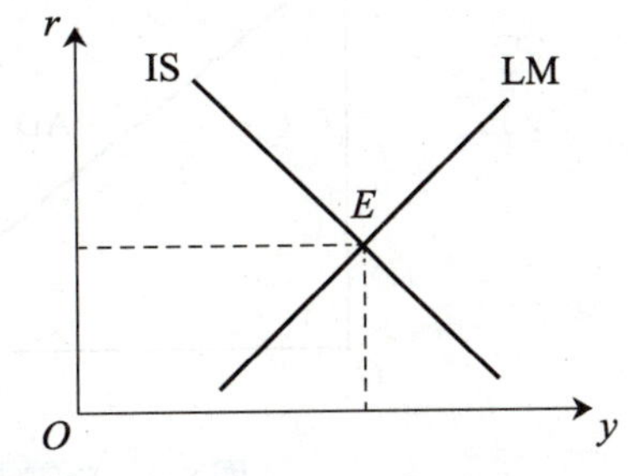

图 8-6 产品市场和货币市场的一般均衡

在 LM 曲线不变的条件下，总支出（如消费者支出、厂商投资等）增加，IS 曲线向右平移，从而国民收入增加，利率上升；反之，IS 曲线向左平移，从而国民收入减少，利率下降。在三部门经济中，政府支出由政府的政策决定，所以，如果把财政支出的变动作为总支出的变动，这里分析的就是财政政策对收入和利率的影响。

在 IS 曲线不变的条件下，货币量增加，LM 曲线向右平移，从而收入增加，利率下降；反之，货币量减少，LM 曲线向左平移，从而收入减少，利率上升。如果货币量的变动是由中央银行货币政策的变动引起的，这里分析的就是货币政策对收入和利率的影响。

总之，IS-LM 模型分析了储蓄、投资、货币需求与货币供给如何影响均衡国民收入和利率，不仅精炼地概括了总需求分析，而且可以用来分析财政政策和货币政策的影响。因此，IS-LM 模型被认为是凯恩斯主义宏观经济学的核心。

三、AD-AS 模型

在西方经济学中，供求决定价格和产量的原理在微观经济学和宏观经济学中都适用。不同的是，在微观经济学中，供求决定的是个别商品的价格和产量；在宏观经济学中，供求决定的是整个社会的价格水平和产出水平，也就是国民收入。

之前关于国民收入的讨论都是在一般价格水平不变的假定下进行的，但在现实经济中，总供给不可能总是与总需求同步变化，即价格水平是会变动的。因此，接下来我们将说明总供给和总需求是如何决定国民收入与价格水平的。

（一）总需求曲线

总需求是指整个经济社会在每一个价格水平（指社会总价格水平，而不是指某一种具体商品的价格）上对商品和劳务的需求总量。社会总需求决定了社会总产出水平，因此，通常用社会总产出来衡量总需求。在一个对外开放的经济社会中，经济主体包括消费者、企业、政府和国外部门，因此，总需求衡量的是各经济主体的总支出，如家庭购买的冰箱、企业购买的卡车、政府购买的办公设备等。

总需求函数是指以产出（国民收入）表示的需求总量和价格水平之间的关系，其几何表示被称为“AD 曲线”或“总需求曲线”，如图 8-7 所示。

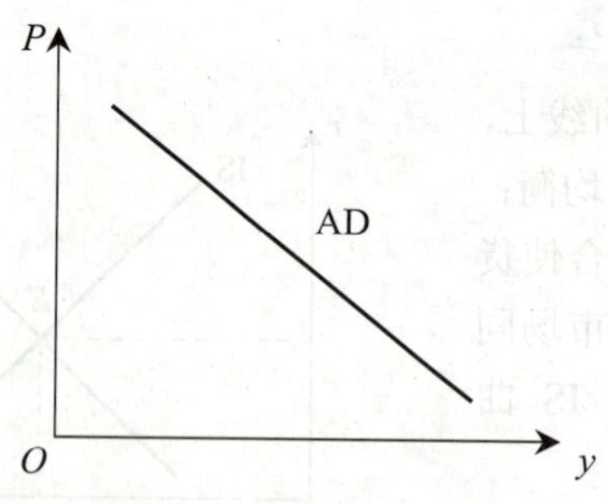

图 8-7　总需求曲线

小贴士

在总需求曲线上的每一点，产品市场和货币市场都达到了均衡。

总需求曲线通常向右下方倾斜，这意味着总需求与价格水平呈反方向变动，即价格水平上升，总需求减少，价格水平下降，总需求增加。

（二）总供给曲线

总供给是指整个经济社会在每一价格水平上提供的商品和劳务的总量。总供给函数是指以产出（国民收入）表示的供给总量和价格水平之间的关系，其几何表示被称为“AS 曲线”或“总供给曲线”。不同于总需求的无长期、短期之分，总供给在短期和长期上有明显的差别。短期总供给曲线在经济学界也存在着很大的分歧。

1. 短期总供给曲线

1）古典学派与凯恩斯主义的分歧

古典学派认为，市场是一个灵活的调节器，社会资源在灵活的价格、工资、利率的调节下得以充分利用。因此，短期内总需求曲线的上移只能形成单方面的价格水平的同步上升，而不能增加真实的国民收入。任何人为的刺激总需求的行为（如预算赤字）对增加产量和就业都是徒劳无益的，反而会引起严重的通货膨胀。显然，古典总供给曲线是一条垂直于横轴的直线，如图 8-8（a）所示，其中，y_f 代表充分就业的产出或国民收入。

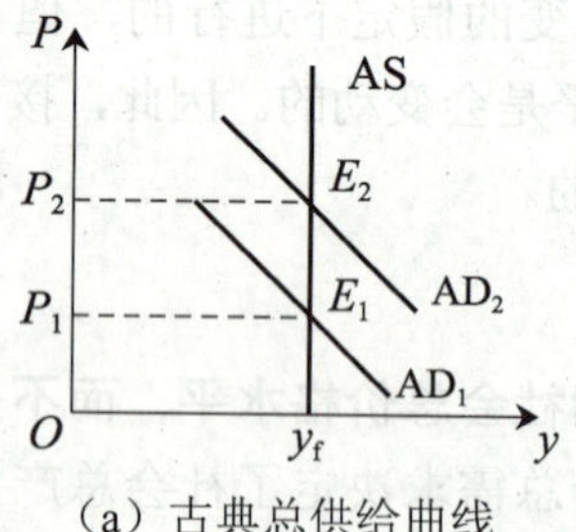

（a）古典总供给曲线

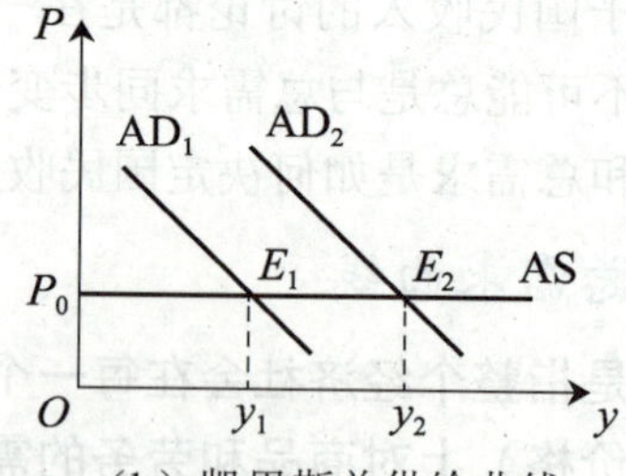

（b）凯恩斯总供给曲线

图 8-8　古典和凯恩斯总供给曲线

1936 年问世的《就业、利息和货币通论》是凯恩斯的代表作，书中的内容和观点主要立足于解释 20 世纪 30 年代的大萧条以及解决失业问题、实现充分就业的办法。凯恩斯理论的出发点是：在短期内，市场自发调节的力量并不能使各种生产资源达到充分就业，资源的闲置是经济社会中的一般现象；产品需求的增加，产量的提高，不会使价格整体水平上升，价格和工资在经济体系中是稳定的，具有“刚性”。这就注定了在凯恩斯主义经济学中，总供给曲线是一条平行于横轴的直线，如图 8-8（b）所示。鉴于此，政府应当在经济中充当重要角色，积极发挥其作用，增加政府支出，扩大总需求，以解决失业问题。只有通过政府的干预，充分就业才可能得以实现，干预主义自此被人们视为凯恩斯主义经济学的一大特征。只有实现充分就业以后，总需求的继续扩大才可能造成价格水平的同步上升。

2）常规总供给曲线

纯粹的凯恩斯主义观点和纯粹的古典学派观点，解释的是经济所处的两种极端状态——极端的萧条和极端的繁荣。当代经济学综合二者，拓展出通常的或常规的总供给曲线（见图 8-9），其自左下方向右上方倾斜，总供给与价格水平同方向变动。

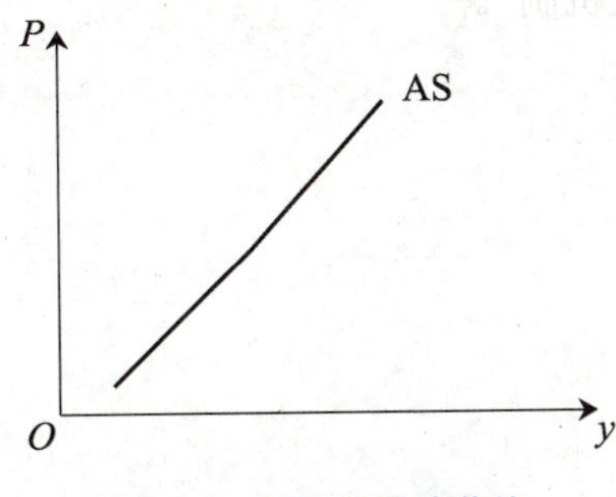

图 8-9　常规总供给曲线

2．长期总供给曲线

长期总供给曲线（LRAS）和古典总供给曲线形状相同，是一条垂线。因为在长期中，价格、工资和利率被认为具有充分的时间进行调整，社会资源依旧可以得到充分利用。

（三）国民收入的决定：AD-AS 模型

AD-AS 模型（总需求-总供给模型）将总需求与总供给结合，把它们的曲线放在一个坐标系中（见图 8-10），以解释均衡国民收入和价格水平的决定，考查价格变化的原因以及社会经济如何实现总需求与总供给的均衡。

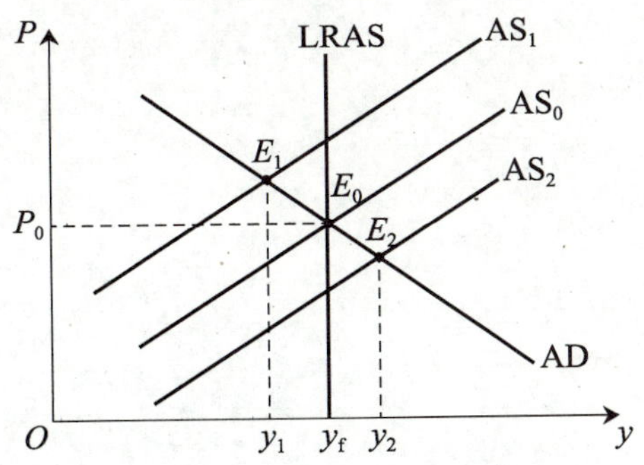

图 8-10　宏观经济长期和短期均衡

坚持供给侧改革

在图 8-10 中，点 E_0 既是短期均衡点，又是长期均衡点，此时经济社会处于充分就业状态，均衡价格为 P_0，产出为 y_f。而当经济社会处于低于充分就业的状态时，总供给曲线为 AS_1，其与总需求曲线的交点为点 E_1，此时均衡产出 y_1 低于充分就业的产出 y_f，相差的部分我们称为“通货紧缩缺口”。当经济社会处于高于充分就业的状态时，总供给曲线为 AS_2，其与总需求曲线的交点为点 E_2，此时均衡产出 y_2 高于充分就业的产出 y_f，相差的部分我们称为“通货膨胀缺口”。但随着时间的推移，短期供给曲线会通过预期价格的调整而移动，经济最终都会返回充分就业的产出水平，宏观经济学将这一特征称为“自我矫正机制”。

班级__________ 姓名__________ 学号__________

任务考核

1.【单选题】如果在两部门经济中，与可支配收入无关的消费为300亿元，投资为400亿元，边际储蓄倾向为0.2，那么，均衡的国民收入为（　　）亿元。

A. 770　　B. 4 300　　C. 3 500　　D. 7 000

2.【单选题】政府计划使实际国内生产总值增加200亿元。如果乘数为4，则政府对物品与劳务的购买应该增加（　　）。

A. 100亿元　　B. 80亿元　　C. 50亿元　　D. 40亿元

3.【单选题】IS曲线上的每一个点都表示（　　）。

A. 投资等于储蓄的收入和利率组合

B. 投资等于储蓄的均衡货币量

C. 货币需求等于货币供给的均衡货币量

D. 产品市场和货币市场同时均衡的收入

4.【单选题】按照凯恩斯货币理论，货币供给的增加将使（　　）。

A. 利率提高，从而使投资增加　　B. 利率降低，从而使投资减少

C. 利率提高，从而使投资减少　　D. 利率降低，从而使投资增加

5.【单选题】长期总供给曲线是（　　）。

A. 向右上方倾斜　　B. 向右下方倾斜

C. 一条垂直线　　D. 一条水平线

6.【多选题】根据简单的国民收入决定理论，（　　）会引起国民收入减少。

A. 消费减少　　B. 储蓄减少　　C. 税收增加　　D. 政府购买支出增加

7.【简答题】关于总供给曲线，古典学派与凯恩斯主义的分歧有哪些？

8.【计算题】假设在一个两部门经济中，消费$c=100+0.8y$，投资$i=150-6r$，货币供给$m=50$，货币需求$L=0.2y-4r$，试求：

（1）IS和LM曲线；

（2）产品市场和货币市场同时均衡时的利率和国民收入。

班级＿＿＿＿＿＿　　姓名＿＿＿＿＿＿　　学号＿＿＿＿＿＿

项目实训——了解我国 GDP

一、实训目标

培养学生通过网络等媒介查询和初步分析我国相关国民收入核算数据的能力，同时，能够深入了解我国经济发展现状，理解政府相关政策，进而树立制度自信，提升爱国情怀。

二、实训内容和要求

1．小组工作

学生自由分组，各组收集整理我国改革开放以来党和国家出台的与 GDP 相关的各种经济发展战略目标和规划目标。在小组讨论会上，解决以下问题。

（1）改革开放以来，党的十三大至十九大制定过哪些与 GDP 有关的经济发展战略目标？

（2）我国政府制定的国民经济和社会发展五年规划纲要中有哪些与 GDP 有关的规划目标？

2．班级交流

全班组织开展一次交流研讨，各组介绍自己总结的问题答案。全部介绍完成后，全班讨论 GDP 对国民经济的重要性。

3．考核

每个小组提交总结的问题答案。学生和教师根据学生平时课堂表现、提交的报告、班级交流发言情况在表 8-5 中进行评估打分，综合评定本项目的成绩。

表 8-5　项目考核表

项目名称	评价内容	分值	评价分数	
			自评	师评
个人素养考核项目（20%）	日常考勤	5 分		
	仪容仪表	5 分		
	课堂纪律和学习态度	10 分		
专业能力考核项目（80%）	积极参与教学活动并正确理解任务要求	10 分		
	知识准备中每个知识点的学习效果	20 分		
	任务考核题目的正确率	25 分		
	项目实训准备充分，答案内容完整、准确	25 分		
综合分数（自评×30%+师评×70%）				
教师评语	教师（签名）：			

思维导图

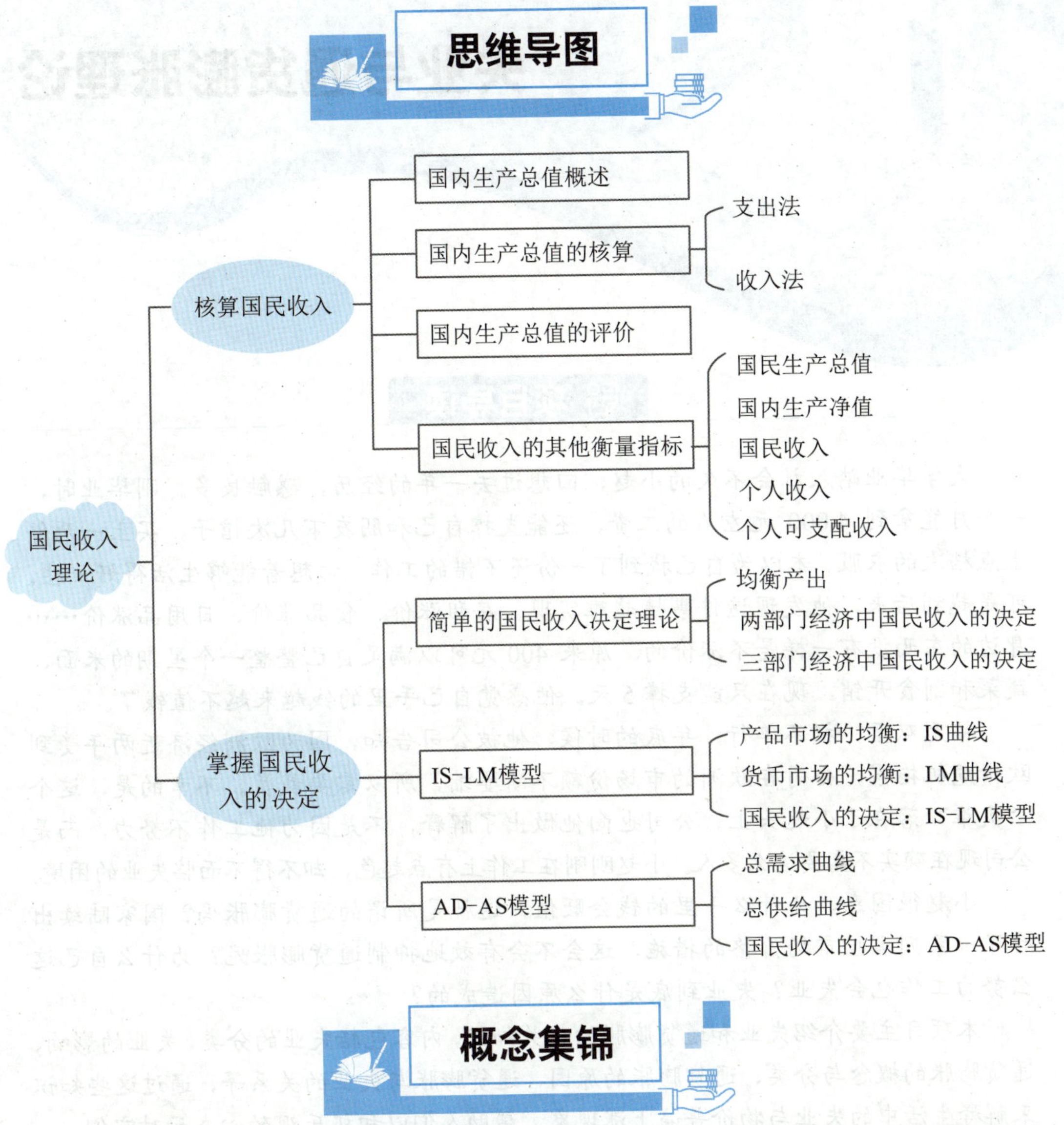

概念集锦

（1）国内生产总值：经济社会（一个国家或地区）在一定时期内运用市场要素所生产的全部最终产品（商品和劳务）的市场价值。

（2）支出法：通过计算在一定时期内整个社会购买各项最终产品的总支出（即最终产品的总卖价）来核算 GDP 的方法。

（3）国民生产总值：是指一国国民所拥有的全部生产要素在一定时期内所生产的最终产品的市场价值。

（4）两部门经济：假设一个经济社会里只有消费者和企业两个部门。

（5）投资乘数：收入的变化与带来这种变化的投资变化的比率。

（6）货币需求：由于货币具有使用上的灵活性，人们选择牺牲利息而持有不生息的货币来保持财富的心理倾向。

项目九

失业与通货膨胀理论

项目导读

大学毕业踏入社会不久的小赵，回想过去一年的经历，感触良多。刚毕业时，一个月能拿到 4 000 元左右的工资，还能支撑自己和朋友下几次馆子，买上一两件上点档次的衣服。本以为自己找到了一份还不错的工作，幻想着能够生活得好一些。可是越到后来，他发现这件事情越难实现。房租涨价、食品涨价、日用品涨价……身边的东西没有一样是不涨价的。原来 400 元可以满足自己整整一个星期的米面、蔬菜和副食开销，现在只能支撑 5 天。他感觉自己手里的钱越来越不值钱了。

福无双至，祸不单行。年底的时候，他被公司告知，因为欧洲经济近两年受到欧债危机拖累，公司在欧洲的市场份额不断萎缩，所以需要裁员。不幸的是，这个“灾难”落在了小赵头上。公司也向他做出了解释，不是因为他工作不努力，而是公司现在确实不需要这么多人。小赵刚刚在工作上有点起色，却不得不面临失业的困境。

小赵很困惑，为什么手里的钱会贬值，这就是所谓的通货膨胀吗？国家陆续出台了一系列调控市场价格的措施，这会不会有效地抑制通货膨胀呢？为什么自己这么努力工作也会失业？失业到底是什么原因造成的？

本项目主要介绍失业和通货膨胀的相关知识，内容包括失业的分类、失业的影响、通货膨胀的概念与分类、通货膨胀的原因、通货膨胀与失业的关系等，通过这些知识来解释生活中的失业与物价普遍上涨现象，帮助人们以积极乐观的心态面对它们。

学习目标

知识目标

（1）理解失业、失业率和自然失业率的概念。

（2）掌握失业的分类和影响。

（3）掌握通货膨胀的概念、分类和影响。

能力目标

（1）能够运用通货膨胀的相关知识分析现实经济形势。

（2）能够运用经济学理论分析通货膨胀产生的原因。

（2）能够运用菲利普斯曲线说明失业与通货膨胀的关系。

德育目标

（1）能够努力提升自我，树立正确的职业观。

（2）理解我国政府治理通货膨胀的经济学原理，体会社会主义市场经济体制的优越性，树立道路自信、理论自信和制度自信。

任务一　认识失业

任务导入

寒冷的北风呼啸着，一个身穿单衣的小女孩蜷缩在屋子的角落，不解地问：“妈妈，天气这么冷，我们为什么不生火炉呢？”妈妈叹了口气，说：“因为家里没有煤。你爸爸失业了，我们没有钱买煤。”“妈妈，爸爸为什么会失业呢？”“因为煤太多了。”

知识准备

一、失业与失业率

在经济学中，**失业是指在法定年龄范围内有劳动能力者愿意为获取报酬而工作，但尚未找到工作的状态。**

思考与讨论

全日制在读大学生、不想工作的“啃老族”和瘫痪在床的病人都处于失业状态吗？请说明理由。

衡量一个国家或地区失业状况的基本指标是失业率。**失业率是指失业人数与劳动力人数的比例。**其中，劳动力人数等于就业人数与失业人数之和。因此，失业率的公式为

$$失业率=\frac{失业人数}{劳动力人数}\times 100\%=\frac{失业人数}{就业人数+失业人数}\times 100\% \qquad (9\text{-}1)$$

二、失业的分类

在宏观经济学中，根据原因不同，失业通常可分为摩擦性失业、结构性失业和周期性失业三种类型，如表 9-1 所示。

表 9-1　失业的分类

类型	概念	特点	举例
摩擦性失业	劳动力正常流动过程中产生的失业	短期的、局部的、不可避免的；失业率的高低取决于劳动力流动性的大小和寻找工作所需时间的长短；通常起源于劳动力的供给方	人们由于在城市间迁居而重新找工作
结构性失业	劳动力的供给和需求在职业、技能、产业、地区分布等方面的不协调所引起的失业	不可避免，可以改善；既有失业，又有职位空缺；通常起源于劳动力的需求方	由于产业结构升级，一些传统行业衰落，导致大量人员失业
周期性失业	由于整个经济周期性波动造成劳动力总需求不足产生的失业	与经济的周期性波动一致	由于经济衰退，社会总需求不足，导致企业倒闭，工人失业

以上三种类型的失业中，周期性失业率会因为经济步入扩张期而下降为零，但摩擦性失业和结构性失业都是不可避免的问题，所以一个经济的整体失业率不会为零。当经济中只存在摩擦性失业和结构性失业（二者又称“自然失业”），不存在周期性失业时，我们便认为实现了充分就业，此时的失业率我们称为“自然失业率”，公式为

$$\text{自然失业率}=\frac{\text{摩擦性失业人数}+\text{结构性失业人数}}{\text{劳动力人数}}\times 100\% \tag{9-2}$$

知行合一

个体只有具备相应的职业能力，才能胜任相应的工作任务。同时，想要在职业竞争中脱颖而出，也要重视职业能力的提升。因此，大学生要想实现职业理想，就不能只把工作当成养家糊口的手段，而应形成对工作执着、对职业敬畏的敬业态度。对待工作中的每一个环节都要一丝不苟、精益求精，不断提升自身职业能力和素养，以此打通职业中的晋升通道。

三、失业的影响

失业的影响主要包括社会影响和经济影响。

（一）社会影响

失业的社会影响难以用数字衡量，但很容易被人们感受到。失业使失业人员生活水平下降并承受痛苦，既影响着他们的身心健康，又不利于社会的安定。

有关心理学研究表明，被解雇造成的创伤不亚于亲友的去世或学业的失败。此外，失业者在家庭之外的人际关系也会受到失业的严重影响，他们在就业的人员当中失去了自尊和影响力，还可能在情感上受到严重打击。

从社会学角度来看，失业不利于社会的稳定。失业率高的社会，往往伴随着高犯罪率、高离婚率和各种社会骚乱，还有许多社会悲剧，如自杀、吸毒等。尽管很难从数字上证明，但失业与这些现象之间存在关系的确是普遍的事实。

（二）经济影响

失业的经济影响可以从机会成本的角度来看。失业造成劳动力和其他经济资源的闲置，导致社会未能充分利用稀缺的经济资源创造出最大的财富。

那么，失业到底会对经济增长造成多大的损失呢？20世纪60年代，美国经济学家奥肯根据美国的实际资料估算出失业率与实际国内生产总值增长率之间的关系：**实际 GDP 每低于充分就业时的 GDP（潜在 GDP）2%，失业率将高于自然失业率 1%。这就是奥肯定律。**奥肯定律意味着，实际 GDP 必须保持与潜在 GDP 同样快的增长，以防止失业率的上升。如果政府想让失业率下降，那么必须使实际 GDP 的增长快于潜在 GDP 的增长。

奥肯悖论

即学即练

假定某经济的潜在 GDP 为 20 亿元，实际 GDP 为 19.2 亿元，如果自然失业率为 5%，那么根据奥肯定律，此经济的实际失业率为多少？

【答】由于实际 GDP 比潜在 GDP 低 $\frac{20-19.2}{20}\times100\%=4\%$，根据奥肯定律，实际失业率会比自然失业率高 2%，即实际失业率为 7%。

经济人物

阿瑟·奥肯（1928—1980），美国经济学家，1968 年被任命为约翰逊总统经济顾问委员会主席。

奥肯长期以来致力于宏观经济理论及经济预测的研究，并且从事政策的制定及分析。他在理论上的主要贡献是分析了平等与效率的替换关系，提出了估算“可能产出额”的奥肯定律，代表作有《平等与效率》等。潜在 GDP 这个概念也是由奥肯首先提出的。

奥肯定律是根据美国 20 世纪 60 年代的统计资料得出的，是一个经验统计公式，不一定适用于其他国家，也不一定适用于美国的其他时期。它指出的失业率与实际 GDP 增长率反方向变动的关系是普遍存在的。在实际运用这一原理时，应根据实际统计资料调节这种比例关系。

经济指向标

“十三五”期间，面对错综复杂的国际形势、艰巨繁重的国内改革发展稳定任务特别是新冠肺炎疫情的严重冲击，党中央、国务院始终坚持以人民为中心，将就业摆在经济社会发展优先位置，创新实施就业优先政策，推动就业工作取得积极进展。全国城镇新增就业 6 564 万人，城镇调查失业率均值控制在 5.2%，劳动年龄人口平均受教育年限从 10.2 年提高到 10.8 年，技能劳动者总量由 1.3 亿人增至 2 亿人，就业形势总体稳定，就业结构持续优化，就业质量不断提升。

“十四五”时期是我国全面建成小康社会、实现第一个百年奋斗目标之后，乘势而上开启全面建设社会主义现代化国家新征程、向第二个百年奋斗目标进军的第一个五年。当前和今后一段时期，我国发展仍然处于重要战略机遇期，党中央、国务院高度重视就业问题，实施就业优先战略，为实现更加充分更高质量就业提供了根本保证；我国已转向高质量发展阶段，以国内大循环为主体、国内国际双循环相互促进的新发展格局加快构建，经济稳中向好、长期向好，为就业长期稳定创造了良好条件；新一轮科技革命和产业变革深入发展，新兴就业创业机会日益增多；新型城镇化、乡村振兴孕育巨大发展潜力，新的就业增长点不断涌现；劳动力市场协同性增强，劳动力整体受教育程度上升，社会性流动更加顺畅，为促进就业夯实了人力资源支撑。

《“十四五”就业促进规划》

但也要看到，“十四五”时期就业领域也出现了许多新变化新趋势。人口结构与经济结构深度调整，劳动力供求两侧均出现较大变化，产业转型升级、技术进步对劳动者技能素质提出了更高要求，人才培养培训不适应市场需求的现象进一步加剧，“就业难”与“招工难”并存，结构性就业矛盾更加突出，将成为就业领域主要矛盾。城镇就业压力依然较大，促进高校毕业生等重点群体就业任务艰巨，在工业化、城镇化进程中，还有大量农村富余劳动力需要转移就业，规模性失业风险不容忽视。同时，就业歧视仍然存在，灵活就业人员和新就业形态劳动者权益保障亟待加强；人工智能等智能化技术加速应用，就业替代效应持续显现；国际环境日趋复杂，不稳定性不确定性明显增加，对就业的潜在冲击需警惕防范。总之，就业形势仍较严峻。必须深刻认识就业领域主要矛盾的变化，深入分析面临的挑战和风险，坚持问题导向，采取务实举措，抓住机遇，调动各种积极因素，不断开创就业工作新局面，努力实现更加充分更高质量就业。

班级________ 姓名________ 学号________

任务考核

1.【单选题】总需求不足引起的失业属于（　　）。

A．摩擦性失业　　B．结构性失业

C．周期性失业　　D．自然失业

2.【单选题】自然失业率等于（　　）。

A．结构性失业率　　B．摩擦性失业率

C．周期性失业率　　D．摩擦性失业率与结构性失业率之和

3.【单选题】在经济衰退期间，某厂商经营不善而破产导致的失业属于（　　）。

A．摩擦性失业　　B．结构性失业

C．周期性失业　　D．自然失业

4.【单选题】如果某人因为钢铁行业不景气而失去工作，这种失业属于（　　）。

A．摩擦性失业　　B．结构性失业

C．永久性失业　　D．周期性失业

5.【单选题】某人由于更换居住的城市而重新找工作，这种失业属于（　　）。

A．摩擦性失业　　B．结构性失业

C．永久性失业　　D．周期性失业

6.【单选题】失业率是指（　　）。

A．失业人数与劳动力人数的比例

B．失业人数占整个国家人数的百分比

C．失业人数占就业人数的百分比

D．没有工作的人数占整个国家人数的百分比

7.【多选题】下列选项中，可能引起结构性失业的是（　　）。

A．经济结构变化　　B．季节性因素

C．雇主歧视工人　　D．信息不对称

8.【多选题】摩擦性失业的特点包括（　　）。

A．短期的、局部的、不可避免的，即使在充分就业时也会存在一定的比例，是正常的经济现象

B．通常起源于劳动力的供给方

C．市场上既有失业，又有职位空缺，失业者没有合适的技能，因此无法填补现有的职位空缺

D．长期性，属于可以改善的经济问题

E．通常起源于劳动力的需求方

班级＿＿＿＿＿＿＿＿ 姓名＿＿＿＿＿＿＿＿ 学号＿＿＿＿＿＿＿＿

9.【简答题】简述失业的分类。

10.【简答题】经济达到充分就业时，失业率为零吗？为什么？

11.【计算题】假设某经济时期有 1.75 亿成年人，其中，1.2 亿人有工作，0.1 亿人在寻找工作，0.45 亿人没工作也没在找工作。试求：

（1）劳动力人数；

（2）失业率。

12.【计算题】假定某经济的自然失业率为 6%，潜在 GDP 为 20 亿元，如果实际失业率为 8%，那么根据奥肯定律，此经济的实际 GDP 为多少？

任务二　认识通货膨胀

任务导入

第一次世界大战后的德国，有一个小偷去别人家里偷东西，看见一个筐里装满了钱，他把钱倒了出来，把筐拿走了；几个儿童在街头用大捆大捆的纸币玩堆积木的游戏；一位正在煮饭的家庭妇女，烧的不是煤，而是本应该用来买煤的纸币……这些情景令人难以置信，但事实确实如此。当时的德国经历着历史上最疯狂的通货膨胀，货币贬值到今天看来几乎无法相信的程度：年初 1 马克还能换 2.38 美元，到了夏天 1 美元能换 4 万亿马克，一份报纸的价格从 0.3 马克涨到 7 000 万马克。究竟什么是通货膨胀？它产生的原因是什么呢？

知识准备

一、通货膨胀的概念与分类

通货膨胀是指一个经济中大多数商品和劳务的价格在一定时期内持续、普遍上涨的现象。理解通货膨胀的概念时要注意两点：一是少数几种商品和劳务的价格上涨不能称为通货膨胀，必须是大多数商品和劳务的价格同时上涨；二是偶尔的价格上涨也不能称为通货膨胀，必须是在一段时间内持续、普遍上涨。通货膨胀程度通常用通货膨胀率进行衡量。**通货膨胀率是指从一个时期到另一个时期价格水平变动的百分比**，公式为

$$\pi_t = \frac{P_t - P_{t-1}}{P_{t-1}} \times 100\% \tag{9-3}$$

式（9-3）中，π_t 为 t 时期的通货膨胀率；P_t 和 P_{t-1} 分别为 t 时期和 $t-1$ 时期的价格水平。

拓展阅读

用于计算通货膨胀率的价格指数一般有以下三种：

（1）CPI。CPI 是居民消费价格指数，是反映一定时期内城乡居民所购买的生活消费品和服务项目价格变动趋势和程度的指标。通过该指数可以观察和分析消费品的零售价格和服务项目价格变动对城乡居民实际生活费支出的影响程度。

（2）PPI。PPI 是工业生产者出厂价格指数，是反映一定时期内全部工业产品第一次出售时的出厂价格总水平的变动趋势和变动幅度的指标。

（3）GDP 折算数。GDP 折算数是名义 GDP 与实际 GDP 的比率，是衡量各个时期所有商品和劳务的价格变动的指标。

依据价格上涨速度不同，我们可以将通货膨胀分为三类，如表 9-2 所示。

表 9-2　通货膨胀的分类

类型	特点
温和的通货膨胀	年通货膨胀率在 10%以内，不会对经济造成巨大影响，甚至可能对经济有积极的刺激作用
奔腾的通货膨胀	年通货膨胀率在 10%与 100%之间，对经济有较大的破坏作用，且有加剧趋势
超级通货膨胀	年通货膨胀率在 100%以上，人们对货币失去信任，经济体系崩溃，甚至会导致社会动乱

思考与讨论

参考通货膨胀的概念，思考什么是通货紧缩。

二、通货膨胀的原因

通货膨胀

关于通货膨胀的原因，经济学家给出了很多解释，其中具有代表性的有以下三种。

（一）货币供给过多

货币数量论认为货币供给量过多是通货膨胀的根本原因。例如，如果货币供给按每年 10%的速度增长，而实际产出每年的增速为 6%，则该经济每年的通货膨胀率为 4%。现实生活中，货币供给量的增加往往是政府扩大支出后，通过增加货币发行量进行弥补导致的。

（二）需求拉动与成本推动

1．需求拉动

需求拉动通货膨胀又称“超额需求通货膨胀”，是指总需求超过总供给所引起的一般价格水平持续、显著地上涨。需求拉动通货膨胀理论把通货膨胀解释为“过多的货币追求过少的产品”，如图 9-1 所示。

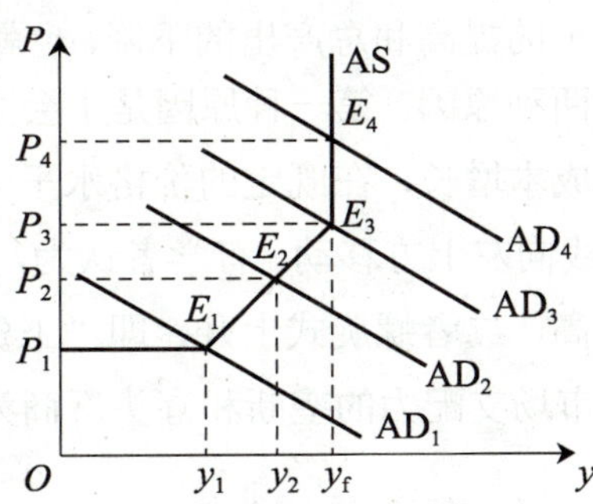

图 9-1　需求拉动通货膨胀

从图 9-1 中可以看到，AS 曲线起初平行于横轴，这表示总产出较低时，总需求的增加不会引起价格水平的上涨。当总产出到达 y_1 后，AS 曲线开始向右上方倾斜，这表明在从点 E_1 到点 E_3 的过程中，市场越来越接近充分就业，社会上的闲置资源也越来越少，总供给的增加能力逐渐变小。那么，当总需求继续增加，AD 曲线继续向右上方移动（如图 9-1 中总供给曲线从 AD_1 移到 AD_2）会导致总产出增加，价格水平上涨。这种情况称为“瓶颈式的通货膨胀”。

当总产出达到 y_f 后，AS 曲线成为垂直于横轴的直线，这表明市场达到了充分就业状态，社会上已经没有闲置资源，总供给不会再增加。那么，当总需求继续增加时，AD 曲线继续向右上方移动（如图 9-1 中总供给曲线从 AD_3 移动到 AD_4）只会导致物价上涨，而总产量不再增加。这就是“过多货币追求过少产品”所产生的通货膨胀。

2．成本推动

成本推动通货膨胀又称“供给推动通货膨胀”，是指在没有超额需求的情况下，由于供给成本的提高所引起的一般价格水平持续、显著的上涨，如图 9-2 所示。

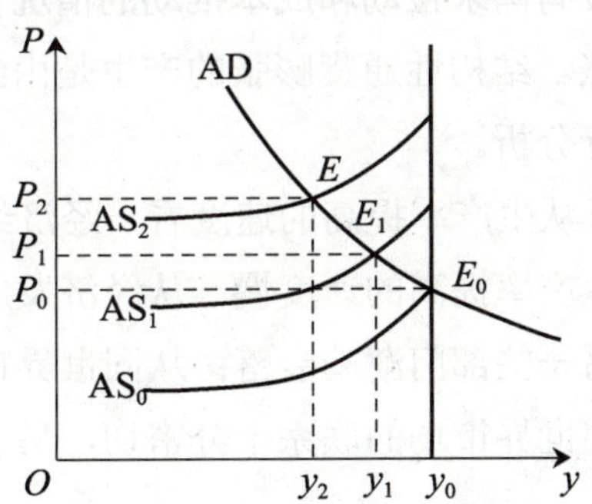

图 9-2　成本推动通货膨胀

从图 9-2 中可以看到，AD 曲线始终不变，表明当生产成本增加时，厂商要么在保持同等总产出的同时提高价格，要么在保持同等价格的同时降低总产出，因而总供给曲线从 AS_0 移动到 AS_1，结果导致在总需求不变的情况下，价格水平上升，总产出缩减。当成本继续增加，总供给曲线从 AS_1 移动到 AS_2 时，价格水平继续上升，总产出继续缩减。可见，生产成本的提高引起了物价水平的提高和总产出的下降，也就是说，成本推动了通货膨胀。

成本的提高一般可归纳为两种原因。第一种原因是工会力量使工资过度上涨所造成的成本增加。工资上涨使得生产成本增长，在既定的价格水平下，厂商愿意并且能够供给的数量减少，从而使得总供给曲线向左上方移动。有学者认为，工资提高引起价格水平上涨，价格水平上涨又会引起工资提高，二者螺旋式上升，即“工资-价格螺旋”。成本提高的第二种原因是利润推进，即具有市场支配力的垄断和寡头厂商为谋求更大的利润导致一般价格总水平的上涨。

3. 供求混合影响

许多经济学家认为，通货膨胀的根源不是单一的总需求或总供给，而是这两者共同作用的结果，即混合通货膨胀理论。如果通货膨胀是由需求拉动开始的，即过度需求的存在引起物价上升，这种物价上升又会使工资增加，从而供给成本增加，进而又引起了成本推动的通货膨胀。如果通货膨胀是由成本推动开始的，即成本增加引起物价上升，工资和利润的增加导致人们收入增加，从而总需求增加，形成需求拉动的通货膨胀。

思考与讨论

如果你的房东说：“工资、水费、电费等费用都涨了，我也只能提高你的房租。”这是属于什么类型的通货膨胀？如果某店主说：“商品可以提价，别怕卖不掉，店门口排队买的人多着呢！”这又属于什么类型的通货膨胀？

（三）经济结构变动

结构性通货膨胀是指在没有需求拉动和成本推动的情况下，由于经济结构变动导致一般价格水平的持续、普遍上涨。结构性通货膨胀的产生是由经济结构本身的特点决定的，我们可以从以下两个方面进行分析。

首先，经济结构不平衡。从生产率提高的速度看，经济结构的特点是一些部门生产率提高的速度快，另一些部门生产率提高的速度慢；从经济发展的过程看，经济结构的特点是一些部门正在迅速发展，另一些部门渐趋衰落；从同世界市场的关系看，经济结构的特点是一些部门（开放部门）同世界市场的联系十分密切，另一些部门（非开放部门）同世界市场没有密切联系。

其次，现代社会经济结构决定了生产要素很难从生产率低的部门转移到生产率高的部门，或从渐趋衰落的部门转移到正在迅速发展的部门，或从非开放部门转移到开放部门。但是，生产率提高慢的部门、渐趋衰落的部门以及非开放部门在工资和价格问题上都要求“公平”，要求向生产率提高快的部门、正在迅速发展的部门以及开放部门“看齐”，要求“赶上去”，结果导致一般价格水平上涨。

三、通货膨胀的影响

通货膨胀会对个人和整个社会的经济生活产生影响，这种影响主要包括两种，分别是收入再分配效应和产出效应。

（一）收入再分配效应

通货膨胀意味着人们手中持有的货币的购买力下降，也就是说，通货膨胀会导致人们的实际收入水平发生变化，这就是通货膨胀的再分配效应。但是，通货膨胀对不同经济主体的再分配效应是不同的。

1. 对固定收入者不利

通货膨胀不利于靠固定收入维持生活的人。对于固定收入者来说，其收入是固定的货币数额，即收入增长率为零，但物价水平是不断上升的，这就导致他们的实际购买力将下降，实际收入因通货膨胀而减少，生活水平也会降低。

拓展阅读

在现实生活中，靠政府救济金维持生活的人比较容易受到通货膨胀的冲击，因为政府救济金发放水平的调整相对较慢。此外，工薪阶层、公务员以及靠福利和转移支付维持生活的人，也都比较容易受到这种冲击。那些收入能随着通货膨胀而变动的人则会从通货膨胀中得益。例如在扩张的行业工作并有强大的工会支持的工人，他们的工资合同中有工资随生活费用的上涨而提高的条款，或强有力的工会可以代表他们进行谈判，在每个新合同中工资都有可能得到大幅度的增长。

2. 对储蓄者不利

随着价格水平的上涨，存款的购买力就会下降，那些在银行有存款的人会因此受到打击。同样，保险金、养老金等的实际价值在通货膨胀中也会下降。

3. 对债权人不利

通货膨胀牺牲了债权人的利益而使债务人得益。例如，A 向 B 借款 1 万元，约定一年以后归还，假定这一年中发生了通货膨胀，物价上升了一倍，那么，一年后，A 归还给 B 的 1 万元只能购买到原来一半的商品和劳务。也就是说，通货膨胀使 B 损失了一半的实际收入。为了反映通货膨胀对借贷款人实际收入的影响，一般用实际利率来代替名义利率。

拓展阅读

研究表明，第二次世界大战以来，西方政府从通货膨胀中获得了大量再分配的财富，其主要来源有两个。第一个来源是税收，因为有些税收是累进的，例如个人所得税。在通货膨胀期间，一些人的名义收入增加了，原来不用缴税的现在需要缴税了，本来缴税的人则进入了更高的纳税级别，政府因而获得了更多的税收。第二个来源是国债，现代经济中，政府把发行公债作为筹集资金和调控经济的手段，从而使得政府都负有较大数额的国债，通货膨胀使得政府作为债务人而获益。

（二）产出效应

一般认为，需求拉动型通货膨胀促进了产出水平的提高。这种情况产生的前提条件是有一定的资源闲置。在一个经济体存在一定的资源闲置的情况下，物价温和地上涨会刺激人们的购买欲望，因为人们消费时有“买涨不买跌”的倾向，即当人们认为物价会涨时，会采取即时消费的策略，消费的增加会刺激厂商扩大生产规模，从而就业增加、国民收入上升；而当人们认为物价将下跌时，会采取持币等待的策略，消费的减少会导致厂商缩小生产规模，从而失业增加、国民收入下降。

通常，温和的通货膨胀对经济的影响比较小，不会带来危害，而奔腾的通货膨胀甚至超级通货膨胀对经济影响较大。物价的持续上升会使人们在价格上升前将货币花掉，从而产生过度的消费购买，导致储蓄和投资都减少，产出水平下降；劳动者会要求提高工资，厂商成本上升，导致厂商规模缩小，产出水平下降；厂商在通货膨胀率上升时，会力求增加存货，以便在稍后抬高价格出售以增加利润，从而使得市场可供销售的货物减少，物价将进一步上升。最后，当出现恶性通货膨胀时，情况会变得更坏，经济体系有可能陷入崩溃。

西方经济学家认为，通货膨胀真正的严重性在于其造成的政治后果，例如扩大的贫富差距导致的社会动荡。总之，通货膨胀有利有弊，但从第二次世界大战后各国的实际情况看，通货膨胀的弊大于利，因此，借助通货膨胀来发展经济绝非上策。

四、通货膨胀与失业的关系

痛苦指数

通货膨胀与失业是经济中的两个主要问题，那么，它们之间有什么关系呢？20 世纪 50 年代中期，新西兰经济学家菲利普斯提出了菲利普斯曲线这一概念。

（一）菲利普斯曲线的概念

1958 年，菲利普斯根据英国 1861—1957 年间失业率和货币工资变动率的经验统计资料，提出了一条用以表示失业率和货币工资变动率之间替换关系的曲线。这条曲线表明，当失业率较低时，货币工资增长率较高；反之，当失业率较高时，货币工资增长率较低，甚至是负数。

美国新古典综合派经济学家萨缪尔森和索洛在 1960 年发表文章，用美国的统计资料证明了菲利普斯曲线所表示的关系是存在的。根据成本推动通货膨胀理论，货币工资增长率可以表示通货膨胀率，因此他们把菲利普斯曲线进一步解释为失业和通货膨胀之间的关系，如图 9-3 所示。

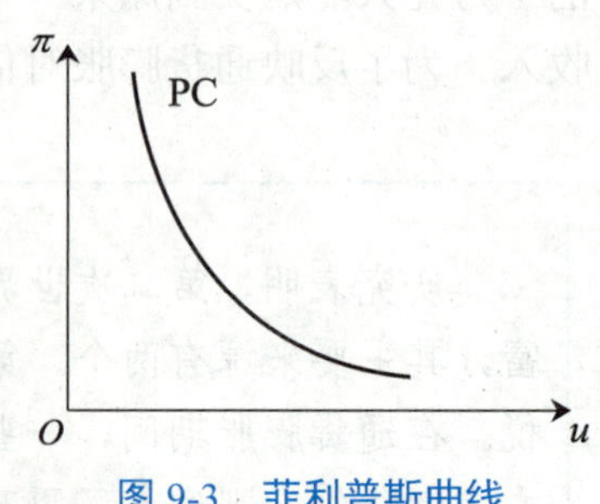

图 9-3　菲利普斯曲线

菲利普斯曲线（PC）表示了失业率（u）与通货膨胀率（π）之间的替换关系，即失业率高，通货膨胀率低；失业率低，通货膨胀率高。失业率高表明经济处于萧条阶段，这时工资与物价水平都较低，从而通货膨胀率也低；反之，失业率低表明经济处于繁荣阶段，这时工资与物价水平都较高，从而通货膨胀率也高。

菲利普斯曲线表明：① 通货膨胀是由工资成本推动引起的，这就是成本推动通货膨胀理论，正是根据这一理论，把货币工资增长率与通货膨胀率联系了起来；② 菲利普斯曲线承认了通货膨胀与失业的替换关系，这也就否定了凯恩斯失业与通货膨胀不会并存的观点；③ 当失业率为自然失业率时，通货膨胀率为零，因此，也可以把自然失业率定义为通货膨胀率为零时的失业率。

（二）菲利普斯曲线的应用

菲利普斯曲线还可以用于指导政策的制定，即根据菲利普斯曲线所表明的失业与通货膨胀之间的关系，运用政策对经济进行调整，实现宏观经济的稳定。具体做法是先确定一个临界点，失业率与通货膨胀率在此范围之内时，政府不用调节，如在此范围之外，则可根据菲利普斯曲线所表示的关系进行调节。

例如，假定失业率和通货膨胀率在4%以内被认为是合理的或者可容忍的，这时就得到了一个临界点，即图9-4中的点A，由此形成的阴影区域称为“安全区域”。如果实际失业率和通货膨胀率的组合在安全区域内，则决策者无须采取任何措施。

如果实际通货膨胀率高于4%，例如达到了5%，组合点处于图9-4中点B的位置。此时，根据菲利普斯曲线，决策者可以采取紧缩性政策，即以提高失业率为代价降低通货膨胀率，使组合点移动到安全区域。

如果实际失业率高于4%，例如达到了5%，组合点处于图9-4中点D的位置。此时，根据菲利普斯曲线，决策者可以采取扩张性政策，以提高通货膨胀率为代价降低失业率，使组合点移动到安全区域。

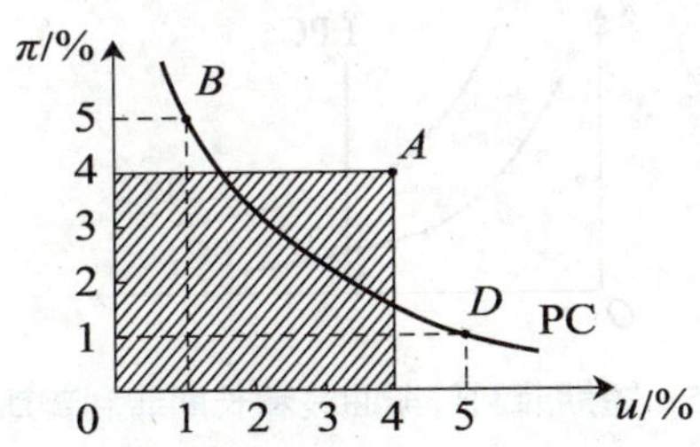

图9-4 菲利普斯曲线的应用

（三）长期菲利普斯曲线

菲利普斯曲线反映的失业与通货膨胀之间的替换关系基本符合20世纪50年代至60年代西方国家的实际情况，根据这种解释提出的政策主张也是有效的。但是，20世纪70年代末期出现的经济滞胀使失业与通货膨胀之间又不存在这种替换关系了，于是，对失业与通货膨胀之间的关系又有了新的解释。

拓展阅读

在短期内，如果 AD 曲线不变，AS 曲线发生移动，则会造成市场价格与收入反方向运动。如果 AS 曲线向左移动，价格水平会上涨，而收入则下降，出现经济发展停滞和通货膨胀共生的“滞胀”现象。

货币主义者在解释菲利普斯曲线时引入了预期的因素，即人们会根据过去的经验来形成并调整他们对未来的预期。货币主义者根据预期，把菲利普斯曲线分为短期菲利普斯曲线和长期菲利普斯曲线。

在短期中，工人来不及调整通货膨胀预期，预期的通货膨胀率可能低于以后实际发生的通货膨胀率。这样，工人所得到的实际工资可能小于先前预期的实际工资，从而使厂商实际利润增加，刺激了投资，进而就业增加，失业率下降。在此前提下，通货膨胀率与失业率之间存在替换关系。所以，向右下方倾斜的菲利普斯曲线在短期内是可以成立的。这也说明，在短期中，引起通货膨胀率上升的扩张性政策是可以起到减少失业的作用的。这就是宏观经济政策的短期有效性。

但是在长期中，工人将根据实际发生的情况不断调整自己的预期（如图 9-5 中由 PC_1 调整为 PC_2）。工人预期的通货膨胀率与实际发生的通货膨胀率迟早会一致。这时，工人会要求增加名义工资，使实际工资不变，从而通货膨胀率提高就不会起到减少失业的作用了。即长期菲利普斯曲线（LPC）是一条垂线，表明失业率与通货膨胀率之间不存在替换关系。在长期中，经济能实现充分就业，此时失业率为自然失业率。因此，垂直的菲利普斯曲线表明，无论通货膨胀率如何变动，失业率总是固定在自然失业率的水平上。以引发通货膨胀为代价的扩张性政策并不能减少失业。这就是宏观经济政策的长期无效性。

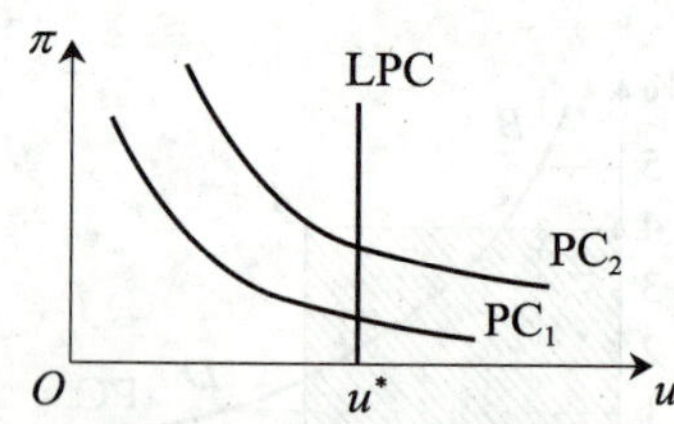

图 9-5　短期菲利普斯曲线和长期菲利普斯曲线

由此可以得出结论，扩张性政策可以在短期内减少失业，但其代价是通货膨胀率不断上升。从长期来看，运用扩张性政策不但不能降低失业率还会使通货膨胀率不断上升。因此，政府不应用扩张性政策来刺激经济。20 世纪 70 年代的滞胀正是政府不断用扩张性政策刺激经济的恶果。

班级__________ 姓名__________ 学号__________

任务考核

1.【单选题】在不能完全预期的情况下，通货膨胀将有利于（ ）。

A．债务人　　B．债权人

C．在职职工　　D．离退休人员

2.【单选题】新冠疫情初期，人们对口罩的抢购导致口罩价格上升，该现象说明（ ）。

A．口罩的实际价值上升了　　B．需求过剩导致口罩价格上升

C．需求拉动通货膨胀　　D．厂商趁机牟取暴利

3.【单选题】根据菲利普斯曲线，短期内降低通货膨胀率的办法是（ ）。

A．增加货币供应量　　B．降低失业率

C．提高失业率　　D．提高自然失业率

4.【单选题】某国连续 3 年货币供应量增速为 5%，GDP 增长速度为 9%，货币流通速度不变，则其物价水平变动趋势为（ ）。

A．上升　　B．下降　　C．不变　　D．不确定

5.【多选题】下列选项中，可能在通货膨胀中利益受损的是（ ）。

A．债权人　　B．固定收入者　　C．货币持有者　　D．政府

6.【多选题】理论上讲，要降低通货膨胀率，可以采取（ ）的措施。

A．减少货币供应　　B．增加就业

C．增加货币供应　　D．减少就业

7.【简答题】通货膨胀的影响有哪些？

8.【简答题】为什么长期菲利普斯曲线是一条垂线？

班级＿＿＿＿＿＿＿　姓名＿＿＿＿＿＿＿　学号＿＿＿＿＿＿＿

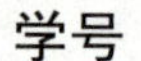

项目实训——勇敢面对就业

一、实训目标

使学生认清当前大学生就业形势，能够找出大学生就业难的原因，并积极探寻应对方法，形成正确的就业观，树立积极提升自身能力的意识。

二、实训内容和要求

1. 小组工作

（1）学生自由分组，查阅有关大学生失业的新闻报道和分析报告等资料，以及国家应对大学生失业问题的相关政策内容。

（2）组内讨论，分析大学生失业的类型、原因，提出自己对解决大学生就业难问题的建议。

2. 班级交流

全班组织开展一次“大学生如何应对失业”主题交流研讨，每组派一名代表发言，其他小组成员可以进行评价、提问，或针对发言内容发表自己的观点并阐述理由。发言人及本组成员可针对提问进行答辩。

3. 考核

每个小组提交一份《大学生如何应对失业》的总结，学生和教师根据学生平时课堂表现、提交的总结、班级交流发言情况在表 9-3 中进行评估打分，综合评定本项目的成绩。

表 9-3　项目考核表

项目名称	评价内容	分值	评价分数	
			自评	师评
个人素养考核项目（20%）	日常考勤	5 分		
	仪容仪表	5 分		
	课堂纪律和学习态度	10 分		
专业能力考核项目（80%）	积极参与教学活动并正确理解任务要求	10 分		
	知识准备中每个知识点的学习效果	20 分		
	任务考核题目的正确率	25 分		
	项目实训准备充分，总结内容完整、准确	25 分		
综合分数（自评 × 30%+师评 × 70%）				
教师评语	教师（签名）：			

思维导图

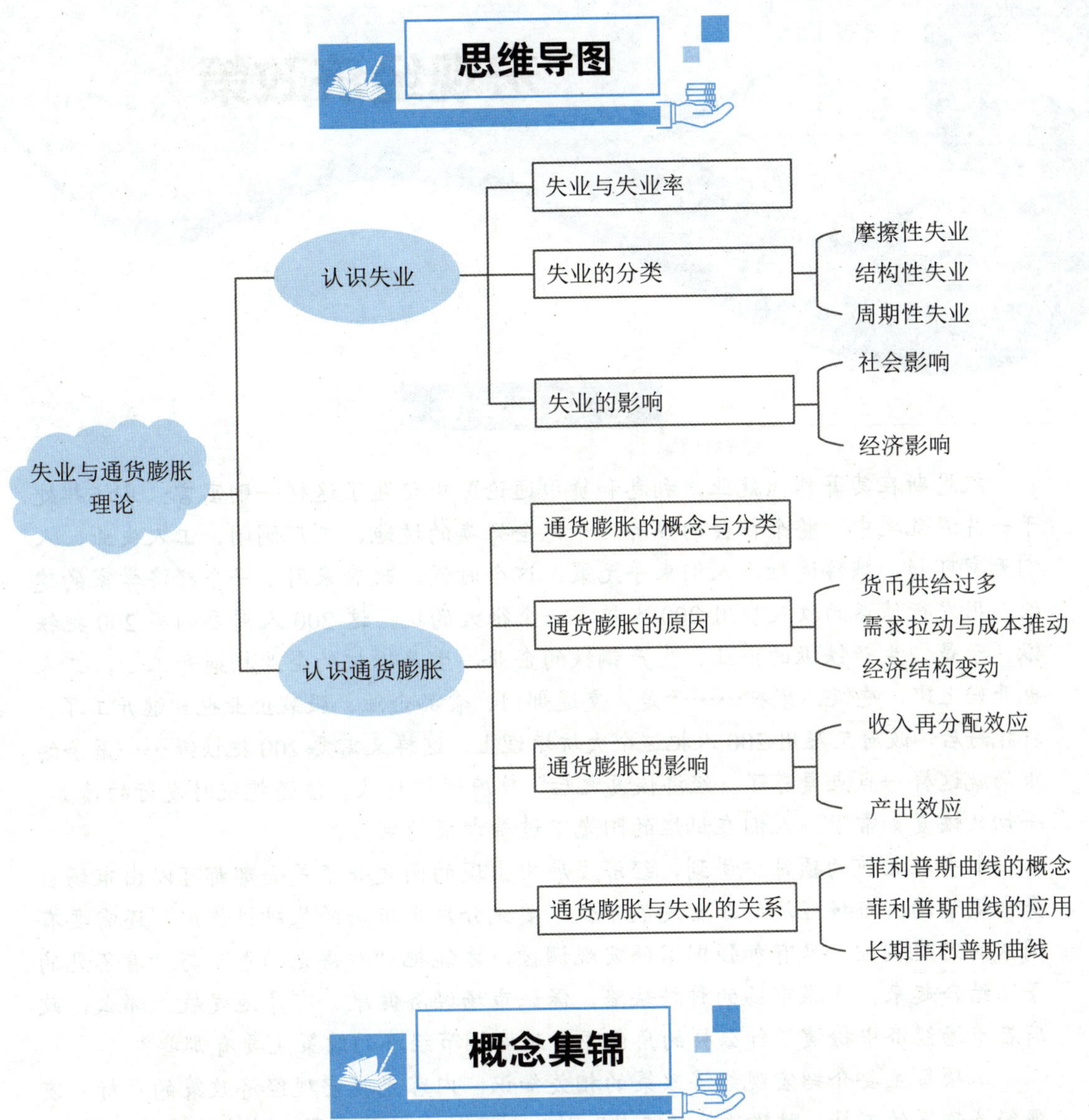

概念集锦

（1）失业：在法定年龄范围内有劳动能力者愿意为获取报酬而工作，但尚未找到工作的状态。

（2）失业率：失业人数与劳动力人数的比例。

（3）摩擦性失业：劳动力正常流动过程中产生的失业。

（4）奥肯定律：实际 GDP 每低于充分就业时的 GDP（潜在 GDP）2%，失业率将高于自然失业率 1%。

（5）通货膨胀：一个经济中大多数的商品和劳务的价格在一定时期内持续、普遍上涨的现象。

（6）菲利普斯曲线：表示失业率与通货膨胀率之间替换关系的曲线。

项目十

宏观经济政策

项目导读

凯恩斯在其著作《就业、利息和货币通论》中记述了这样一则寓言：乌托邦处于一片混乱之中，整个社会的经济处于完全瘫痪的境地，工厂倒闭，工人失业，人们无家可归，饿殍遍野，人们束手无策。这个时候，政府采用了一个经济学家的建议，用发行债券的收入雇用 200 人挖了一个很大的坑。这 200 人需要购买 200 把铁锹，于是，生产铁锹的企业、生产钢铁的企业、生产锹把的企业相继开工了，工人也开始上班、吃饭、穿衣……于是，交通部门、食品企业、服装企业也相继开工了。坑挖好后，政府又雇用 200 人把这个大坑填埋上，这样又需要 200 把铁锹……萧条的市场就这样一点点复苏了。经济恢复之后，政府通过税收，偿还挖坑时发行的债券，一切又恢复如常了，人们在灿烂的阳光下过着幸福的生活。

本书在之前的项目中讲到，经济发展中出现的问题并不是全部都可以由市场自身来调节的。市场经济的正常发展不仅需要充分发挥市场的基础性作用，还需要有国家的宏观调控。只有加强国家的宏观调控，才能把“看得见的手”与“看不见的手”结合起来，克服市场的种种缺陷，保证市场经济健康、有序地发展。那么，政府在市场经济中扮演了什么样的角色呢？政府调节经济的政策主要有哪些？

本项目主要介绍宏观经济政策的相关知识，内容包括宏观经济政策的目标、宏观经济政策的工具、财政政策的工具、财政制度的自动稳定器、财政政策的局限性、货币政策工具、中央银行与商业银行的职能、财政政策与货币政策的混合使用等。通过这些知识来解释政府颁布的宏观经济政策。

学习目标

知识目标

（1）了解宏观经济政策的目标及其相互关系。

（2）掌握财政政策和货币政策的工具及其局限性。

（3）掌握财政制度的自动稳定器功能。

（4）了解中央银行与商业银行的职能。

（5）了解财政政策和货币政策混合使用的政策效应。

能力目标

（1）具备分析现实经济形势的能力，能够分析当前宏观经济政策实施的依据。

（2）能够分析宏观经济政策产生的效果。

德育目标

（1）通过了解我国实施的宏观经济政策的原因和目的，提高学习经济学的兴趣，培养经济思维。

（2）理解我国宏观经济政策的有效性和创新性，体会社会主义市场经济体制的优越性，树立道路自信、理论自信、制度自信。

任务一　掌握宏观经济政策的目标和工具

任务导入

政府在市场经济中被看作一只“看得见的手”，它不仅可以补救“看不见的手”在调节微观经济运行中的失效，还可以通过宏观经济政策对宏观经济进行调节。宏观经济政策是指政府为了增进经济福利、改善经济运行状况，以达到一定的经济目标和社会目标而对宏观经济领域进行的有意识的干预。那么，政府颁布的政策哪些属于宏观经济政策呢？它们想要实现什么样的目标？

知识准备

一、宏观经济政策目标及相互关系

（一）宏观经济政策目标

1. 充分就业

按照凯恩斯的解释，充分就业并不是指没有失业，而是指仅存在摩擦性失业和结构性失业，周期性失业率为零的状态。谋求充分就业是政府的责任，因为失业不仅浪费了社会资源，而且使劳动者失去了生活来源，可能引起社会的不安定。因此，降低失业率，实现充分就业就成为宏观经济政策的首要目标。

2. 物价稳定

物价稳定是指物价总水平的稳定。这不意味着物价不变，而是指价格指数的相对稳定，即维持一个低而稳定的通货膨胀率，这种通货膨胀能为社会所接受，对经济也不会产生过多不利的影响。由于高的通货膨胀率对经济有较大的破坏作用，所以为了控制通货膨胀对经济的冲击，物价稳定成为宏观经济政策的目标之一。

3. 经济增长

经济增长是指在一个特定时期内人均产出和人均收入的增长。这种增长要既能满足社会发展的需要，又是人口增长和技术进步所能达到的。保持经济增长，实际上是指保持一个与发展阶段相适应的、含常规波动的、可持续的、稳定的经济增长速度。经济增长和失业常常是相互关联的，因此维持经济持续、稳定增长以实现充分就业是宏观经济政策追求的目标之一。

4. 国际收支平衡

国际收支平衡主要是要求一国能保持汇率稳定，同时使其进出口基本平衡，达到既无大量的国际收支赤字，又无过度的国际收支盈余的水平。一国的收支状况不仅反映了整个国家的对外经济交往状况，也反映了该国经济的稳定程度，过度的国际收支赤字和盈余都会给国内经济发展带来不利的影响。

小贴士

国际收支平衡不等同于进口和出口相等。

经济指向标

2021 年《政府工作报告》提出，我国 2021 年经济发展的预期目标是：国内生产总值增长 6%以上；城镇新增就业 1 100 万人以上，城镇调查失业率 5.5%左右；居民消费价格涨幅 3%左右；进出口量稳质升，国际收支基本平衡；单位国内生产总值能耗降低 3%左右；粮食产量保持在 1.3 万亿斤以上。

（二）宏观经济政策目标的相互关系

四个经济目标之间既存在着密切的联系，又存在着矛盾。

（1）充分就业与物价稳定之间往往是矛盾的。要实现充分就业，就必须运用扩张性财政政策和货币政策，而这些政策又会由于财政赤字的增加和货币供给量的增加而引起通货膨胀。

（2）充分就业与经济增长之间有一致的一面，也有矛盾的一面。一方面，经济增长会提供更多的就业机会，有利于充分就业；另一方面，经济增长中的技术进步又会引起资本对劳动的替代，相对地减少生产对劳动的需求，从而使部分工人尤其是文化技术水平低的工人失业。

（3）物价稳定与经济增长之间存在矛盾。因为经济增长过程中，通货膨胀是难以避免的。

(4) 充分就业与国际收支平衡之间也存在着矛盾。因为充分就业的实现引起国民收入增加，而在边际进口倾向既定的情况下，国民收入增加必然引起进口增加，从而使国际收支失衡。

宏观经济政策目标之间存在着矛盾，这就要求决策者确定重点政策目标，或者对这些政策目标进行协调。决策者在确定宏观经济重点政策目标时，既受到自己对各项政策目标重要程度的理解以及国内外各种政治因素的制约，又受到社会可接受程度的制约。通常来说，不同的国家在不同时期选择宏观经济政策目标的侧重点会有所不同。

二、宏观经济政策工具

宏观经济政策工具是指用来达到政策目标的手段。一旦确定了宏观经济目标，决策者就必须明确可用的政策工具，使经济达到预期的目标。常用的宏观经济政策工具有需求管理政策和供给管理政策。

（一）需求管理政策

需求管理政策是指通过调节总需求来达到一定政策目标的宏观经济政策工具。这也是凯恩斯主义所重视的政策工具。需求管理政策是要通过调节总需求实现供求平衡，达到既无失业又无通货膨胀的目标。在总需求小于总供给时，经济中会由于需求不足而产生失业，这时就要运用扩张性的政策工具来刺激总需求；在总需求大于总供给时，经济中会由于需求过度而产生通货膨胀，这时就要运用紧缩性的政策工具来压抑总需求。需求管理政策包括财政政策与货币政策，这将在本项目后面的任务中重点讲解。

（二）供给管理政策

供给管理政策是指通过调节总供给达到一定政策目标的宏观经济政策工具。供给即生产，在短期内影响供给的主要因素是生产成本，特别是生产成本中的工资成本；在长期内影响供给的主要因素是生产能力，即经济潜力。因此，供给管理政策工具主要包括控制工资与物价的收入政策，改善劳动力市场状况的人力政策，以及促进经济增长的增长政策等。

1. 收入政策

收入政策以成本推动通货膨胀理论为基础，通过限制工资增长率来限制物价水平上涨，从而控制生产成本，保障供给。收入政策主要有四种形式，如表 10-1 所示。

表 10-1　收入政策

形式	概念
工资-物价指导线	根据劳动生产率等因素的变动，规定工资和物价（主要是工资）的上涨限度
工资-物价管制	采用行政措施禁止在一定时期内提高工资与物价，这种形式一般只用于战争等特殊时期或通货膨胀严重时期
税收政策	对工资增长率超过工资指导线的企业课以重税，对工资增长率低于指导线的企业给予减税优惠
收入指数化	将名义收入与某种物价指数联系起来，使名义收入随物价指数变动而变动

一般情况下，收入政策需要与总需求政策相结合。收入政策的目的是通过使总供给曲线下移而达到降低通货膨胀率的目的，如果没有总需求曲线的下移相伴随，那么工资和价格控制将只是增加通货膨胀的压力，而且这种压力终将爆发出来。

2. 人力政策

人力政策旨在通过改善劳动市场结构减少失业，主要有四种形式：① 通过制定法律以确定人力政策实行的基本方向，如美国的《人力发展和训练法案》《充分就业法案》，英国的《工业训练法》《就业和培训法》等；② 通过教育与培训，即政府对高等教育及其他正规教育进行大量投资以及建立社会开放式的人才培训系统来提高劳动者素质，从而满足市场需要；③ 通过提供充分的信息、必要的物质帮助等促进劳动力的地区性迁移，促进劳动力流动，扩大就业门路，减轻流动的负作用；④ 通过完善劳动力市场，强化职业介绍、劳动力市场信息服务等就业服务体系，使劳动者找到满意的工作、企业得到需要的员工。

经济指向标

《关于促进劳动力和人才社会性流动体制机制改革的意见》

合理、公正、畅通、有序的社会性流动，是经济持续健康发展的有力支撑，是社会和谐进步的重要标志，是实现人的全面发展的必然要求。党的十九大报告提出，要破除妨碍劳动力、人才社会性流动的体制机制弊端，使人人都有通过辛勤劳动实现自身发展的机会。为深入贯彻落实党的十九大精神，促进劳动力和人才社会性流动体制机制改革，中共中央办公厅、国务院办公厅印发了《关于促进劳动力和人才社会性流动体制机制改革的意见》。

通过扫描二维码和查阅相关资料，在详细了解《关于促进劳动力和人才社会性流动体制机制改革的意见》的同时，树立道路自信和制度自信，培养爱国情怀。

3. 增长政策

长期来看，影响总供给的主要因素是生产能力，即经济的增长。因此，增长政策是供给管理政策的重要内容，其主要形式有增加劳动力的数量与质量、资本积累和技术进步等。

班级＿＿＿＿＿＿　姓名＿＿＿＿＿＿　学号＿＿＿＿＿＿

任务考核

1.【单选题】下列选项中，不属于宏观经济政策目标的是（　　）。

A. 物价稳定　　B. 充分就业

C. 政府预算盈余　　D. 国际收支平衡

2.【单选题】充分就业目标是指（　　）。

A. 使每个人都有工作　　B. 使摩擦性失业率为零

C. 使结构性失业率为零　　D. 使周期性失业率为零

3.【单选题】物价稳定目标是指（　　）。

A. 使物价保持不变　　B. 使物价降低

C. 使价格水平稳定　　D. 使价格水平降低

4.【单选题】经济增长目标是指（　　）。

A. 使经济增长率越高越好　　B. 使经济增长率不变

C. 使经济持续、稳定增长　　D. 使 GDP 数值越大越好

5.【单选题】国际收支平衡目标是指（　　）。

A. 使出口大于进口　　B. 使出口等于进口

C. 使出口小于进口　　D. 使出口与进口接近

6.【多选题】需求管理政策包括（　　）。

A. 财政政策　　B. 货币政策　　C. 扩张政策　　D. 紧缩政策

7.【多选题】供给管理政策包括（　　）。

A. 收入政策　　B. 消费政策　　C. 人力政策　　D. 增长政策

8.【简答题】宏观经济政策目标之间有哪些关系？

班级＿＿＿＿＿＿＿　　姓名＿＿＿＿＿＿＿　　学号＿＿＿＿＿＿＿

9.【简答题】什么是收入政策？它包含哪些内容？

10.【简答题】什么是增长政策？它包含哪些内容？

任务二　认识财政政策

任务导入

财政政策是指政府变动支出和收入，通过影响总需求进而影响就业和国民收入的政策。2021 年是我国“十四五”的开局之年，发挥好财政职能作用，推动新征程开好局、起好步，尤为关键。那么，财政政策有哪些工具？它们又是如何影响经济发展的？制定财政政策要考虑哪些因素呢？

知识准备

一、财政政策工具

财政政策工具是指政府为实现一定的政策目标而采取的财政手段和措施。国家财政由政府收入和政府支出两个方面构成，因此财政政策工具包括政府支出和政府收入。

（一）政府支出

政府支出是指整个国家中各级政府支出的总和，由许多具体的支出项目组成，主要可以分为政府购买和政府转移支付两大类。

政府购买是指政府对商品和劳务的购买。军需用品、机关办公用品、政府雇员报酬、公共项目工程所需的支出等都属于政府购买。政府购买是一种实质性支出，有着商品和劳务的实际交易，能够直接形成社会需求和购买力，是决定国民收入的重要因素之一。因此，政府购买对整个社会总支出水平具有十分重要的调节作用。

政府转移支付是指政府在社会福利、政府补贴、社会保障和公债利息等方面的支出。与政府购买不同，它只是将收入在不同社会成员之间进行转移和重新分配，并没有变动全社会的总收入。但同样能够通过转移支付乘数作用于国民收入。

经济指向标

1994 年实行分税制财政管理体制以来，我国逐步建立了符合社会主义市场经济体制基本要求的财政转移支付制度。中央财政集中的财力主要用于增加对地方特别是中西部地区的转移支付，转移支付规模不断扩大，有力促进了地区间基本公共服务的均等化，推动了国家宏观调控政策目标的贯彻落实，保障和改善了民生，支持了经济社会持续健康发展。

（二）政府收入

政府收入是指整个国家中各级政府收入的总额，包括税收和公债两部分。

税收是政府收入的最主要部分，是国家为了实现其职能，按照法律规定强制、无偿地取得财政收入的一种手段。因此，税收可以作为财政政策的有力工具之一。根据课税对象的不同，税收可以分为商品和劳务税、所得税、财产和行为税、资源和环境保护税、特定目的税五类。其中，所得税主要是在国民收入形成后，对生产经营者的利润和个人的纯收入发挥调节作用，是税收的主要来源。通过税收来调节社会总需求时，既可以变动税率（主要是所得税税率），也可以变动税收总量。

公债是政府运用信用筹集资金的特殊形式，它是政府对公众的债务或者说是公众对政府的债权，可分为中央政府债务（国债）和地方政府债务。政府发行公债既可以筹集资金、影响财政收支，又可以影响货币的供求。因此，公债是实现财政政策目标必不可少的一个工具。

二、财政政策的分类

我国继续实行积极财政政策

根据调节方向不同，财政政策可以分为扩张性财政政策、紧缩性财政政策和中性财政政策。

（一）扩张性财政政策

扩张性财政政策是指通过扩大政府支出，减少政府收入来增加总需求的政策。在经济萧条时期，总需求小于总供给，失业率上升，此时政府就要实行扩张性财政政策，具体措施主要包括：① 增加公共工程支出等政府购买以刺激企业投资，增加政府转移支付以增加个人消费和企业投资；② 减税使个人的可支配收入和企业利润增加，进而增加总消费和总投资；③ 发行公债，为国家筹集巨额建设性财政资金的同时，把居民的部分储蓄转化为建设资金，刺激了总需求。

（二）紧缩性财政政策

紧缩性财政政策是指通过减少政府支出，扩大政府收入来减少总需求的政策。在经济繁荣时期，总需求大于总供给，出现物价上涨和通货膨胀，此时政府就要实行紧缩性财政政策，具体措施主要包括：① 减少政府购买以抑制投资，减少政府转移支付以减少个人消费和企业投资；② 增税使个人的可支配收入和企业利润减少，进而减少总消费和总投资。

拓展阅读

实行扩张性财政政策和紧缩性货币政策被称为“逆经济风向行事”。需要注意的是，当政府“逆经济风向行事”时，其年度预算会出现不平衡。例如，通货膨胀时，国民收入水平增加，在税率不变的情况下，政府收入也将增加。这时，政府如果要坚持收入等于支出的预算平衡，则需要增加政府支出，显然，这样会使通货膨胀进一步扩大；政府如果“逆经济风向行事”，减少支出或增税，那么，在缓解通货膨胀的同时，也会使政府产生财政盈余。

（三）中性财政政策

中性财政政策是指财政收支保持平衡，不对社会总需求产生扩张或紧缩影响的财政政策。中性财政政策不是反周期的操作，而是一种导向性的操作。需要注意的是，即便在理论层面上，中性财政政策也只是一种理想化的说法，现实中的财政收支运作不可能实现完全意义上的平衡，所以，“中性”不过是财政政策追求的一个目标。我国所称的“稳健的财政政策”便属于中性财政政策。中性财政政策具体措施主要包括以下两个方面：

（1）从总量上看，增收节支，减少赤字。在预算收支平衡上，确保财政收入稳定增长。同时，严格控制支出增长，在切实提高财政资金的使用效益上下功夫。

（2）从结构上看，实行“有保有控”。一方面支持关系国计民生的重点项目、经济社会发展的薄弱环节，促进瓶颈、短缺部门的发展，例如环保、科技创新、教育等；另一方面控制过热行业的发展，以减少经济增长过程中出现的结构性扭曲。

三、财政制度的自动稳定器

财政制度本身有着自动稳定经济即自动稳定器的功能。**自动稳定器是指经济系统本身存在的一种会减少各种干扰对国民收入冲击的机制**，它能够在经济繁荣时期自动抑制膨胀，在经济衰退时期自动减轻萧条，无须政府采取任何行动。这种功能主要通过以下方式得以发挥。

（一）政府税收的自动变化

政府税收的自动变化是指居民和企业的纳税额可以自动随国民收入的变化而同方向变化。这里的税主要指个人所得税和企业所得税，尤其是累进税的形式。当经济萧条时，国民生产总值下降，居民和企业收入减少，在税率不变的情况下，税收也会自动减少，有助于维持总需求，起到控制经济衰退的作用；反之，当经济繁荣时，居民和企业收入增加，税收也会自动增加，从而起到抑制通货膨胀的作用。特别是在实行累进税率的情况下，由于累进税有规定的起征点和税率，且税率会随着收入的增加而递增，因此在繁荣的情况下，纳税人的收入自动进入较高的纳税档次，税收的增长率往往超过了国民收入的增长率。因此，税收对经济变动会自动地起到遏制总需求扩张和经济过热的作用；反之，则起到控制衰退的作用。

（二）政府转移支付的自动变化

失业救济金等社会福利支出有其固定的发放标准。当经济萧条时，失业人数增加，符合救济条件的人数增加，失业救济等社会福利开支就会相应增加，这样可以抑制人们可支配收入的下降，从而抑制消费与投资的减少，有助于减轻经济萧条的程度。当经济繁荣时，由于失业人数和需要其他补助的人数减少，这类转移支付会自动减少，从而抑制消费与投资的增加，有助于减轻由于需求过大而引起的通货膨胀。

（三）农产品价格维持制度

经济萧条时，农产品价格下跌，政府按照农产品价格维持制度，用支持价格收购剩余农产品，可使农民收入和消费维持在一定水平上。经济繁荣时，农产品价格上涨，这时政府减少收购农产品，同时销售农产品以增加供给，限制农产品价格上涨，可抑制农民收入和消费的过度增长，并稳定农产品的价格，有助于减轻通货膨胀。

总之，西方经济学家认为以上三项方式都能对宏观经济活动起到自动稳定的作用，都是财政制度的内在稳定器，是应对经济波动的第一道防线。需要注意的是，内在稳定器的作用是十分有限的，它只能减轻萧条或通货膨胀的程度，并不能改变萧条或通货膨胀的趋势。因此，它只能对财政政策起自动配合的作用，并不能代替财政政策，政府仍然需要有意识地运用扩张性或紧缩性财政政策，通过乘数效应来调节经济。

四、财政政策的局限性

（一）乘数难以确定

乘数难以确定是指在制定与实行财政政策时，能够实现政策目标的政府支出和收入的调整量难以准确把握。

（二）时滞

运用财政政策的关键是抓住时机，但是财政政策在制定、实行和充分发挥效力的过程中都存在“时滞”问题，这不仅会直接影响政策的效力，而且很可能导致政策的实际效果与预期目标背道而驰。时滞主要有以下三种表现：① 识别时滞，即在经济发生变化与认识这种变化之间存在的时间迟误；② 行动时滞，即从认识经济的变化与制定执行政策措施之间存在的时间迟误；③ 反应时滞，即在政策措施开始实行与这些措施产生实际效果之间存在的时间迟误。

（三）挤出效应

挤出效应是指政府支出增加所引起的私人消费或投资降低的现象。由于政府支出增加，商品市场购买商品和劳务的竞争会加剧，物价便会上涨。在货币名义供给量不变的情况下，实际货币供给量会因价格上涨而减少，进而使可用于投机目的的货币量减少。结果，债券价格下跌，利率上升，进而导致私人投资减少，人们的消费也随之减少。这就是说，政府支出的增加“挤占”了私人消费和投资，从而使财政政策的效力相对削弱。

班级__________ 姓名__________ 学号__________

任务考核

1.【单选题】下列选项中，属于紧缩性财政政策的是（ ）。

A．减少政府支出和减少税收　　B．减少政府支出和增加税收

C．增加政府支出和增加税收　　D．增加政府支出和减少税收

2.【单选题】为了解决通货膨胀问题，政府应实行的财政政策是（ ）。

A．增加税收　　B．减少税收

C．增加转移支付　　D．增加政府支出

3.【单选题】为了解决失业问题，政府应实行的财政政策是（ ）。

A．增加政府支出　　B．提高企业所得税

C．提高个人所得税　　D．增加货币发行量

4.【单选题】经济过热时，政府应实行的财政政策是（ ）。

A．减少财政支出　　B．增加财政支出

C．降低税率　　D．减少税收

5.【多选题】下列选项中，关于财政制度自动稳定器的说法正确的是（ ）。

A．财政制度是应对经济波动的第一道防线

B．其作用是十分有限的

C．财政制度只能减轻萧条或通货膨胀的程度，不能改变萧条或通货膨胀的趋势

D．财政制度只能对财政政策起自动配合的作用，不能代替财政政策

6.【多选题】财政政策的内在稳定经济的功能主要通过（ ）得到发挥。

A．政府支出的自动变化　　B．政府税收的自动变化

C．政府转移支付的自动变化　　D．农产品价格维持制度

7.【简答题】税收是如何发挥对经济的自动稳定效应的？

8.【简答题】政府转移支付是如何发挥对经济的自动稳定效应的？

班级＿＿＿＿＿＿ 姓名＿＿＿＿＿＿ 学号＿＿＿＿＿＿

9.【简答题】农产品价格维持制度是如何发挥对经济的自动稳定效应的？

10.【简答题】时滞有哪些表现？

11.【简答题】什么是挤出效应？请简要说明其作用过程。

任务三 认识货币政策

任务导入

货币政策是指货币当局通过银行体系变动货币供应量来调节总需求的政策。2021 年以来，我国宏观政策跨周期调节能力不断增强，财政政策与货币政策相配合，积极财政政策提质增效，稳健货币政策精准发力，为中国经济高质量发展、为百姓民生持续改善创造良好制度环境。那么，货币政策是如何影响经济发展的呢？它和财政政策是如何相互配合的？

知识准备

要了解货币政策，首先必须了解货币和银行的相关知识，因为货币政策要通过银行体系变动货币供应量来实现。

一、货币与银行

（一）货币与货币供应量

货币是指在商品交换过程中从商品世界分离出来的固定地充当一般等价物的商品，它具有价值尺度、流通手段、支付手段、贮藏手段和世界货币的职能。现代货币可以分为现钞（纸币和硬币）、活期存款、准货币（定期存款、储蓄存款和股票、债券等金融资产）和货币替代物（如信用卡）。

为了测算、掌握流通中货币供应量的情况，更有效地调控货币供应量，国际货币基金组织根据货币涵盖范围的大小和流动性的差别，把货币供应量划分成三种。它们之间的关系如下：

M_0（流通中货币）= 现钞

M_1（狭义货币）= M_0 + 银行体系的活期存款

M_2（广义货币）= M_1 + 商业银行的储蓄存款和定期存款

其中，M_1 代表了一国经济的现实购买力，对社会经济生活有着最广泛和直接的影响，因此许多国家都把 M_1 作为调控货币供应量的主要对象。本书前文讲到的货币供给指的便是 M_1。M_2 不仅反映了现实购买力，还反映了潜在的购买力，近年来很多国家开始把货币供应量的调控目标转向 M_2。

由于各国银行业务名称不尽相同，同一名称的业务内容也不尽相同，故一般来说，各国只有 M_0 和 M_1 两项大体相同。

拓展阅读

2020年12月末，我国广义货币（M_2）余额218.68万亿元，同比增长10.1%，增速比上月末低0.6个百分点，比上年同期高1.4个百分点；狭义货币（M_1）余额62.56万亿元，同比增长8.6%，增速比上月末低1.4个百分点，比上年同期高4.2个百分点；流通中货币（M_0）余额8.43万亿元，同比增长9.2%。全年净投放现金7 125亿元。

（二）银行体系

政策性银行

银行是指依法成立的经营货币信贷业务的金融机构，主要包括中央银行和金融中介机构两类。其中，最主要的金融中介机构是商业银行，此外还有政策性银行、储蓄和贷款协会、保险公司等。

1. 中央银行

> **小贴士**
>
> 我国的中央银行是中国人民银行。

中央银行是国家中居主导地位的金融中心机构，是国家干预和调控国民经济发展的重要工具。中央银行主要有以下三种职能：

（1）发行国家货币，即中央银行是“发行的银行”。

（2）为商业银行提供贷款、集中保管存款准备金、办理全国的结算业务等，即中央银行是“银行的银行”。

（3）代理国库收取税款和公债以及拨付经费，提供政府所需资金，代表政府与外国发生金融业务关系，执行货币政策，监督和管理全国金融市场活动等，即中央银行是“国家的银行”。

2. 商业银行

商业银行是指通过存款、贷款、汇兑、储蓄等业务，承担信用中介的营利性金融机构。商业银行的主要职能如表10-2所示。

表10-2 商业银行的职能

职能	概念	地位或作用
信用中介	通过负债业务，把社会上的闲散货币集中到银行里，再通过资产业务，把它投向各经济部门	银行最基本的职能，是银行利润的主要来源，加速了资本周转
支付中介	通过资金在账户上的转移为客户办理货币结算、货币收付、货币兑换、存款转移等业务	节约流通费用，降低筹资成本，扩大资金来源
信用创造	把负债作为货币进行流通，在支票流通和转账结算的基础上，贷款转化为存款，在存款不提或不完全提现时，形成派生存款	以信用中介和支付中介职能为基础，产生货币乘数效应
金融服务	适应经济发展和科技进步，实现资产负债业务和金融服务的有机结合，如代发工资、提供信用证服务、代付其他费用、办理信用卡等	进一步促进资产负债业务的扩大，已成为商业银行的重要职能

二、货币政策工具

货币政策工具是指中央银行为实现一定的经济目标而采取的货币供给量调整手段和措施。与财政政策直接影响总需求不同的是，货币政策通过利率的变动间接影响总需求。中央银行变动货币供给量的工具主要有以下三个。

（一）公开市场业务

公开市场业务是指中央银行在金融市场上公开买卖政府债券，以控制货币供给量和利率的政府行为。政府债券初次卖出时，在居民、企业、银行等单位中间被反复交易。而中央银行买进政府债券实际上就是发行货币，从而增加货币供应量，造成利率上升；卖出有价证券实际上就是回笼货币，从而减少货币供应量，造成利率下降。同时，中央银行买卖政府债券的行为也会引起债券市场上供求的变动，进而影响到市场价格和利率。

思考与讨论

公开市场业务是如何通过影响债券供求进而影响债券的价格和利率的？

公开市场业务是一种灵活而有效的调节货币量进而影响利率的工具。中央银行可以及时、自由决定购买有价证券的数量、时间和方向，可以大体上按货币乘数估计出货币供给量增加了多少，从而易于准确地控制银行体系的准备金。中央银行即使有时会出现某些政策失误，也可以及时纠正。因此，它是最重要的货币政策工具。

（二）调整再贴现率

再贴现率是指中央银行对商业银行及其他金融机构的贷款利率。商业银行在资金不足时，把未到期的商业票据卖给中央银行，从而获得资金的做法便是再贴现。它是商业银行从中央银行贷款的方式。中央银行降低再贴现率会使商业银行得到更多的资金，这样就可以增加商业银行对客户的贷款，贷款的增加又可以通过银行创造货币的机制而增加流通中的货币供给量，从而降低利率；相反，中央银行提高贴现率会使商业银行资金短缺，这样商业银行就不得不减少对客户的贷款或回收贷款，贷款的减少也可以通过银行创造货币的机制而减少流通中的货币供给量，从而提高利率。可以看出，利率水平与再贴现率呈同方向变动。

需要注意的是，中央银行的再贴现窗口主要用于商业银行应对临时发生的准备金不足的情况，平时很少使用。事实上，商业银行和其他金融机构也尽量避免去贴现窗口贷款，避免被人误以为自己财务状况有问题。此外，通过调整再贴现率控制货币供给本身也有缺陷，例如，当银行缺乏准备金时，即使再贴现率很高，银行依然会进行贷款。因此，调整再贴现率往往作为补充工具和公开市场业务结合在一起使用。

（三）调整法定存款准备金率

存款准备金是指金融机构为保证客户提取存款和资金清算需要而准备的资金，**金融机构按规定向中央银行缴纳的存款准备金占其存款总额的比例就是法定存款准备金率。**

中央银行可以通过变动法定存款准备金率来影响货币供给量和利率。当中央银行认为需要增加货币供给时，就降低法定存款准备金率。其原理在于法定存款准备金率的降低使银行可贷货币增多，进而增加了货币供给，降低了利率；反之，当中央银行认为需要减少货币供给时，就提高法定准备金率，减少货币供给量，提高利率。

从理论上说，变动法定存款准备金率是中央银行调节货币供给量最简便的办法。然而，现实中，中央银行一般不愿轻易使用这一手段，原因在于变动法定存款准备金率的作用十分猛烈。一旦准备金率变动，所有银行的信用都必须扩张或收缩。再者，如果法定存款准备金率变动频繁，会使商业银行和其他金融机构的正常信贷业务受到干扰而无所适从。

货币政策工具常常需要配合使用。例如，当中央银行在公开市场业务中出售政府债券使市场利率上升后，需相应提高再贴现率，以防止商业银行增加贴现，于是商业银行的贷款利率也将提高，以免发生亏损；相反，当中央银行认为需要扩大信用时，可在公开市场操作中买进债券，也可同时降低再贴现率。

货币政策除了以上三种主要工具，还有一些其他工具，道义劝告就是其中之一。**道义劝告是指中央银行运用自己在金融体系中的特殊地位和威望，对商业银行及其他金融机构进行劝告，以影响其贷款和投资方向，进而达到控制信用的目标。**但由于道义劝告没有可靠的法律地位，因而并不是强有力的控制措施。

三、货币政策的分类

与财政政策一样，根据调节方向的不同，货币政策也可以分为扩张性货币政策、紧缩性货币政策和中性货币政策。

货币政策“稳”字当头

在经济萧条时期，总需求小于总供给，失业率上升，此时政府就要实行扩张性货币政策，如降低法定存款准备金率、降低再贴现率、在公开市场上买进有价证券等；在经济繁荣时期，总需求大于总供给，出现通货膨胀，此时政府就要实行紧缩性货币政策，如提高法定存款准备金率、提高再贴现率、在公开市场上卖出有价证券等，即采取“逆经济风向行事”原则。

中性货币政策是一种“顺经济风向行事”的货币政策。中性货币政策并不意味着货币信贷零增长，更不意味着银行体系流动性零增长，而是指货币信贷以及银行体系流动性增长要与经济增长和物价上涨相匹配，支持合理的经济增长和物价上涨。我国实行的“稳健的货币政策”便属于中性货币政策。

四、货币政策的局限性

（一）扩张性货币政策的局限性

首先，实行扩张性货币政策是为了使货币供给量增加，利率下降。通过“流动性偏好陷阱”我们知道，利率下降到一定程度后，货币供给量无论怎样增加，利率都不会再降低，因此货币供给量对利率的影响是有限度的。

其次，当经济处于剧烈收缩时，扩张性货币政策的有效性会减弱。尽管中央银行采取扩张性措施能在一定程度上刺激投资，但是商业银行往往为了安全起见不肯冒此风险。企业认为市场前景暗淡，预期利润低，也不愿为增加投资而向银行借款。因为此时的企业和消费者对经济前景失去信心，即使政府通过扩张性货币政策为其提供贷款优惠条件，以诱导他们增加投资和消费，企业也会认为自己的库存和厂房设备相对来说过多了，所以不愿意再增加贷款，反而减少库存，缩减生产；而消费者则因害怕失业或收入减少，不会去寻求贷款来购买不动产或耐用消费品，反而力求减少已经欠下的债务。可见，如果影响需求决策的其他条件不尽如人意，那么扩张性政策的效率就会被抵消。

（二）紧缩性货币政策的局限性

紧缩性货币政策可能被货币流通速度的变化抵消。对于紧缩性货币政策，人们有抵制心理，所以当政府实行减少货币供给量的措施时，公众会通过各种方式更有效地利用现有货币供给，使货币流通速度加快，这就意味着部分抵消了紧缩性货币政策的作用。

紧缩性货币政策还容易受国际准备金流动的冲击。如果实行紧缩性货币政策，使国内利率上升，则会吸引国外准备金流入，从而扩大国内货币供给量，使紧缩性货币政策失效。

此外，与财政政策一样，货币政策也会受到时滞的影响。

五、两种政策的混合使用

政府在运用宏观经济政策来调节经济时，可以根据市场情况和各项调节措施的特点，机动地决定和选择当前究竟应采取哪一种或哪几种政策措施，即相机抉择。

（一）财政政策与货币政策的区别

财政政策与货币政策都有自己的特点，因此，在不同的经济形势下要采取不同的政策，或将各种政策配合使用。具体来说，财政政策与货币政策的区别如表 10-3 所示。

表 10-3　财政政策与货币政策的区别

项目	内容
猛烈程度	一般认为，政府支出增加与法定存款准备金率变动的作用比较猛烈，税收调整和公开市场业务的作用比较缓慢
作用速度	货币政策变动快，但发挥作用需要的时间长；财政政策变动慢，但发挥作用快
影响范围	一般认为，公开市场业务影响小，而政府支出的政策影响大
实施阻力	财政政策阻力大，货币政策阻力小

（二）两种政策混合使用的政策效应

根据前面的分析可知，在经济萧条时期，政府既可以采用扩张性财政政策，也可以采用扩张性货币政策，还可以将两种政策混合使用。经济繁荣时期也是同样的道理。具体混合使用的政策效应如表10-4所示。

表10-4 财政政策与货币政策混合使用的政策效应

类型	政策内容	产出	利率
一松一紧	扩张性财政政策和紧缩性货币政策	不确定	上升
双紧	紧缩性财政政策和紧缩性货币政策	减少	不确定
一紧一松	紧缩性财政政策和扩张性货币政策	不确定	下降
双松	扩张性财政政策和扩张性货币政策	增加	不确定

思考与讨论

请用IS-LM曲线解释产生不同政策效应的原因。

班级__________ 姓名__________ 学号__________

任务考核

1.【单选题】最重要的货币政策工具是（ ）。

A．公开市场业务　　B．调整再贴现率

C．调整法定存款准备金率　　D．以上都不是

2.【单选题】一般来说，利率水平与再贴现率（ ）。

A．呈同方向变动　　B．呈反方向变动

C．无关　　D．不能确定

3.【单选题】当经济中存在较多失业时，可以采用的货币政策是（ ）。

A．在公开市场上买进有价证券　　B．在公开市场上卖出有价证券

C．提高再贴现率　　D．提高法定准备金率

4.【单选题】央行稳定经济最常用、最重要、最灵活的政策工具是（ ）。

A．公开市场业务　　B．调整再贴现率

C．调整法定存款准备金率　　D．控制消费信用

5.【单选题】“双紧政策”使利息率（ ）。

A．升高　B．不变　C．降低　D．不能确定

6.【多选题】要解决通货膨胀问题，政府可以（ ）。

A．提高再贴现率　　B．降低法定准备金率

C．卖出政府债券　　D．劝说银行减少贷款

E．提高法定准备金率

7.【简答题】公开市场业务的作用机制是什么？

8.【简答题】通过变动法定存款准备金率来调节经济有什么局限？

班级__________ 姓名__________ 学号__________

项目实训——了解我国的宏观经济政策

一、实训目标

培养学生分析现实经济背景下财政政策和货币政策的具体实施及作用过程的能力。

二、实训内容和要求

1. 小组工作

学生自由分组，搜集我国上一年度的经济运行状况以及国家出台的各种经济政策，在小组讨论会上，解决以下问题。

（1）上一年度我国经济运行的整体态势怎么样？

（2）上一年度我国出台了哪些重大的财政政策和货币政策？

（3）国家出台以上经济政策的原因是什么？其作用过程如何？

2. 班级交流

全班组织开展交流研讨，每组派一名代表发言，其他小组成员可以进行评价、提问，或针对发言内容发表自己的观点并阐述理由。发言人及本组成员可针对提问进行答辩。

3. 考核

每个小组完善三个问题的答案并提交，学生和教师根据学生平时课堂表现、提交的报告、班级交流发言情况在表 10-5 中进行评估打分，综合评定本项目的成绩。

表 10-5　项目考核表

项目名称	评价内容	分值	评价分数	
			自评	师评
个人素养考核项目（20%）	日常考勤	5 分		
	仪容仪表	5 分		
	课堂纪律和学习态度	10 分		
专业能力考核项目（80%）	积极参与教学活动并正确理解任务要求	10 分		
	知识准备中每个知识点的学习效果	20 分		
	任务考核题目的正确率	25 分		
	项目实训准备充分，答案内容完整、准确	25 分		
综合分数（自评 × 30%+师评 × 70%）				
教师评语	教师（签名）：			

思维导图

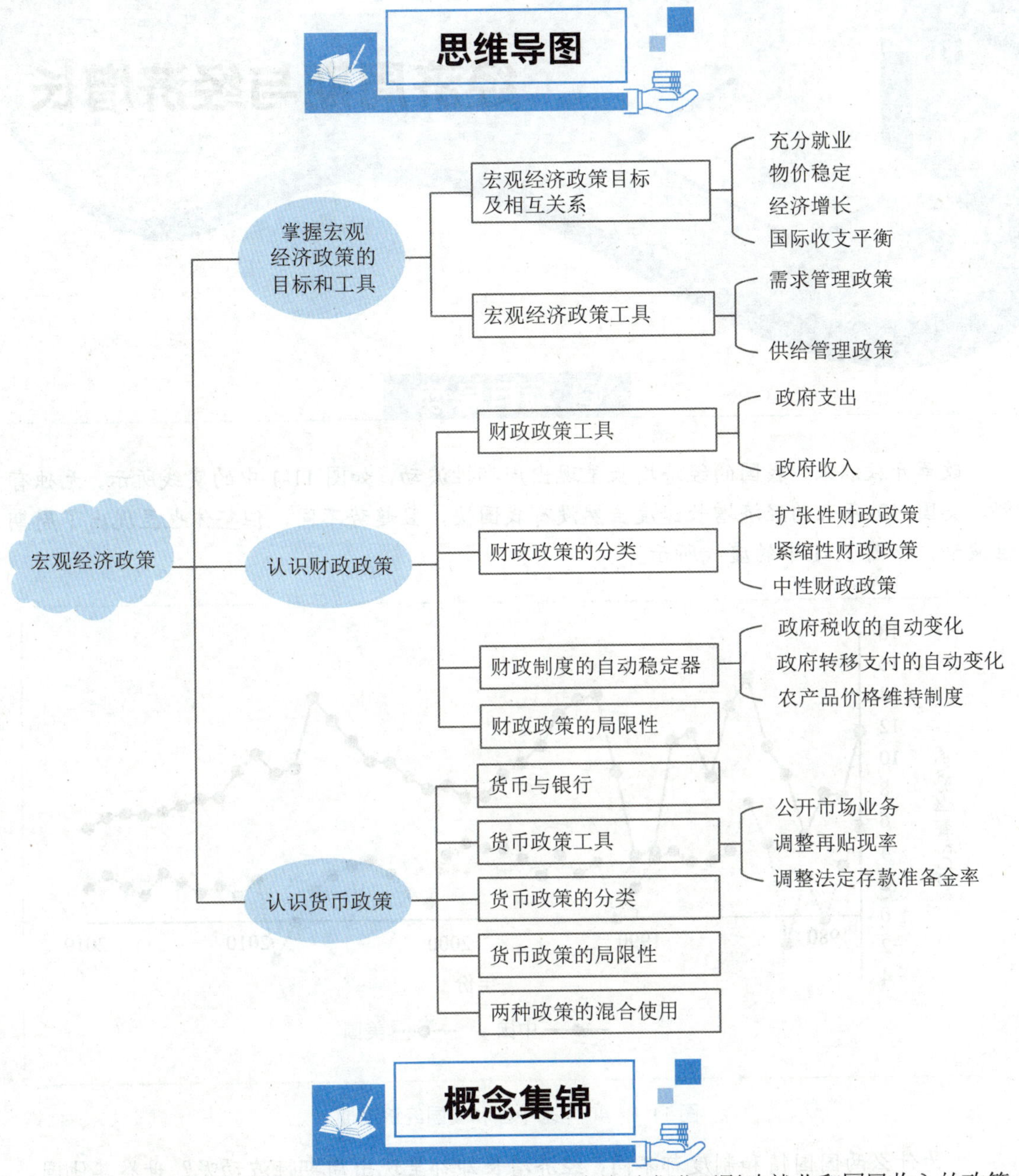

概念集锦

（1）财政政策：政府变动支出和收入，通过影响总需求进而影响就业和国民收入的政策。

（2）自动稳定器：经济系统本身存在的一种会减少各种干扰对国民收入冲击的机制。

（3）货币政策：货币当局通过银行体系变动货币供应量来调节总需求的政策。

（4）公开市场业务：中央银行在金融市场上公开买卖政府债券，以控制货币供给量和利率的政府行为。

（5）再贴现率：中央银行对商业银行及其他金融机构的贷款利率。

（6）法定存款准备金率：金融机构按规定向中央银行缴纳的存款准备金占其存款总额的比例。

项目十一

经济周期与经济增长

项目导读

改革开放以来，我国的经济增长呈现出周期性波动，如图 11-1 中的实线所示。无独有偶，美国 40 年来的经济增长速度虽然没有我国快，且趋势不同，但整体也呈现出了周期性波动，如图 11-1 中的虚线所示。

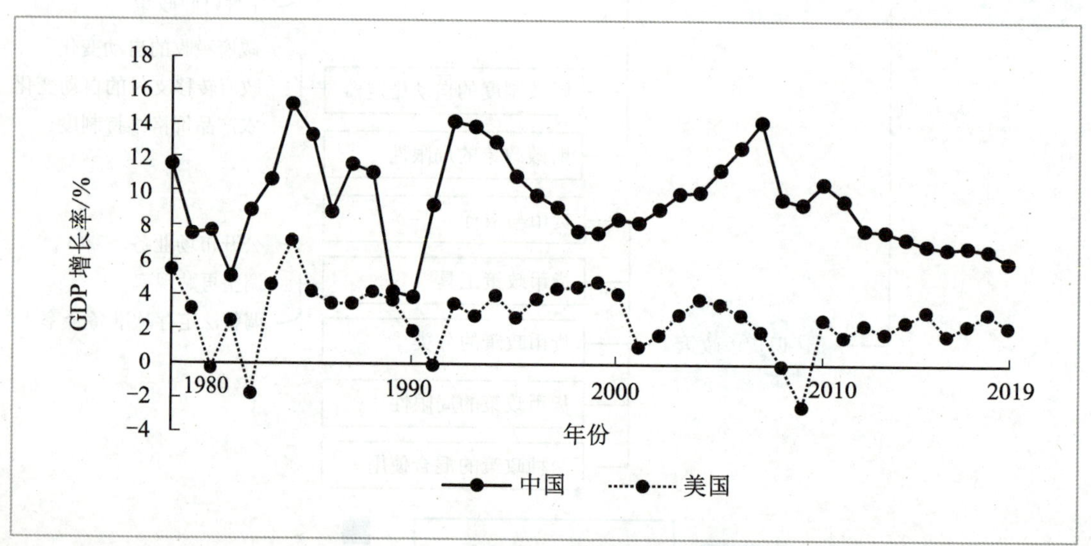

图 11-1　40 年来中国和美国经济周期

为什么两国国情和制度都不同，经济增长却都呈现出周期性波动呢？世界其他国家是否也有相同的特点？有关专家认为，如果我国经济增长长期保持在 7%，美国经济增长长期保持在 2.5%，则我国经济总量将在 2046 年接近或者超过美国。那么，我国该如何保持经济又好又快地增长呢？影响一国经济增长速度的因素有哪些？

本项目主要介绍经济周期与经济增长的相关知识，内容包括经济周期的概念、分类与成因，经济增长的概念与原因，经济增长模型与可持续发展。通过这些知识来解释一国经济增长呈现周期性的原因以及政府促进经济增长的政策的原理。

学习目标

知识目标

（1）掌握经济周期的四个阶段。

（2）了解内生经济周期理论与外生经济周期理论。

（3）理解经济增长的原因。

（4）了解新古典增长模型和内生增长模型的内容。

能力目标

（1）能够运用经济周期理论解释经济现象。

（2）能够运用经济周期理论和经济增长理论判断宏观经济运行情况。

（3）能够分析我国经济增长的原因。

德育目标

（1）通过了解经济波动和增长的原因，提高学习经济学的兴趣，培养经济思维。

（2）了解“中国经济奇迹”，感受我国经济增长的强大动力，树立理论自信、道路自信与制度自信。

任务一　认识经济周期

任务导入

1825年，英国爆发了资本主义历史上的第一次生产过剩性经济危机，之后每隔10年左右就会出现一次这样的危机。危机时期生产锐减、物价暴跌、社会动荡、人心不安，人们将这种危机称为“恐慌”。同时，也有一些经济学家开始冷静地分析这种现象，在大多数经济学家仍把危机看作一种孤立的现象时，法国经济学者克里门特·朱格拉提出，危机并不是一种孤立的现象，而是经济周期性波动中的一个阶段。此后，经济周期便成为宏观经济学的主题之一。

知识准备

一、经济周期的概念

经济周期是指在长期中，总体经济活动的扩张和收缩交替反复出现的过程。扩张亦称复苏，收缩亦称衰退。早期经济学家对经济周期的定义是建立在实际 GDP 或总产量绝对量变动的基础上的，认为经济周期是实际 GDP 对潜在 GDP 的偏离。现代经济学家认为，经济周期是增长率上升和下降交替的过程。因此，只要 GDP 的增长率下降，即使 GDP 绝对量在增加，也可以称为“经济衰退”，所以在西方有着“增长性的衰退”之说。

拓展阅读

经济学家萨缪尔森对资本主义经济的发展曾做过这样的描述：“在繁荣之后，可以有恐慌与暴跌。经济扩张让位于衰退。国民收入、就业和生产下降，价格与利润跌落，工人失业。当到达最低点后，复苏开始出现。复苏可以是缓慢的，也可以是快速的。新的高涨可以表现为长期持续的、旺盛的需求，充足的就业机会以及提高的生活标准。它也可以表现为短暂的价格膨胀和投机活动，紧接着便是又一次灾难性的萧条。简单说来，这就是所谓的‘经济周期’。”

西方经济学家一般把经济周期细分为四个阶段：复苏、繁荣、衰退和萧条（见图 11-2）。其中，复苏和繁荣属于扩张阶段，衰退和萧条属于收缩阶段。

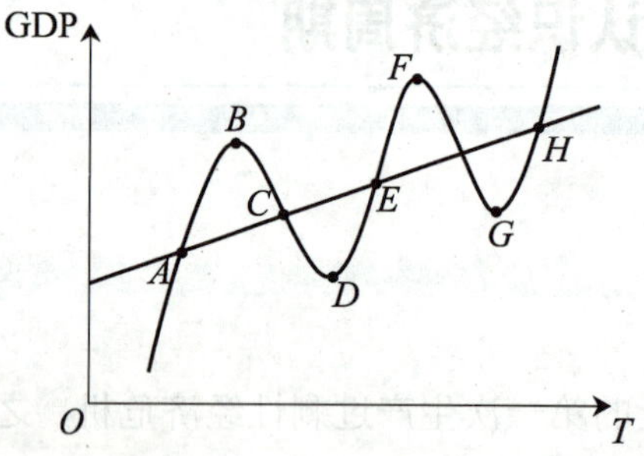

图 11-2　经济周期

小贴士

衰退和萧条虽然都是指经济活动的下降，但衰退时期的 GDP 水平仍高于潜在 GDP 水平，而萧条时期的 GDP 水平低于潜在 GDP 水平。

图 11-2 中，向右上方倾斜的直线表示经济长期稳定的增长趋势（潜在 GDP），曲线部分则用来表示经济活动围绕“长期趋势”上下波动的实际水平（实际 GDP）。曲线 *A—E* 部分代表了一个完整的经济周期：*A—B* 为繁荣阶段，此阶段经济形势好，就业充分，利润丰厚；*B—C* 为衰退阶段，是总需求和经济活动下降的时期，通常伴随着就业、生产、价格、货币、工资、利息率和利润的下降；*C—D* 为萧条阶段，此阶段生产和投资很少，工人难以找到工作，利润微薄；*D—E* 为复苏阶段，是总需求和经济活动的增长时期，通常伴随

着就业、生产、价格、货币、工资、利率和利润的上升。此经济周期中，点 B 为扩张阶段到收缩阶段的转折点，是整个经济周期的峰顶；点 D 为收缩阶段到扩张阶段的转折点，是整个经济周期的谷底。

经济周期

经济周期波动还有以下几个特点：

（1）历史上没有两个完全相同的经济周期，它就像天气一样变化无常。但可以肯定的是，每一个经济周期都可以分为扩张上升和收缩下降两个阶段，两阶段是相互交替的；也可以更细分为复苏、繁荣、衰退和萧条四个阶段。

（2）虽然经济周期的四个阶段从逻辑上是按顺序排列，但它们在每个周期中的长度和实际形态有很大的差异。例如，一个周期的谷底或峰顶可能仅持续几周，也可能持续几个月。

（3）在一定时期内存在着生产能力的增长趋势，所以，某一周期谷底阶段的实际生产和就业水平有可能比以前周期峰顶时期的水平还要高。

二、经济周期的分类

根据波动的时间不同，经济周期可以分为短周期（短波）、中周期（中波）和长周期（长波），其各自的时间和特点如表 11-1 所示。其中，括号内的周期名称是以类型提出者的名字命名的。

表 11-1 经济周期的分类

类型	时间	特点
短周期（基钦周期）	40 个月	基钦认为，经济周期实际上有大周期（相当于朱格拉周期）和小周期两种，大周期是小周期的总和，一个大周期可包括 2～3 个小周期
中周期（朱格拉周期）	9～10 年	以国民收入、失业率和大多数经济部门的生产、利润和价格的波动为标志
长周期（库兹涅茨周期）	15～25 年	以建筑业的兴旺和衰落为标志
长周期（康德拉季耶夫周期）	50～60 年	以主要发明、新资源的利用，黄金的供求等为标志

三、经济周期的成因

对经济周期成因的分析有很多，大体可以分为内生经济周期理论和外生经济周期理论两类。

（一）内生经济周期理论

内生经济周期理论认为，经济波动的根源在于经济体系自身，是内生的。最具代表性的内生经济周期理论为凯恩斯主义的乘数-加速数理论。

1．乘数-加速数理论

凯恩斯主义认为，投资的变动会引起收入或消费若干倍的变动（乘数作用），而收入或消费的变动又会引起投资若干倍的变动（加速数作用），乘数和加速数的交互作用造成了经济的周期性波动。但是，经济并不会无限扩张下去，因为终究会遇到约束因素，比如资源短缺。一旦经济停止扩张或增长速度放慢，投资便会下降，经济开始走向衰退。由于在衰退阶段长期进行负投资，生产设备逐年减少，所以，仍在营业的一部分企业会感到有必要更新设备。这样，随着投资的增加，收入开始上升，上升的国民收入通过加速数的作用又一次使经济进入扩张阶段，从而出现周期性波动，如图 11-3 所示。

因此，凯恩斯主义认为政府干预是有效的，政府可以采取措施来改变或者缓和经济波动。

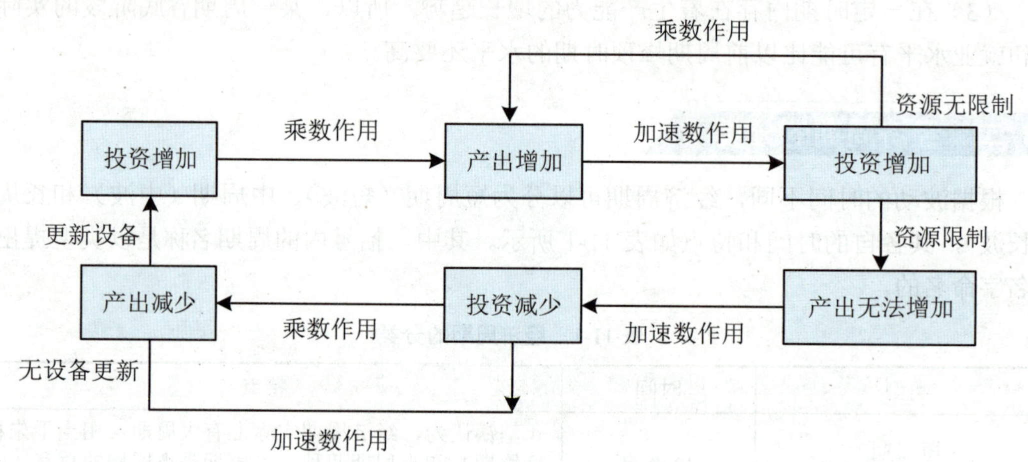

图 11-3　乘数-加速数理论

2．其他内生经济周期理论

1）纯货币理论

货币主义认为，经济周期是一种纯货币现象，经济周期性波动主要是金融体系中信用规律性扩张和收缩的交替进行所造成的。

例如，假定政府实行扩张的货币政策使货币供给增加并使商品价格水平上升 5%，在短时期内，厂商只看到自己产品的价格上升了 5%，未来得及认识到其他商品价格的上升情况，因此他们会把自己产品价格的上升当作市场对自己产品需求的增加，从而增加生产。而劳动者也只看到自己货币工资的增加，以为实际工资增加了，因而会提供更多劳动量，于是就业就会增加。当然，这种情况只会在短期内存在，因为经营者和劳动者迟早会认识到自己产品的实际价格和实际工资并没有增加，生产和就业会回到原来的状态。对于货币供给减少在短期内引起生产和就业的收缩，情况也是如此。这种理论认为未被预期的政策变动虽能引起经济波动，但经过一定时期，经济总会回到自然率水平，因此主张政府干预无效，甚至会引起经济波动。

2）投资过度理论

投资过度理论将经济周期的成因归结为投资过多。首先，对资本品需求的增加导致资本品价格上升，这就进一步刺激了对资本品的投资，促使经济进入繁荣阶段。但与消费品生产相比，资本品生产发展过快，过度生产导致的过剩又会促使经济陷入衰退阶段。

3）心理周期理论

心理周期理论和投资过度理论有着密切的联系，该理论也认为投资是导致经济周期的原因，但投资大小主要取决于公众对未来的心理预期。因此，经济波动的最终原因是人们对未来的预期：当预期乐观时，增加投资，经济步入复苏与繁荣；当预期悲观时，则减少投资，经济陷入衰退与萧条。随着人们心理的变化，经济也就周期性地发生波动。

（二）外生经济周期理论

外生经济周期理论认为是经济体系外部不可预测的事件引起了经济波动，例如战争、政治事件等。外生经济周期理论不否认经济体系内部因素的重要性，但它们强调内部因素变动的根本原因在体系之外。最具代表性的外生经济周期理论为实际经济周期理论。

1. 实际经济周期理论

实际经济周期理论属于主张自由放任，反对政府干预经济的新古典宏观经济学。它认为，首先，经济周期并不是实际GDP与潜在GDP的背离，而是潜在GDP本身的变动。这样，经济周期的成因就不是总需求引起的实际国内生产总值的变动，而是由其他原因引起的经济潜力（即总供给）的变动。其次，市场机制无论在短期还是长期都是完善的，可以自发地调节经济并使其达到充分就业的均衡。因此，经济周期不是由市场机制的自发调节引起的，即成因不在于经济体制内部。最后，经济周期源自外部的冲击，即一些实际因素。这些外部冲击可以是技术进步、自然灾害、战争或其他突发事件。由于这些冲击没有规律，因此经济周期也没有规律。

小贴士

有利的冲击先引起繁荣然后衰退，不利的冲击先引起衰退而后逐渐恢复繁荣。

案例巩固

电脑的出现带来了投资机会，投资的增加带动了整个经济的发展，引起经济繁荣，直到这个有利的外部冲击引起的投资机会消失。如果有利的外部冲击接连出现，经济就会持续繁荣下去，但这个条件很难实现。当投资逐渐减少时，经济就进入了衰退，只有等下一次技术突破的出现，才可能再次繁荣。技术突破是间断性的，因此经济也出现了扩张与收缩的交替。

因此，实际经济周期理论认为，当经济受到外部冲击而发生波动时，要靠市场机制自发调节恢复均衡。政府的政策只会加剧波动，不会有助于稳定，甚至可能成为引起经济波动的外部冲击之一。政府应放弃对经济的干预，让市场机制自发发挥调节作用。

思考与讨论

实际经济周期理论和乘数-加速数理论有什么联系与区别？

2. 其他外生经济周期理论

1）创新理论

创新理论是由奥地利经济学家 J. 熊彼特提出的。这里的创新不是技术概念，而是经济概念，是指一种新的生产函数，或者生产要素的一种“新组合”。当新组合出现时，大量企业会相继模仿，形成“创新浪潮”，从而投资增加，经济扩张。而一旦用新组合的技术扩散，被大多数企业获得，最后的阶段——停滞阶段也就临近了。在停滞阶段，因为没有新的技术创新出现，很难刺激大规模投资，从而难以摆脱萧条。这种情况直到新的创新出现才会被打破，才会有新的繁荣出现。

总之，该理论把周期性的原因归为科学技术的创新，而科学技术的创新不可能持续不断地出现，因此必然有经济的周期性波动。

2）太阳黑子理论

太阳黑子理论由英国经济学家杰文斯于 1875 年提出，他把经济的周期性波动归因于太阳黑子的周期性变化。因为据说太阳黑子的周期性变化会影响气候的周期变化，从而影响农业收成，而农业收成的丰歉又会影响整个经济。太阳黑子的出现是有规律的，每十年左右出现一次，因而经济周期大约也是十年一个周期。

从上述关于经济周期成因的不同理论可以看出，经济周期是多种因素结合的成果。尽管在理论上关于政府是否该干预经济波动仍存在分歧，但在现实中，各国在面对经济出现大起大落时都无一例外地选择了积极干预。

班级__________ 姓名__________ 学号__________

任务考核

1.【单选题】经济周期的核心问题是（　　）。

A．价格的波动　　B．利率的波动

C．国民收入的波动　　D．股票的波动

2.【单选题】经济周期的四个阶段依次为（　　）。

A．复苏、繁荣、衰退、萧条

B．繁荣、衰退、萧条、复苏

C．萧条、复苏、繁荣、衰退

D．以上各项都对

3.【单选题】一个中周期持续的时间为（　　）。

A．3～5 年　　B．9～10 年

C．40 个月　　D．20～30 年

4.【单选题】持续时间为 15～25 年的经济周期是由（　　）提出的。

A．基钦　　B．朱格拉　　C．库兹涅茨　　D．康德拉季耶夫

5.【单选题】加速原理认为（　　）。

A．消费增长会引起 GDP 数倍增长　　B．GDP 增长会引起投资数倍增长

C．GDP 增长会引起消费数倍增长　　D．投资增长会引起 GDP 数倍增长

6.【多选题】在经济周期的扩张阶段，通常伴随着（　　）的现象。

A．总需求增加　　B．产出增加

C．失业率降低　　D．投资增加

7.【多选题】下列选项中，属于外生经济周期理论的是（　　）。

A．实际经济周期理论　　B．心理周期理论

C．创新理论　　D．太阳黑子理论

8.【简答题】什么是经济周期？请结合图形介绍。

班级____________ 姓名____________ 学号____________

9.【简答题】内生经济周期理论有哪些？

10.【简答题】实际经济周期理论有哪些观点？

任务二 把握经济增长

任务导入

随着经济全球化和一体化的进一步深化，发展中国家和发达国家之间的差距逐渐拉大。像印度、印度尼西亚等发展中国家，人均收入是美国、日本、德国等发达国家的十几分之一。但与此同时，亚洲和拉丁美洲的一些发展中国家在 20 世纪下半叶以来，在经济上却取得了明显的进展。例如，中国从 40 年前一个穷困落后的国家快速成长为经济总量稳居世界第二位的国家。这种增长奇迹该如何解释？究竟是什么原因导致了国家间经济增长的差异呢？

知识准备

一、经济增长的概念

经济增长是指一个国家或地区生产商品和劳务能力的增长。简单来说，经济增长是产出的增加，这里的产出既可以是 GDP 总量，也可以是人均 GDP。

美国经济学家库兹涅茨给经济增长下了这样一个定义："一个国家的经济增长是指为居民提供日益繁多的经济产品能力的长期上升，这种不断增长的能力是建立在先进技术以及所需要的制度和思想意识相应的调整的基础上的。"他认为，这个定义有三个组成部分：① 不断提高的国民生活水平是经济增长的结果，也是经济增长的标志；② 技术进步是经济增长的基础或必要条件；③ 制度与意识的调整是技术得以发挥作用的充分条件。

库兹涅茨还总结了现代经济增长的六个特征：

（1）人均产出增长率和人口增长率都很高，且产出的增长率大于人口增长率。

（2）生产率本身增长的程度也是很高的。

（3）经济结构快速变革。例如，由农业转向非农业，由工业转向服务业，单个私人企业转向全国性或跨国公司，等等。

（4）社会结构与意识形态迅速改变，主要表现在社会城市化和移风易俗上。

（5）国际经济迅速扩大，这是因为经济发达国家要向其他国家争取市场和原料。

（6）世界各国经济增长不平衡，通常发达国家和欠发达国家之间人均产出水平有很大差距。

二、经济增长的原因

经济为什么会增长？寻求这个问题的答案一直是经济学家孜孜以求的目标。经济增长是产出的增加，因此可以根据总生产函数来研究经济增长的原因。总生产函数公式为

$$Y = Af(K, N) \tag{11-1}$$

式（11-1）中，Y 为总产出；A 为技术；K 为资本；N 为劳动。可以看出，经济增长的原因是生产要素投入的增加和技术进步。需要注意的是，与之前学习的总生产函数不同的是，这里多了技术因素。这是因为，前面的分析都以技术水平不变为前提，即生产率不变。但事实上，生产率会因为技术进步而提升，因此在函数中加入外生变量 A。

（一）生产要素

1. 资本

在对经济增长的分析中，资本指的是物质资本，即投在设备、厂房和基础设施等生产物资上的资本。资本的积累使人均资本量提高，每个劳动者使用的设备越先进，其产出就越高。例如，由于农业机械化，美国的农民现在工作一小时相当于 50 年前工作一周，这使得美国 1% 的农业劳动力生产的农产品不仅足够本国人消费，还可供出口。经济学家亚当·斯密认为，资本的增加是国民财富增加的源泉。很多经济学家也把资本积累作为实现经济增长的首要任务。他们认为，占国民收入 10%～15% 的资本积累是经济飞速发展的先决条件。

2. 劳动

劳动增长包括劳动力数量的增加和质量的提高。其中，劳动力数量的增加主要源于人口的增加，就业率的提高以及劳动时间的增加。劳动力质量的提高表现为劳动者品德修养、文化素养、技术能力、健康程度的提升。劳动力质量的提高可以弥补数量的不足。一般而言，在经济发展的初期，经济增长所需要的劳动增加主要靠劳动力数量的增加，发展到一定阶段后，人口增长率下降，就需要提高劳动力质量来弥补数量的不足。

除了劳动和资本外，自然资源也会对经济增长产生影响，但它并非决定性因素。例如，日本、卢森堡等自然资源匮乏的国家，就是靠发展资本密集型产业和技术等快速发展的。

（二）技术

中国经济奇迹

狭义的技术进步是指生产工艺、中间投入品以及制造技能等方面的革新和改进，例如改造旧设备、采用新设备、改进旧工艺、使用新的原材料和能源、研究开发新产品等。广义的技术进步是指技术所涵盖的各种形式的知识积累与改进。技术进步在经济增长中的作用体现为生产率的提高，即同样的生产要素投入可以获得更多的产出。

对经济增长原因的探讨会引出这样一些问题：为什么一些国家比另一些国家积累了更多的生产要素，开发了更好的技术？如果增加生产要素投入和采用新技术就能提高产出，那么所有国家不都想这么做吗？为什么不同国家之间会有那么大差距？

那么所有国家不都想这么做吗？为什么不同国家之间会有那么大差距？这是因为，生产要素和技术（直接原因）是由其他更深层次的因素（根本原因）决定的，这些因素可总结为制度、文化和地理。它们之间的关系如图 11-4 所示。

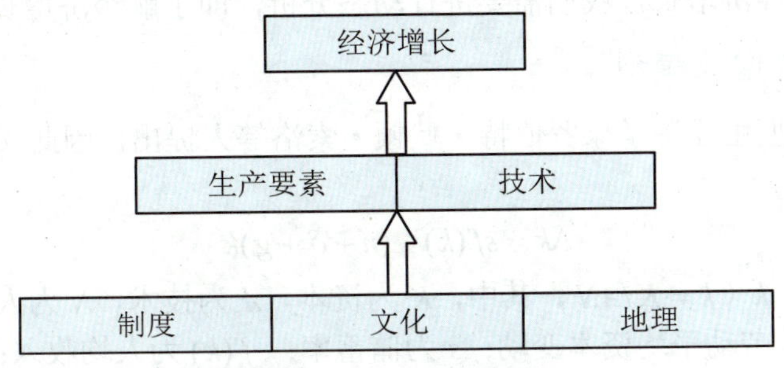

图 11-4　经济增长的原因

因此，总产出函数可由复合函数来表示，公式为

$$Y = A(F)f[K(F), L(F)] \tag{11-2}$$

式（11-2）中，F 代表增长的根本原因，生产要素和技术都是关于 F 的函数。

三、经济增长的方式

根据增长原因的不同，经济增长方式可以分为粗放型经济增长和集约型经济增长。

（一）粗放型经济增长

粗放型经济增长是指主要依靠增加资本、人力、自然资源等生产要素的投入来实现经济增长的增长方式。这种增长方式效率低下，资源浪费严重，生态环境问题突出。低效率与经济增长的高速度形成了恶性循环：低效率意味着要实现经济高增长必须有更多的生产要素投入，因此提高效率相关的技术投入就会不足，技术进步、产业结构调整就难以实现，经济增长不得不延续低效率的粗放增长。

（二）集约型经济增长

集约型经济增长是指在生产规模不变的条件下，依靠新技术、新工艺、提高劳动者素质等技术进步，以提高生产率的方式来实现经济增长的增长方式。以这种方式实现的经济增长效率高、消耗较低、成本较低，产品质量能不断提高，经济效益较高。

1995 年，中共十四届五中全会通过《关于制定国民经济和社会发展“九五”计划和 2010 年远景目标的建议》，提出经济增长方式从粗放型向集约型转变这个具有全局意义的根本性转变。2017 年，中共中央政治局就推动形成绿色发展方式和生活方式进行了第四十一次集体学习。此次学习提出，要加快转变经济发展方式，根本改善生态环境状况，必须改变过多依赖增加物质资源消耗、过多依赖规模粗放扩张、过多依赖高能耗高排放产业的发展模式，把发展的基点放到创新上来，塑造更多依靠创新驱动、更多发挥先发优势的引领型发展。

四、经济增长模型

对经济增长原因的分析借助了总产出函数，这种分析本质上是静态分析。为了解释各增长因素如何促进经济增长，我们需要进行动态分析，即了解经济增长模型。

（一）新古典增长模型

新古典增长模型由经济学家罗伯特·默顿·索洛等人提出，因此又称为“索洛模型”，其公式为

$$\Delta k = sf(k) - (n+\delta+g)k \tag{11-3}$$

式（11-3）中，k（$k = K/AN$，其中，K 为资本，A 为技术，N 为人口）为有效劳动平均资本；Δk 为有效劳动平均资本变动；s 为储蓄率；$f(k)$ 为人均收入；n 为人口增长率；δ 为折旧率；g 为技术进步率；$sf(k)$ 为人均储蓄。

新古典增长模型认为，无论经济体的初始有效劳动平均资本是多少，最终都会收敛到保持不变的状态，即 $\Delta k = 0$，这个状态被称为“稳态”，如图 11-5 所示。

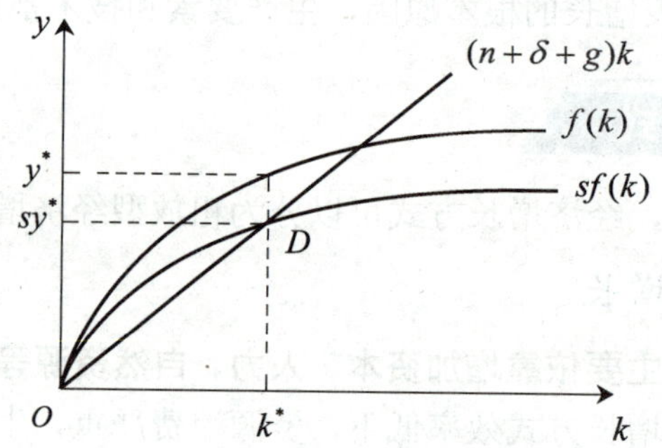

图 11-5　新古典增长模型的稳态

在图 11-5 中，y（$y = Y/AN$）为有效劳动平均产出。$sf(k)$ 曲线与 $(n+\delta+g)k$ 曲线相交于点 D，此时 $\Delta k = 0$，所以点 D 所对应的状态即为该模型的稳态。当经济达到稳态时，k 和 y 分别为常数 k^* 和 sy^*，而人均产出 $Y/N = Ay$，故人均产出取决于技术进步，人均产出增长率为技术进步率 g，相应地，总产出增长率为技术进步率和人口增长率的和，即 $n+g$。

从图 11-5 中还可以看出，当储蓄率 s 上升时，$sf(k)$ 曲线更靠近 $f(k)$ 曲线，此时交点 D 便会上移，进而 y^* 也会随之增长。但这一增长只是水平效应，只能暂时提高产出，随着时间的推移，经济增长率依然是原来的水平。

综上所述，新古典增长模型认为：① 增长需要用人均数据衡量；② 决定经济增长的因素为物质资本、人力资本和技术水平；③ 只有技术进步才能解释生活水平（即人均产出）的长期上升，总的产出增长率等于技术进步率与人口增长率的和。

但是，索洛模型把技术水平看成外生因素，且技术进步是经济增长的关键因素，因此，索洛模型说明不了经济增长的源泉和动力所在。

（二）内生增长模型

1986 年，美国经济学家保罗·罗默等人建立了内生增长模型，将储蓄率、人口增长率与技术进步等重要因素作为内生变量来考虑，从而得出由模型的内部因素决定经济的长期增长。该模型的公式为

$$\frac{\Delta Y}{Y}=\frac{\Delta K}{K}=sA-\delta \tag{11-4}$$

式（11-4）中，A 是一个常量，它衡量一单位资本的产出量。这个模型不存在资本边际收益递减，额外一单位资本均生产 A 单位的额外产出。该式表明，只要 $sA>\delta$，即使没有外生技术进步的假设，经济也会一直增长，s 越高，增长率也将越高。进一步地，这一模型暗示，那些能永久提高投资率的政府政策会使经济增长率不断地提高。

内生增长模型比较集中地讨论了技术进步对经济增长的作用，它将知识看作一种资本。下面我们根据这一思路举一个简单的例子。

假设经济有两个部门，分别为制造业企业和研究性大学。企业生产产品和劳务并将其用于投资和消费，大学生产"知识"这一生产要素，并供整个经济免费利用。因此，有以下公式：

$$Y=f[K,(1-u)EN] \tag{11-5}$$

$$\Delta E=g(u)E \tag{11-6}$$

$$\Delta K=sY-\delta K \tag{11-7}$$

式（11-5）是企业的生产函数，式（11-6）是大学的生产函数，式（11-7）是资本积累方程。其中，u 为在大学的劳动的比例，（$1-u$）为在企业的劳动的比例，E 为知识存量，$g(u)$ 为知识增长函数。在这里，长期增长是内生的，因为大学的知识创造不会停止。

经济人物

保罗·罗默，出生于 1955 年，美国经济学家，内生增长理论主要建立者之一，2016 年被世界银行任命为新任首席经济学家。2018 年因为在创新、气候和经济增长方面研究的杰出贡献，与威廉·诺德豪斯共同获诺贝尔经济学奖。

罗默在 1986 年建立了内生经济增长模型，把知识这一因素完整纳入经济和技术体系，看作经济增长的内生变量。他对纠正新古典经济增长模型的局限性的探讨重新激起了经济学界对经济增长理论的兴趣。

思考与讨论

内生增长理论有哪些政策意义？

五、可持续发展

较高的经济增长率意味着社会财富的增加、人们的需要得到更多满足、社会福利的增进。但从20世纪60年代以来，西方国家在经济快速增长的同时也带来了环境污染、自然资源枯竭、居民公害病症增多，以及城市人口拥挤、交通阻塞等诸多问题。因此，在60年代后期有经济学家提出要考虑经济增长的代价问题。

1980年国际自然保护同盟的《世界自然资源保护大纲》中提到，必须研究自然的、社会的、生态的、经济的以及利用自然资源过程中的基本关系，以确保全球的可持续发展。这也是“可持续发展”这一概念首次被提出，而被广泛接受、影响最大的可持续发展的定义是1987年世界环境与发展委员会在《我们共同的未来》中的定义。该报告指出，**可持续发展是指能满足当代人的需要，又不对后代人满足其需要的能力构成危害的发展。**

可持续发展主要强调了以下四点内容：

（1）突出发展的主题。经济发展与经济增长有根本区别，单纯的经济增长并不等于经济发展，经济发展的核心在于社会和个人福利的增进以及居民实际生活质量的提高。

（2）发展的可持续性，即不能超越自然资源与环境的承载能力。

（3）人与人关系的公平性，即同一代人中一部分人的发展不应当损害另一部分人的利益，当代人在发展时不应该剥夺后代人有同样发展的机会，保证一代接一代地永续发展。

（4）人与自然的协调共生，学会尊重自然、师法自然、保护自然，与之和谐相处。

班级＿＿＿＿＿＿＿　姓名＿＿＿＿＿＿＿　学号＿＿＿＿＿＿＿

任务考核

1.【单选题】下列选项中，不属于经济增长原因的是（　　）。

A．劳动要素的增长　　B．资本要素的增长

C．生产要素生产率的提高　　D．出口的增加

2.【单选题】经济增长最基本的特征是（　　）。

A．国内生产总值的增加　　B．技术的进步

C．制度与意识的调整　　D．人口的增加

3.【单选题】可持续发展理论强调（　　）。

A．经济增长是第一位的　　B．后代人的利益是第一位的

C．当代人的利益是第一位的　　D．人与自然和谐统一

4.【多选题】劳动增长的主要途径有（　　）。

A．人口增加　　B．就业率提高

C．劳动时间增加　　D．职业技能提高

5.【多选题】下列影响经济增长的因素中，可视为技术进步的有（　　）。

A．就业人数增加　　B．改造旧设备

C．采用新设备　　D．改进旧工艺

6.【简答题】什么是经济增长？它与经济发展的区别是什么？

7.【简答题】经济增长的原因有哪些？

班级__________ 姓名__________ 学号__________

项目实训——学习十九届六中全会精神

一、实训目标

使学生领会党十九届六中全会的精神，理解我国实现高质量发展的原因、必要性以及为全球可持续发展做出的贡献，从而树立道路自信、理论自信与制度自信，提升爱国情感。

二、实训内容和要求

1. 小组工作

（1）学生自由分组，深入分析党的十九届六中全会通过的《中共中央关于党的百年奋斗重大成就和历史经验的决议》，学习与贯彻党的十九届六中全会精神。

（2）组内讨论，分析我国创造经济奇迹的原因以及实现高质量发展的必要性。

2. 班级交流

全班组织开展交流研讨，每组派一名代表发言，其他小组成员可以进行评价、提问，或者针对发言内容发表自己的观点并阐述理由。发言人及本组成员可针对提问进行答辩。

3. 考核

每个小组提交一份以高质量发展为主题的文章，学生和教师根据学生平时课堂表现、提交的文章、班级交流发言情况在表 11-2 中进行评估打分，综合评定本项目的成绩。

表 11-2 项目考核表

项目名称	评价内容	分值	评价分数	
			自评	师评
个人素养考核项目（20%）	日常考勤	5 分		
	仪容仪表	5 分		
	课堂纪律和学习态度	10 分		
专业能力考核项目（80%）	积极参与教学活动并正确理解任务要求	10 分		
	知识准备中每个知识点的学习效果	20 分		
	任务考核题目的正确率	25 分		
	项目实训准备充分，文章内容完整、准确	25 分		
综合分数（自评 × 30%+师评 × 70%）				
教师评语	教师（签名）：			

思维导图

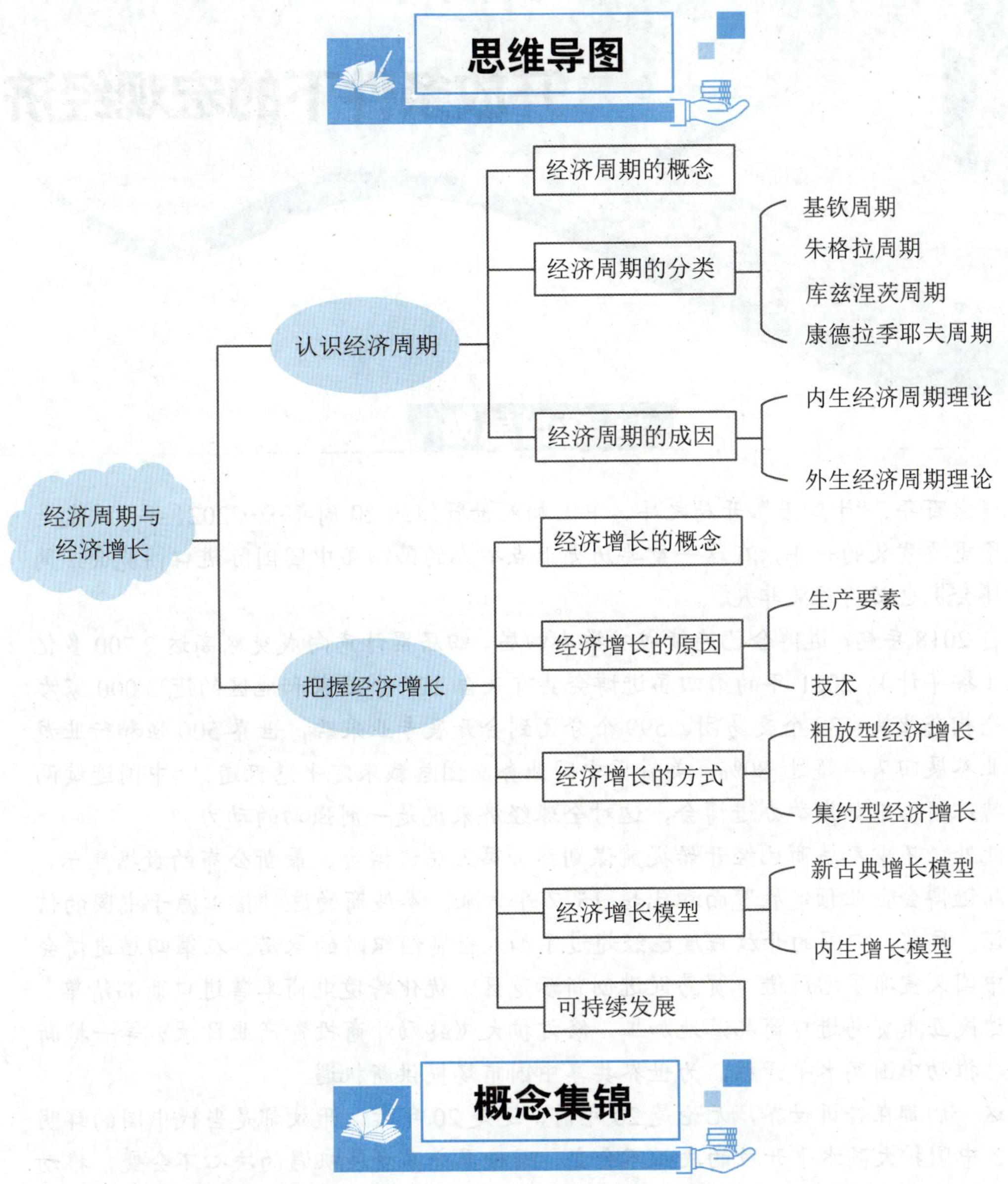

概念集锦

（1）经济周期：在长期中，总体经济活动的扩张和收缩交替反复出现的过程。

（2）经济增长：一个国家或地区生产商品和劳务能力的增长。

（3）粗放型经济增长：主要依靠增加资本、人力、自然资源等生产要素的投入来实现经济增长的增长方式。

（4）集约型经济增长：在生产规模不变的条件下，依靠新技术、新工艺、提高劳动者素质等技术进步，以提高生产率的方式来实现经济增长的增长方式。

（5）可持续发展：能满足当代人的需要，又不对后代人满足其需要的能力构成危害的发展。

项目十二

开放条件下的宏观经济

项目导读

建党百年、“十四五”开局之年、中国加入世贸组织20周年……2021年，注定是被赋予重要意义的一年，在这一重要历史节点举办的第四届中国国际进口博览会（简称进博会）也必将意义非凡。

自2018年起，进博会已连续成功举办四届，四届累计意向成交额高达2 700多亿美元（按年计）。2021年的第四届进博会共有来自127个国家和地区的近3 000家参展商亮相企业展，39个交易团、599个分团到会开展专业采购，世界500强和行业龙头企业参展回头率超过80%。美赞臣中国业务集团总裁朱定平感叹道：“中国连续两年在特殊情形下如期举办进博会，这对全球经济来说是一剂强劲的动力。”

此外，不少参展商已经开始提前谋划参加第五届进博会。最新公布的数据显示，第五届进博会企业预定展览面积已超15万平方米。参展商的这种信心源于中国的信守承诺。目前，中国的开放程度已经超过了加入世贸组织时的承诺。在第四届进博会上，中国又宣布了增设进口贸易促进创新示范区、优化跨境电商零售进口商品清单、推进边民互市贸易进口商品落地加工、修订扩大《鼓励外商投资产业目录》等一批新举措，推动中国高水平开放，为世界共享中国市场提供新机遇。

这一切都在告诉世界，无论是20年前，还是20年后，开放都是当代中国的鲜明标识。中国扩大高水平开放的决心不会变，同世界分享发展机遇的决心不会变，推动经济全球化朝着更加开放、包容、普惠、平衡、共赢方向发展的决心不会变。

本项目主要介绍国际贸易和国际金融的相关知识，内容包括国际贸易的分类、国际贸易理论、贸易保护、国际贸易政策、汇率与国际收支等。通过这些知识来解释开放条件下国际经济对我国宏观经济的影响。

学习目标

知识目标

（1）掌握国际贸易的概念与分类。

（2）了解国际贸易理论与贸易保护理论。

（3）了解国际贸易政策工具与作用。

（4）掌握汇率的标价方法和汇率制度。

（5）了解国际收支平衡表的内容。

能力目标

（1）能够分析一国的贸易特点并评价其贸易政策。

（2）能够解释汇率变动的原因，分析汇率变动对经济的影响。

（3）能够分析和评价一国的国际收支状况。

德育目标

（1）通过了解我国对外开放政策的原理，提高学习经济学的兴趣，培养经济思维。

（2）认识我国对世界经济发展的贡献以及展现出的大国担当，树立道路自信与制度自信。

任务一　解读国际贸易

任务导入

出口是拉动我国经济发展的“三驾马车”之一，这体现出了国际贸易的重要性。国际贸易是指不同国家（或地区）之间货品和服务的交换活动，反映了世界各国在经济上的相互依存和联系。

纵观国际贸易几千年的发展历史，霸主更迭，各个国家的成功之路大相径庭，对国际贸易的看法也相去甚远。为什么西班牙即使面临通货膨胀也要严禁黄金白银输出国外？是什么促使英国不惜发动战争也要打开其他国家的贸易大门？又是什么推动美国发起并拟定了《关税与贸易总协定》，将其作为推行全球贸易自由化的临时契约？国际贸易究竟可以为一个国家带来什么？

知识准备

一、国际贸易的分类

（一）根据商品性质的不同分类

根据商品性质的不同，国际贸易可分为国际货物贸易和国际服务贸易。

1. 国际货物贸易

国际货物贸易又称“国际有形贸易”，是指那些有形的、物质性的实体商品进出口所形成的交易活动，如粮食、原材料、机器、车辆、船舶、飞机等商品的交换活动。货物贸易具有可看见、可触摸的外在物理特性。

2. 国际服务贸易

国际服务贸易又称“国际无形贸易”，是指一切不具备自然属性的、无实物形态的商品进出口所形成的交易活动，如运输、金融、旅游、租赁、技术等劳务的交换活动。服务贸易不具有可看见、可触摸的外在物理特性。在《服务贸易总协定》中，国际服务贸易被界定为如下几种：① 跨境交付；② 境外消费；③ 商业存在；④ 自然人流动。

经济指向标

当今世界正在经历百年未有之大变局，经济全球化遭遇逆流，保护主义、单边主义上升，世界经济低迷，国际贸易和投资大幅萎缩，给人类生产生活带来前所未有的挑战和考验。同时，我们也要看到，近年来新一轮科技革命和产业变革孕育兴起，带动数字技术强势崛起，促进了产业深度融合，引领了服务经济蓬勃发展。远程医疗、在线教育、共享平台、协同办公、跨境电商等服务广泛应用，对促进各国经济稳定、推动国际合作发挥了重要作用。放眼未来，服务业开放合作正日益成为推动发展的重要力量。

（二）根据商品移动方向的不同分类

根据商品移动方向的不同，国际贸易可以分为出口贸易、进口贸易和过境贸易，如表 12-1 所示。

表 12-1　国际贸易按照货物的移动方向分类

类型	概念
出口贸易	一个国家将其生产和加工的商品运往他国市场销售
进口贸易	一个国家将外国生产和加工的商品运入本国市场销售

续表

类型	概念
过境贸易	一个国家向另一个国家出口商品时，由于地理位置的因素而必须经过第三国，对第三国来说，该笔交易就属于过境贸易。过境贸易又可分为直接过境贸易和间接过境贸易： （1）直接过境贸易，即外国商品经过本国时并不存入本国海关仓库，而是直接转运出境，即纯属转运性质的贸易； （2）间接过境贸易，即外国商品运到国境后，先存入海关保税仓库，之后未经加工改制，又从海关保税仓库提出，运出国境

出口贸易与进口贸易是对每笔交易的双方而言的。国际贸易对卖方（通常是生产方）而言，就是出口贸易，对买方（通常是消费方）而言，就是进口贸易。一国出口总额与进口总额之间的差额称为“贸易差额”；出口总额与进口总额相等的现象，称为“贸易平衡”；**出口总额大于进口总额，即贸易盈余的现象，称为“贸易顺差”或“出超”；进口总额大于出口总额，即贸易赤字的现象，称为“贸易逆差”或“入超”。**

在过境贸易中，第三国虽然没有直接参与交易，但商品要进出该国的国境或关境，要经过海关并进行统计，从而构成该国进出口贸易的一部分。不过，如果这类贸易只是通过航空运输飞越第三国领空，则第三国海关不会把它列入过境贸易。

思考与讨论

国际贸易还有哪些分类依据？

二、国际贸易理论

在经济全球化和世界多极化的大背景下，世界各国的经济发展不再是封闭独立个体的发展，而是越来越依赖于世界市场和国际贸易的发展。这其中的原因可以结合以下理论理解。

（一）绝对优势理论

小贴士

专业化分工也增加了世界财富。

英国古典经济学家亚当·斯密提出，分工能提高生产率，这一原则不仅适用于国内，而且适用于各国之间。他认为，当一国相对另一国在某种产品的生产上有绝对优势，但在另一种产品生产上有绝对劣势时，两国可以专门生产自己有绝对优势的产品，并用其中一部分来交换自己有绝对劣势的产品。这样，生产率大大提高，资源得到有效利用，两种产品的产出都会增加，增加的产出可用来测度两国分工及贸易所带来的利益，适当地分配这种利益就可以使两国都受益。这就是绝对优势理论。根据这一理论，亚当·斯密提出了自由贸易的主张。

（二）比较优势理论

在现实社会中，有些国家比较发达，有可能在各种产品的生产上都具有绝对优势，而另外一些国家可能不具有任何生产技术上的绝对优势，但是贸易仍然在这两种国家之间发生。这时候，亚当·斯密的绝对优势理论就无法解释这种绝对先进和绝对落后国家之间的贸易。因此，另一位著名的古典经济学家大卫·李嘉图在继承和发展了亚当·斯密绝对优势理论的基础上，提出了比较优势理论。比较优势理论认为，即使一个国家在两种产品的生产上与另一国相比均处于劣势（即不存在绝对优势产品），仍有可能进行互惠贸易。它可以专门生产并出口绝对劣势相对较小的产品（即比较优势产品），同时进口其绝对劣势相对较大的产品（即比较劣势产品）。

案例巩固

假定世界上只有两个国家（如葡萄牙和中国），只生产两种产品（如葡萄酒和羊毛），投入的资源只有劳动。葡萄牙生产1单位葡萄酒，投入的劳动是80人；中国生产1单位葡萄酒，投入的劳动是120人。在葡萄酒的生产上，葡萄牙使用的资源（劳动）少于中国，所以葡萄牙具有绝对优势。在羊毛的生产上，葡萄牙生产1单位羊毛，投入的劳动是90人，中国生产1单位羊毛，投入的劳动为100人，葡萄牙仍然具有绝对优势。两国的绝对优势如表12-2所示。

表12-2 两国的绝对优势

生产成本	葡萄酒/（人·单位$^{-1}$）	羊毛/（人·单位$^{-1}$）
葡萄牙生产成本	80	90
中国生产成本	120	100

从葡萄牙的角度看，两种产品的生产成本都比中国低，但低的程度不同，葡萄酒的成本相当于中国的80/120（约67%），而羊毛的成本相当于中国的90/100（90%），所以葡萄牙生产葡萄酒的优势更大一些。也就是说，葡萄牙生产葡萄酒具有比较优势。

从中国的角度看，两种产品的生产成本都比葡萄牙高，但程度不同，葡萄酒的成本相当于葡萄牙的120/80倍（1.5倍），而羊毛的成本相当于葡萄牙的100/90倍（约1.1倍），所以中国生产羊毛的劣势更小一些。也就是说，中国生产羊毛具有比较优势。

在没有贸易的条件下，葡萄牙和中国都需要生产这两种产品，以满足各自国内消费者的需要。所以，在资源有限[葡萄牙有170人（80+90=170人）的劳动资源，中国有220人（120+100=220人）的劳动资源]且不从事国际贸易的条件下，全世界共有2单位葡萄酒和2单位羊毛的财富。如果两国开展国际贸易，就可以进行分工，这样两国都可以把本国的有限资源转移到本国具有比较优势的部门，葡萄牙将生产羊毛的90人转移至生产葡萄酒的部门，按照现有的生产技术或劳动生产率，葡萄牙就可以生产出2.125单位[(80+90)/80=2.125单位]的葡萄酒；中国则可以将生产葡萄酒的120人转移到生产羊毛的部门，按照中国现有的生产技术或劳动生产率，中国可以生产出2.2单位[(120+100)/100=2.2单位]的羊毛。

假设葡萄牙可用1单位葡萄酒与中国交换1单位羊毛，最终，葡萄牙拥有1.125单位葡萄酒和1单位羊毛，比参与国际贸易前多0.125单位葡萄酒的财富；中国拥有1单位葡萄酒和1.2单位羊毛，比参与国际贸易前多0.2单位羊毛的财富。由于两国进行了贸易，因此虽然资源并没有增加，但两国的财富都增加了。参与国际贸易前后两国财富对比如表12-3所示。

表12-3 参与国际贸易前后两国财富对比

财富范围	贸易（分工）前		分工后		贸易后	
	葡萄酒/单位	羊毛/单位	葡萄酒/单位	羊毛/单位	葡萄酒/单位	羊毛/单位
葡萄牙财富	1	1	2.125		1.125	1
中国财富	1	1		2.2	1	1.2

思考与讨论

如何从机会成本的角度理解比较优势理论？

（三）要素禀赋理论

要素禀赋理论强调的是各国自然资源的差异。这一理论的基本内容是：**生产不同商品所使用的各种生产要素的比例是不同的，各国所拥有的资源不同使各国间的贸易互利**。具体来说，劳动力丰富而价格低的国家生产劳动密集型商品；资本丰富而价格低的国家生产资本密集型商品，然后进行交换。根据这种理论，国际贸易能够给各国带来以下好处：

（1）资源配置在世界范围内实现最优。各国按自己的资源条件进行专业化生产，这就可以使资源得到最有效的运用。由于资源配置状况的改善，因此同样的资源可以生产出更多的商品，从而增加世界各国的福利。

（2）商品价格的均等化。各国商品在世界范围内进行竞争，其结果使各种商品在各国的价格水平相等，并且位于最低的价格水平。

（3）生产要素价格的均等化。通过国际贸易，各国生产要素价格也会趋于均等化。在贸易之前，同种生产要素在各国的价格不同，这正是开展贸易的原因。在各国之间的贸易中，某种生产要素价格低的国家生产密集使用这种生产要素的商品并出口，对生产要素需求的增加使要素价格随之提高。而这种生产要素价格高的国家进口这类商品，其生产要素价格必然下降，结果就是各国生产要素价格均等化。

知行合一

在当前社会，人们越来越重视自己的人生设计，以了解自己究竟想要什么、想要成为什么样的人，以及如何拥有自己理想中的生活。作为大学生，我们也应提前制定合适的人生目标，而不是盲目地“边跑边看路”。那么，如何确立自己的人生目标呢？这里便可以利用比较优势原理和要素禀赋原理。

在确立目标时，我们应想清楚在未来的社会竞争中，自己具备怎样的比较优势。例如，与在操场上运动相比，你在化学实验中的表现更出众，那你就可以将当运动员这个选项从人生设计的目标集中剔除，然后在与化学实验相关的目标集中进行比较和选择。此外，我们还要分析自己拥有的要素禀赋，如家庭背景、个人关系网络、性格特征和能力。这些都可以帮助自己选择更合适的人生目标，进而集中精力，为实现人生目标最大限度地发挥个人的潜能。

（四）新国际贸易理论

新国际贸易理论

战后发达国家之间商品贸易的迅速增长是传统的比较优势理论和要素禀赋理论都无法解释的。20 世纪 80 年代以后，美国经济学家克鲁格曼等提出了新国际贸易理论来解释这种现象。这种理论的依据是世界市场竞争的不完全性和规模经济的存在。新贸易理论从需求出发来解释国际贸易。该理论认为，由于收入和偏好不同，消费者的需求也千差万别。即使是对同一种商品，如汽车，消费者也有不同的需求，有的人喜欢豪华型的，有的人喜欢节油型的。这种对商品不同的需求促使企业生产有差别的商品，引起垄断，这样，像汽车这种制成品的市场就是不完全竞争市场。在这种市场上，企业只有具有一定的规模才能具备创造商品差别的能力，也才能实现低成本生产，即规模经济十分重要。如果企业以本国需求为目标来生产有差别的商品（如不同的汽车），国内市场有限，难以实现规模经济，因此需要以满足全世界范围内的需求为目标。这样，各国生产有细微差别的制成品，然后进行交易，各国都实现了规模经济，企业和消费者都会受益，这就是国际贸易的利益所在。

各种自由贸易理论从不同维度证明了国际贸易的优点，推动了国际贸易的发展。

三、贸易保护

自亚当·斯密以来的各种自由贸易理论的基本观点都认为自由贸易可以推动经济发展，增加各国福利，而贸易保护是不利于经济发展的。但自重商主义以来的贸易保护理论均在一定程度上反映了国际贸易发展的现实，即贸易保护有其存在的必定性和现实条件。重商主义是历史上最早的贸易保护理论，其中心观点是，只有金银形式的货币才是一国真正的财富，增加一国财富的唯一方法是只出口不进口，或者多出口少进口。当一国有贸易顺差时，其他国家的金银流入，这时，本国财富就增加了。由此得出贸易限制政策有利于一国经济的结论。重商主义的这种理论是贸易保护主义的鼻祖。

在现代经济中，仍有一定影响的贸易保护理论如表 12-4 所示。

表 12-4　贸易保护理论

理论	中心观点
工作岗位论	与其他国家之间的贸易会减少国内的工作岗位，从而加剧失业
国家安全论	有些行业影响到国家安全（如钢铁行业），如果实行自由贸易，一旦出口国与进口国成为敌对国，进口国的国家安全就会受到威胁
幼稚产业保护论	为了使国内尚不备国际竞争力（具有发展潜力，但暂时缺乏资金等发展要素）的行业得以发展，需要对其进行保护，至少是暂时的保护
战略性保护论	一国要建立起自己有比较优势的战略性行业，才能进入世界市场进行竞争，因此应为了建立国内有竞争力的行业而进行贸易保护
不公平竞争论	发达国家在世界市场上具有垄断地位，此外，国际经济秩序总体上有利于发达国家，因此，发展中国家用限制性贸易政策保护自己的国内市场是天经地义的
作为讨价还价筹码的保护论	各国在国际贸易中会就开放市场、降低关税等问题进行谈判，为了在谈判中有讨价还价的余地，需要对一些部门实行保护

总之，这些理论都说明了贸易保护政策的有利性与合理性，这正是贸易保护主义经常抬头，国际贸易纷争与贸易战从未停止过的原因。

四、国际贸易政策

国际贸易政策是指世界各国或地区之间进行商品交换活动时所制定和采取的一系列政策、措施。从单一国家或地区的角度出发，国际贸易政策就是该国或地区的对外贸易政策，是该国或地区从事对外贸易活动时应遵循的总体指导方针和原则。

（一）国际贸易政策工具

国际贸易政策工具可以分为鼓励贸易工具和限制贸易工具两类，如表 12-5 所示。

表 12-5　国际贸易政策工具

目的	工具	概念
鼓励贸易	出口信贷	一国政府为了鼓励本国商品出口，增强本国商品的竞争力，通过本国银行向本国出口商或外国进口商（或银行）提供贷款
	出口信用保险	一国政府为了保障出口商的收汇安全和银行的信贷安全，在出口贸易、对外投资和对外工程承包等经济活动中为企业提供风险保障
	出口补贴	一国政府为了促进本国商品出口，给予本国出口企业现金补贴或财政政策上的优惠待遇
限制贸易	关税	进出口商品经过一国关境时，由其政府设置的海关向该商品的进出口商征收税款
	配额制	一国政府为了避免本国产业因进口商品过量而受损害，或者为了防止本国的商品过度出口而主动或被动地控制商品进出口数量或金额
	许可证制度	一国政府规定对于某些商品，在一定时期内必须事先领取许可证才可以进口或出口，否则一律不准进口或出口

（二）国际贸易政策的作用

国际贸易政策不仅能对一国的对外贸易产生影响，而且能够影响该国国内的产业结构，甚至可以成为一国的外交手段。

1. 扩大本国出口市场

各国通过制定相应的国际贸易政策和措施，改善本国出口商的经营环境，降低本国出口商的经营成本，甚至鼓励外国进口商增加进口，从而使本国的出口市场不断扩大。

2. 保护本国国内市场

各国通过制定相应的国际贸易政策和措施，限制外国商品和服务的进口，使本国商品和服务免受国外商品和服务的冲击，从而为本国企业创造更宽松的发展空间。

3. 促进国内产业结构调整

各国为国内大力发展的产业制定相应的支持性的政策，同时限制外国同类商品和服务的进口，以使该产业能够快速发展壮大；而对本国的其他产业，尤其是希望淘汰的产业，则无须进行支持或保护。通过利用这种政策性的引导和国际市场的优胜劣汰规律，各国能有效地促进本国产业结构进行不断调整。

4. 维护和发展本国的对外经济政治关系

国际贸易政策可以成为一个国家外交谈判的筹码。各国可以通过给予对方贸易优惠的进口政策，增进两国之间的合作关系。各国在遭受其他国家不公正对待的时候，国际贸易政策也可以成为有力的反击手段。

国际贸易政策属于上层建筑，它既反映了经济基础和当权阶级的利益与要求，同时又维护和促进了经济的发展。各国在制定国际贸易政策的过程中，主要受以下因素影响：① 本国的经济结构与比较优势；② 本国商品在国际市场上的竞争能力；③ 本国与他国经济、投资的合作情况；④ 本国物价、就业状况；⑤ 本国与他国的政治、外交关系；⑥ 本国在世界经济、贸易组织中享受的权利与应尽的义务；⑦ 各国政府领导人的经济思想与贸易理论。

经济指向标

“十三五”时期，面对经济全球化遭遇逆流、新冠肺炎疫情全球蔓延等重大风险挑战，在习近平新时代中国特色社会主义思想科学指引下，我国外贸经受住了重大风险考验，展示出强劲韧性和蓬勃活力，向党和人民交上了一份合格的答卷。

《“十四五”对外贸易高质量发展规划》

2021年是“十四五”的开局之年，《“十四五”对外贸易高质量发展规划》提出，“十四五”时期我国将努力实现贸易综合实力进一步增强、协调创新水平进一步提高、畅通循环能力进一步提升、贸易开放合作进一步深化、贸易安全体系进一步完善的目标。

通过扫描二维码和查阅相关资料，详细了解《“十四五”对外贸易高质量发展规划》，同时感受我国在对外贸易中为世界做出的贡献，树立民族自信和爱国情怀。

班级＿＿＿＿＿＿ 姓名＿＿＿＿＿＿ 学号＿＿＿＿＿＿

任务考核

1.【单选题】假定国家 X 和 Y 都生产商品 A 和 B，下列选项中，X 国生产商品 A 有比较优势的是（　　）。

A．生产 1 单位商品 A 所放弃的商品 B 比 Y 国少

B．生产 1 单位商品 A 所需要的劳动投入比 Y 国少

C．生产 1 单位商品 A 所需要的资本投入比 Y 国少

D．生产 1 单位商品 A 所需要的所有投入比 Y 国少

2.【单选题】根据要素禀赋理论，国际贸易能够给各国带来的好处不包括（　　）。

A．资源配置在世界范围内实现最优

B．产品价格的均等化

C．失业率下降

D．生产要素价格的均等化

3.【单选题】贸易逆差是指一个国家或地区（　　）。

A．本年度进口额高于上年度进口额

B．出口总额小于进口总额

C．进口总额小于出口总额

D．外汇流入大于外汇流出

4.【单选题】假设生产服装的资本劳动比为 1/5，生产计算机的资本劳动比为 3/1，那么下列说法正确的是（　　）。

A．服装和计算机均为劳动密集型商品

B．服装是劳动密集型商品，计算机是资本密集型商品

C．服装和计算机均为资本密集型商品

D．服装是资本密集型商品，计算机是劳动密集型商品

5.【单选题】亚当·斯密和大卫·李嘉图认为国际贸易产生的原因和基础是（　　）。

A．各国间商品价格不同

B．各国生产要素禀赋不同

C．各国生产各种商品的劳动生产率不同

D．各国间要素价格不同

6.【多选题】下列属于国际服务贸易的有（　　）。

A．出国留学　　B．出国旅游

C．出国购物　　D．出国看病

7.【多选题】关于幼稚产业保护论，下列说法正确的有（　　）。

A．一国政府应该保护具有发展潜力的产业

B．一国政府应该保护暂时缺乏发展要素的产业

班级＿＿＿＿＿＿＿＿　姓名＿＿＿＿＿＿＿＿　学号＿＿＿＿＿＿＿＿

C. 一国政府应该保护小产业

D. 一国政府选定了一个产业，应该永远保护下去

8.【多选题】下列选项中，属于促进国际贸易的国际贸易政策工具的有（　　）。

A. 出口信贷　　B. 出口信用保险

C. 出口配额　　D. 出口补贴

9.【简答题】简述要素禀赋理论的内容。

10.【简答题】限制国际贸易的国际贸易政策工具有哪些？它们是如何限制的？

任务二　认识国际金融

任务导入

有这样一个关于汇率的趣味故事。在美国和墨西哥的边界，一个游客在边界一边的墨西哥小镇上用 0.1 比索买了一杯果汁，他付了 1 比索，找回 0.9 比索。过了一段时间，他到边界另一边的美国小镇上，发现美元和比索的汇率是 1 美元对 0.9 比索。于是他用剩下的 0.9 比索换了 1 美元，用 0.1 美元买了一杯果汁，找回 0.9 美元。又过了一段时间，他回到墨西哥的小镇上，发现比索和美元的汇率是 1 比索对 0.9 美元。于是，他把 0.9 美元换成 1 比索，又买了果汁喝。就这样，他在两个小镇上喝来喝去，总还是有 1 美元或 1 比索。换言之，他喝到了免费的果汁。那到底是谁在为他的果汁买单呢？

知识准备

一、汇率理论

（一）外汇和汇率

在各国经济往来中，汇率是十分重要的，因此，要了解开放经济，就必须了解一些外汇和汇率的基本知识。

外汇是外币资金的总称，是指以外币表示的用于国际结算的支付手段以及可用于国际支付手段的特殊债券和其他货币资金。汇率又称外汇利率、外汇汇率或外汇行市，是指一国货币与另一国货币的比率或比价，或者说是用一国货币表示的另一国货币的价格。它是由于国际结算中本币与外币折合兑换的需要而产生的。在现行的货币制度下，汇率以两国货币实际所代表的价值量为依据。

（二）汇率标价方法

汇率有两种标价方法，分别是直接标价法和间接标价法。

直接标价法是指以一定单位的外国货币为标准，将其折算成若干单位的本国货币来表示的标价方法。例如，某日中国银行人民币牌价为 1 美元对人民币 6.133 1 元，这就是直接标价法下的汇率。现在的外汇市场一般用直接标价法，我国采用的也是直接标价法。

间接标价法是指以一定单位的本国货币为标准，将其折算成若干单位的外国货币来表示的标价方法。例如，在纽约外汇市场上，1 美元对 0.755 9 欧元就是间接标价法下的汇率。

思考与讨论

在直接标价法下，汇率的高低与本币价值的高低有什么关系？

拓展阅读

与汇率密切相关的还有两个基本概念，即汇率升值与汇率贬值。

汇率升值是指用本国货币表示的外国货币的价格下跌了。例如，如果美元与人民币的汇率由1美元对人民币7元下降为1美元对人民币6元，则对中国来说是汇率升值，因为用人民币表示的美元价格下跌了，意味着人民币升值了。

汇率贬值是指用本国货币表示的外国货币的价格上升了。例如，如果美元与人民币的汇率由1美元对人民币6元上升为1美元对人民币7元，则对中国来说是汇率贬值，因为用人民币表示的美元价格上升了，意味着人民币贬值了。

（三）汇率的决定

有关汇率决定的理论很多，例如，用国际资金供求关系来解释汇率决定的国际借贷理论；用人们对外汇主观心理评价解释汇率决定的汇兑心理理论等。但到目前为止，最有影响的还是购买力平价理论。

购买力平价理论（也称购买力平价说）是20世纪初由瑞典经济学家卡塞尔提出的。该理论认为，人们对外国货币的需求是由于用它可以购买外国的商品和劳务，外国人需要本国货币也是因为用它可以购买国内的商品和劳务。因此，本国货币与外国货币相交换，就等于本国与外国购买力的交换。所以，两国货币购买力之比就是决定汇率的首要的、最基本的依据，汇率的变化也是由购买力之比的变化而决定的，即汇率的涨落是货币购买力变化的结果。

从表现形式上来看，购买力平价理论有两种定义，即绝对购买力平价理论和相对购买力平价理论。绝对购买力平价理论认为，一国货币的价值及对它的需求是由单位货币在国内所能买到的商品和劳务的量决定的，即由它的购买力决定的，因此两国货币之间的汇率可以表示为两国货币的购买力之比。相对购买力平价理论认为，汇率变动的主要因素是不同国家之间货币购买力或物价的相对变化，同汇率处于均衡的时期相比，当两国购买力比率发生变化时，两国货币之间的汇率就必须调整。

汇率作为外汇的价格还取决于外汇的供求关系。汇率的变动实际上反映了一国的国际收支与经济状况，受多种因素影响，如国际收支状况、通货膨胀率、利率、经济增长率、财政赤字、外汇储备等。

（四）汇率制度

1. 固定汇率制

固定汇率制是指一国货币同他国货币的汇率基本固定，其波动仅限于一定的幅度之内。在这种制度下，中央银行固定了汇率，并按这一水平进行外汇的买卖。中央银行必须为任何国际收支盈余或赤字按官方汇率提供外汇。有盈余时购入外汇，有赤字时售出外汇，以维持固定的汇率。

实行固定汇率有利于一国经济的稳定，也有利于维护国际金融体系与国际经济交往的稳定，减少国际贸易与国际投资的风险。但是，实行固定汇率要求一国的中央银行有足够的外汇或黄金储备。如果不具备这一条件，则很容易出现外汇黑市，黑市的汇率要远远高于官方汇率，这样反而不利于经济发展与外汇管理。

2. 浮动汇率制

浮动汇率制是指一国中央银行不规定本国货币与他国货币的官方汇率，听任汇率由外汇市场自发地决定。浮动汇率制又分为自由浮动与管理浮动。自由浮动又称“清洁浮动”，是指中央银行对外汇市场不采取任何干预措施，汇率完全由市场力量自发决定。管理浮动又称“肮脏浮动”，指实行浮动汇率制的国家，其中央银行为了控制或减缓市场汇率的波动，对外汇市场进行各种形式的干预，主要是根据外汇市场的情况售出或购入外汇，以通过对外汇供求的影响来影响汇率。

实行浮动汇率有利于通过汇率的波动来调节经济，也有利于促进国际贸易，尤其是在中央银行的外汇与黄金储备不足以维持固定汇率的情况下，实行浮动汇率对经济较为有利，同时也能取缔非法的外汇黑市交易。但浮动汇率不利于国内经济和国际经济关系的稳定，会加剧经济波动。

经济指向标

我国按照对外经济发展的实际情况，选择若干种主要货币，赋予相应的权重，组成一个货币篮子，在此基础上测算人民币多边汇率水平的变化，实行以市场供求为基础、参考一篮子货币进行调节、有管理的浮动汇率制度。这种制度依据市场供求关系形成了有管理的浮动汇率，既联系了多种货币，又保留了货币当局对调节汇率的主动权和控制力。

2021 年，人民币汇率有升有贬，双向浮动，在合理均衡水平上保持了基本稳定。未来人民币汇率的走势将继续取决于市场供求和国际金融市场变化，双向波动成为常态。

（五）汇率变动的影响

汇率变动对一国经济的影响主要体现在国际贸易方面。一般而言，当一国货币对外贬值时，可以相对降低该国出口商品的价格，提高该国出口商品在国际市场上的竞争能力，从而刺激该国扩大出口，增加外汇收入。同时，进口商品价格会相对提高，从而对进口商品的需求减少，外汇支出因此减少。当一国货币对外升值时，情况恰好相反。也就是说，一国货币对外贬值时，会通过增加出口收入、减少进口支出来改善贸易收支状况。

拓展阅读

人民币升值的烦恼

2008 年以来，中国南方的一些加工制造业城市出现了大面积的制造企业倒闭现象，服装、玩具、五金等很多中国传统的优势行业都面临着日益严重的生存危机。很多人把本轮中国制造企业的危机归结于次贷危机所造成的欧美市场的萎缩。的确，在经济危机的打击下，欧美市场急剧萎缩，特别是危机后，欧美国家的贸易保护主义抬头，更是加剧了中国企业的出口困难，使得许多以外国为主要市场的制造企业无力继续维持经营，不得不选择关门。

然而，值得关注的是，很多出口规模并没有大幅减少的国内制造企业也出现了亏损，不得不缩小生产规模，甚至选择停产，这就不仅仅是出口市场萎缩的结果了。事实上，2005 年以来人民币的升值与 2008 年次贷危机的叠加，才是造成中国制造业困境的根本原因。美元兑人民币的汇率从汇率改制之初的 8.276 5，降到了 2007 年的 7.7 左右，而到 2013 年底跌破 6.1。短短几年时间，人民币已经升值接近 30%。而对于主要生产简单制造品、依靠低廉价格抢占国际市场的中国制造业来说，很多企业的自身利润可能不到 5%。因此人民币升值所带来的出口价格的下降，一直在蚕食中国企业原本就不丰厚的利润。

此外，由于中国制造业生产的大多为技术含量并不高的简单制造品，其在国际市场上面临的竞争压力相当大，这也导致中国制造企业在国际市场上并没有太多的定价权，很难通过提升出口价格的方式向外商转嫁汇率风险，人民币升值所带来的出口价格的下降更多地由中国企业自己承担，这也大大增加了中国制造企业的经营风险。

二、国际收支

（一）国际收支的概念

在开放经济中，各国之间的经济交往必然引起国际间的支付，因此，与开放经济密切相关的一个十分重要的问题便是国际收支。**国际收支是指一国在一定时期内（通常是一年）对外国的全部经济交易所引起的货币收支总额。**

（二）国际收支平衡表

1. 国际收支平衡表的概念与原则

国际收支平衡表是一国在一年中全部对外经济交易用复式簿记原理进行系统记录的报表。一国的国际收支集中反映在国际收支平衡表

国际收支平衡表

中，因此它是分析和判断一国国际收支均衡与否的主要依据。编制国际收支平衡表有以下三项基本原则。

（1）只有国内外经济单位间的经济交易才计入国际收支，其中包括居民、企业与政府。区分国内与国外的概念十分重要，例如，一家企业在国内的部分是国内，而在外国的子公司被视为国外。

（2）要区分借方和贷方两类不同的交易。借方是国内单位付给国外单位的全部交易项目，是一国资产的减少或负债的增加；贷方是国外单位付给国内单位的全部交易项目，是一国资产的增加或负债的减少。在国际收支平衡表上，最后借方与贷方总是平衡的。

（3）国际收支平衡表是复式簿记。国际收支中每一笔单独交易的记录，都分别记在两个金额相等但方向相反的借贷科目下，以此反映每笔交易的流入与流出。

2. 国际收支平衡表的内容

国际收支平衡表所包含的内容很多，由于编制要求不同，所以各国的国际收支平衡表所含内容也不完全相同。目前，国际货币基金组织根据不同账户提供和获得经济资源的性质，将国际收支平衡表分为经常账户、资本和金融账户、净误差与遗漏账户三大部分，如表 12-6 所示。

表 12-6　国际收支平衡表

账户	概念	包含项目
经常账户	显示的是居民与非居民之间货物和服务、初次收入、二次收入的流量	货物和服务、初次收入、二次收入
资本和金融账户	反映资本在居民与非居民之间的转移	资本账户：资本转移、非生产/非金融资产交易 金融账户：直接投资、证券投资和其他投资项目
净误差与遗漏账户	是一种人为设置的抵销账户，用来抵销编表时出现的净的借方或贷方余额	—

（三）国际收支失衡

1. 国际收支失衡的原因与影响

国际收支平衡表原则上借方和贷方的总额是相等的，差额为零。但在实际中，我们又常常遇到国际收支失衡的情况。那么，到底什么是国际收支失衡呢？

理论上一般把国际经济交易分为性质不同的两种类型。一类是自主性交易（也称“事前交易”），即经济主体为了追逐利润、履行义务或出于其他考虑而主动进行的交易。例如，商品和劳务的买卖、收益的转移、无偿转让，各种形式的对外直接投资、证券投资等都属于这类交易。它是由经济主体积极主动地进行的，不以收支平衡为目的或出发点，因此所产生的货币收支不能恰好相等，不是借方大于贷方，就是贷方大于借方。另一类是调节性交易（也称“事后交易”），即那些并非出于自身需要，仅是为了平衡自主性交易出现的缺口或差额而进行的交易。例如，官方短期借贷、官方储备资产增减等便属于这类交易。

如果自主性交易的收入大于支出，则称其为国际收支顺差（或盈余），意味着外汇储备上升，易导致国内货币投放量增加，物价上涨，通货膨胀加重；如果自主性交易的支出大于收入，则称其为国际收支逆差（或赤字），意味着国内对外汇的需求超过供给，本国货币面临贬值的压力。一般来说，国际收支偏离平衡的程度越大，持续时间越长，带来的不利影响也越大，国际收支逆差产生的后果也更加严重，轻则导致国内经济萎缩、失业率上升、人民生活水平下降，重则导致国家外汇储备枯竭、国家支付危机及社会不稳定等。

2. 国际收支失衡的自动调节机制

当一国出现国际收支逆差时，外汇市场中对外汇的需求将超过外汇供给，外汇汇率上升，本币贬值，进而引起本国商品的相对价格下降，外国商品的相对价格上升，导致本国的出口扩张和进口减少，国际收支改善。当该国出现国际收支顺差时，又会引起外汇汇率下降，本币升值，进口增加，出口减少，国际收支恶化，如图 12-1 所示。

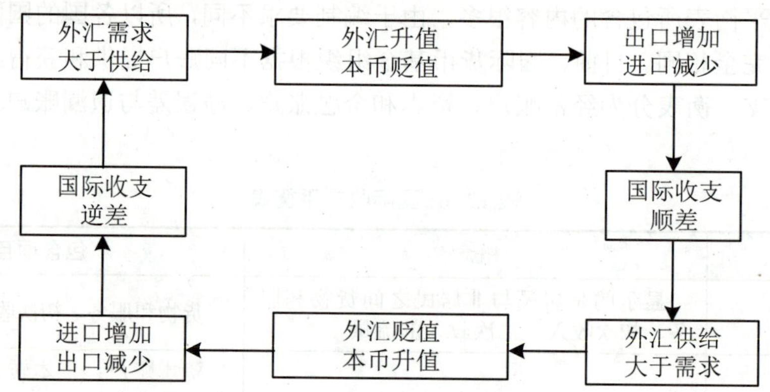

图 12-1　国际收支自动调节机制

必须注意的是，上述机制的条件是实行浮动汇率制度。对实行浮动汇率制的国家来说，仅仅通过外汇市场的供求变化引起汇率变动就能实现对外经济平衡，这就减少了对国内经济的干扰，更有利于经济的平稳运行。然而对于实行固定汇率制的国家来说，国际收支失衡的自动调节机制是通过影响一国的货币供给、物价水平、市场利率等经济指标而发生作用的，因此其对外失衡的调节在很大程度上是通过影响国内经济目标的平衡而实现的，甚至有时是通过牺牲国内经济平衡而实现对外国际收支平衡。

班级____________ 姓名____________ 学号____________

任务考核

1.【单选题】下列选项中，属于国际收支平衡表中经常账户的是（ ）。

A．资本性转移　　B．间接投资

C．服务　　D．证券投资

2.【单选题】下列选项中，属于国际收支平衡表中资本和金融账户的是（ ）。

A．货物　　B．服务

C．收入　　D．证券投资

3.【单选题】对于人民币和美元来说，如果人民币的汇率上升，则美元的汇率将（ ）。

A．上升　　B．下降　　C．不变　　D．不确定

4.【单选题】小李按 1 美元对人民币 8 元的汇率换了 1 000 美元，两年后美元兑换人民币的汇率跌了 20%，他又将美元重新换成人民币，在不考虑通货膨胀率等其他因素的条件下，小李（ ）。

A．损失人民币 1 600 元　　B．损失 1 600 美元

C．获利人民币 1 600 元　　D．获利 1 600 美元

5.【单选题】在固定汇率制下，一国货币对他国货币的汇率（ ）。

A．绝对固定　　B．基本固定，在一定范围内波动

C．由外汇市场的供求关系决定　　D．由外汇市场和中央银行共同决定

6.【多选题】在其他条件不变的情况下，本币价格下降则（ ）。

A．本国出口增加　　B．本国出口减少

C．本国进口增加　　D．本国进口减少

7.【多选题】下列选项中，可以列入我国的国际收支的有（ ）。

A．世界银行向我国提供的贷款

B．到我国旅游的外国游客在我国的花销

C．我国驻美国大使馆工作人员在美国的开销

D．在我国工作 2 年的外国专家在我国的开支

8.【简答题】简述固定汇率制和浮动汇率制。

班级________ 姓名________ 学号________

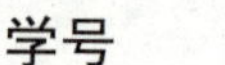

项目实训——辩论赛之“人民币升值好还是贬值好？”

一、实训目标

培养学生对汇率问题的分析能力，提高其对国际金融现象的关注度，同时能将国际金融与国际贸易联系起来。

二、实训内容和要求

1．准备工作

将学生分为偶数个小组（每组不少于 4 个人），两两配对，选择关于问题“人民币升值好还是贬值好？”的正反方。

2．小组讨论

小组搜集关于人民币升值或贬值的最新报道，从多方面讨论人民币汇率变动对我国宏观经济和我们日常生活的影响，准备有利于本方的论点。

3．辩论比赛

组织开展辩论赛，辩论结束后其他小组成员可进行评价、提问，或者针对辩论内容发表自己的观点。本组成员可针对提问进行答辩。最后由教师和其他小组成员投票决定获胜方。

4．考核

每个小组整理并提交辩论稿，学生和教师根据学生平时课堂表现、提交的辩论稿、辩论赛情况在表 12-7 中进行评估打分，综合评定本项目的成绩。

表 12-7 项目考核表

项目名称	评价内容	分值	评价分数	
			自评	师评
个人素养考核项目（20%）	日常考勤	5 分		
	仪容仪表	5 分		
	课堂纪律和学习态度	10 分		
专业能力考核项目（80%）	积极参与教学活动并正确理解任务要求	10 分		
	知识准备中每个知识点的学习效果	20 分		
	任务考核题目的正确率	25 分		
	项目实训准备充分，辩论内容精彩、有理	25 分		
综合分数（自评×30%+师评×70%）				
教师评语	教师（签名）：			

思维导图

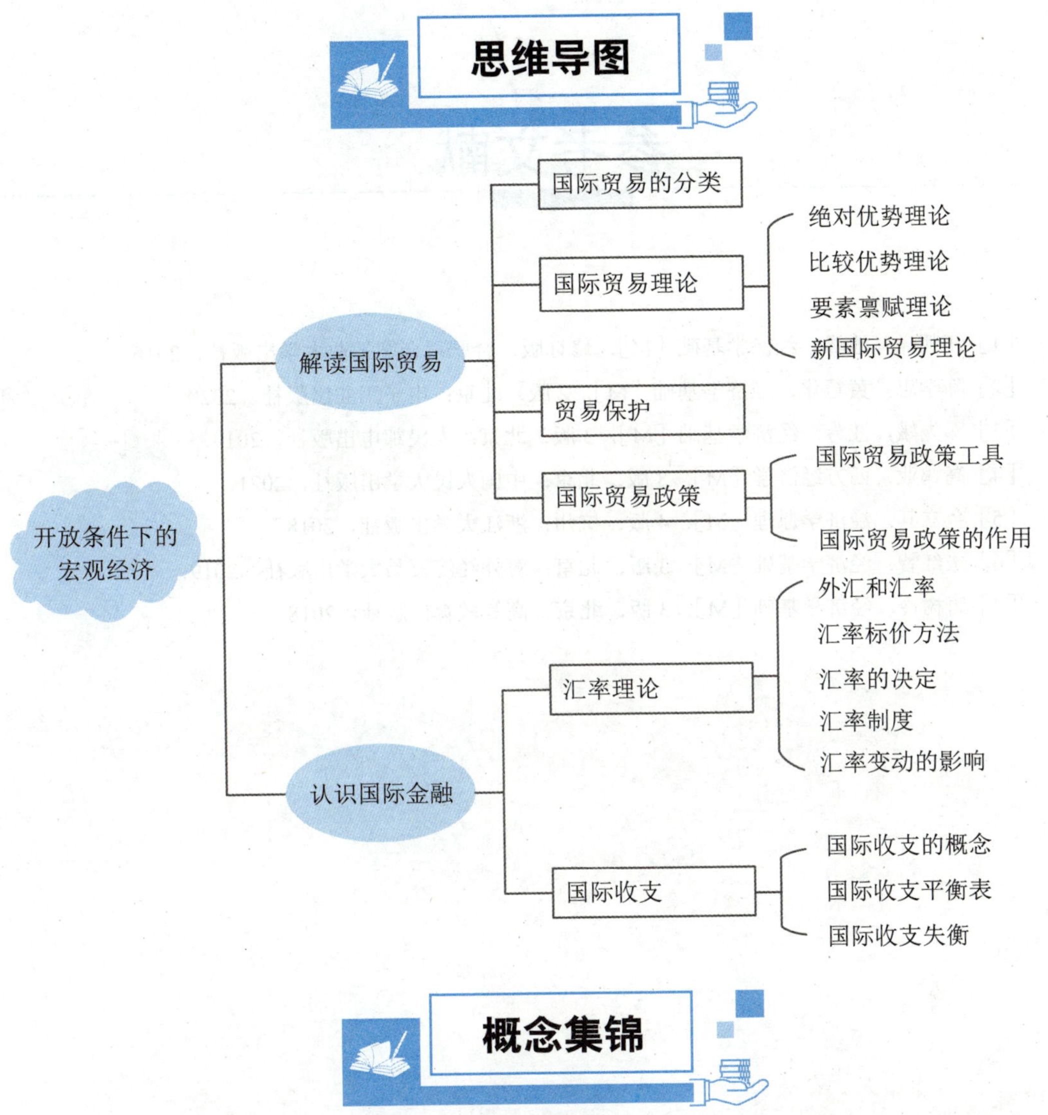

概念集锦

（1）国际服务贸易：一切不具备自然属性的、无实物形态的商品进出口所形成的交易活动。

（2）过境贸易：一个国家向另一个国家出口货物时，由于地理位置的因素而必须经过第三国，对第三国来说，该笔交易就属于过境贸易。

（3）汇率：一国货币与另一国货币的比率或比价，或者说是用一国货币表示的另一国货币的价格。

（4）直接标价法：以一定单位的外国货币为标准，将其折算成若干单位的本国货币来表示的标价方法。

（5）浮动汇率制：一国中央银行听任汇率由外汇市场自发地决定的汇率制度。

（6）国际收支：一国在一定时期内（通常是一年）对外国的全部经济交易所引起的货币收支总额。

参考文献

[1] 汪朝洋，池峰．经济学基础［M］．修订版．合肥：合肥工业大学出版社，2016．
[2] 陈学忠，黄慧化．经济学基础［M］．2 版．北京：电子工业出版社，2020．
[3] 邓先娥，汪芳．经济学基础［M］．3 版．北京：人民邮电出版社，2019．
[4] 高鸿业．西方经济学［M］．8 版．北京：中国人民大学出版社，2021．
[5] 金立其．经济学原理［M］．4 版．杭州：浙江大学出版社，2018．
[6] 张红智．经济学基础［M］．3 版．北京：对外经济贸易大学出版社，2019．
[7] 唐树伶．经济学基础［M］．3 版．北京：高等教育出版社，2018．